U0611588

本书受教育部人文社会科学研究项目“资源型城市低碳转型的影响因素及调控机制研究”（项目批准号：12YJC630178）与山东理工大学人文社会科学发展基金项目资助

资源型城市低碳转型研究

孙秀梅／著

ZiYuanXing ChengShi DiTan ZhuanXing YanJiu

经济科学出版社
Economic Science Press

图书在版编目（CIP）数据

资源型城市低碳转型研究／孙秀梅著．—北京：经济科学出版社，2015.7

ISBN 978－7－5141－5925－7

Ⅰ.①资…　Ⅱ.①孙…　Ⅲ.①城市经济－转型经济－经济发展－研究－中国　Ⅳ.①F299.2

中国版本图书馆CIP数据核字（2015）第169402号

责任编辑：段　钢
责任校对：隗立娜
责任印制：邱　天

资源型城市低碳转型研究

孙秀梅　著

经济科学出版社出版、发行　新华书店经销

社址：北京市海淀区阜成路甲28号　邮编：100142

总编部电话：010－88191217　发行部电话：010－88191522

网址：www.esp.com.cn

电子邮件：esp@esp.com.cn

天猫网店：经济科学出版社旗舰店

网址：http://jjkxcbs.tmall.com

北京季蜂印刷有限公司印装

710×1000　16开　16.25印张　280000字

2015年7月第1版　2015年7月第1次印刷

ISBN 978－7－5141－5925－7　定价：48.00元

（图书出现印装问题，本社负责调换。电话：010－88191502）

序

促进资源型城市低碳转型，是促进区域协调发展、加快转变经济发展方式、统筹推进新型工业化和新型城镇化、科学适应经济新常态的重要战略问题，也是一个世界性难题。近年来，资源型城市面临的严峻的产业转型压力和碳减排压力，如何避免矿竭城衰，如何实现靓丽的低碳转型成为资源型城市可持续发展面临的关键问题，也成为众多学者研究的焦点。自2001年阜新作为国务院确定的全国第一个资源枯竭城市经济转型试点市进行扶持，资源型城市发展得到广泛的关注与支持，2013年，国务院印发了《全国资源型城市可持续发展规划（2013～2020年）》，为资源型城市绿色低碳发展提供了指导思想和指导原则。因此，通过开展资源型城市低碳转型研究，发现资源型城市碳排放的现状，揭示影响低碳转型的因素，从中获得促进其低碳转型的调控政策启示，这对于促进资源型城市可持续发展具有重要的意义。

根据IPCC（2007）统计数据分析，工业、能源供应业、交通运输业为主要的化石能源耗用量最大的部门，分别占到总量的19.4%、25.9%、7.9%。其中能源供应业所占能耗比例最大，且其碳排放问题也是最为严重和突显的。资源型城市发展对资源有着明显的依赖性，以能源供应业为主导产业，其碳排放现状无疑不容乐观，而资源型城市往往产业单一，面临着转型的复杂性。因此，须结合资源型城市的实际需求，研究适应其城市特点的低碳经济发展模式。

从国内外关于资源型城市转型的相关研究来看，目前许多研究关注了资源型城市发展模式、政策、实践经验，这些成果也对我国资源型城市可持续发展具有现实的指导与借鉴意义。转型研究的视角也由传统视角转向生态视角，在低碳时代背景下，尚缺乏以低碳经济为视角来考察资源型城市转型的系统研究成果。资源型城市在经济转型过程中又要做到碳减排，对于资源型城市来说，面临的困难更多，亟须探究低碳转型背后的科学问题，以便科学有效地解决资源型城市低碳转型中的决策指导与评估问题。

该书从低碳经济的研究视角，以资源型城市为研究对象，系统探索了资源型城市低碳转型问题，运用低碳经济理论、系统动力学理论、复杂性理论和城市可持续发展理论等基本理论和方法，通过搜集庞杂数据探讨了资源型城市的发展特征和碳排放现状，指出了资源型城市相比一般城市所面临的严峻挑战，也发现了不同类型、不同区域资源型城市碳排放的差异。运用了计量经济学分析工具构建了模型，解释了影响资源型城市低碳转型的影响因素及其贡献度，通过系统动力学仿真和情景模拟加以验证，据此提出了可行性的政策建议。本书数据资料丰富翔实，图表丰富，研究方法科学规范，研究内容论证充分，实现了理论与实证分析的有机结合，研究结论对相关部门的决策具有一定的参考价值。本书的出版将会对资源型城市经济转型和低碳经济发展起到一定的促进作用。

笔者长期从事城市区域可持续发展、城市低碳化政策等方面的研究，非常高兴看到此书的出版，本人期望孙秀梅副教授继续坚持在资源型城市低碳转型领域的探索，也期待更多学者在这个领域的深入研究，为促进资源型城市可持续发展作出更多的学术贡献。

宋　彦

2015年8月16日于北卡罗来纳大学教堂山分校

前　言

在低碳时代背景下，低碳转型已然成为资源型城市实现可持续发展的必然选择。作为一类在资源开发的基础上形成和发展起来的特殊城市，资源型城市为国家或地区的经济发展做出了巨大贡献。但是，目前许多资源型城市已经面临矿竭城衰和生态遭到严重破坏的局面，不仅需要产业结构升级和重构，还需要低碳排放，如何突破复杂的困局实现低碳转型则成为其可持续发展的关键。因此，经济新常态背景下，探寻低碳转型机理及调控对策对于帮助相关部门制定科学的转型决策以及促进资源型城市的可持续发展都有至关重要的作用。

本书遵循现状剖析——机理研究——仿真模拟——政策建议的技术路线，综合运用低碳经济理论、系统动力学理论、生命周期理论、复杂性理论、演化经济学和城市可持续发展理论等基本理论和方法，从调查研究资源型城市的发展特征和碳排放现状出发，剖析资源型城市低碳转型的影响因素及其作用机制，进行系统动力学仿真，然后构建评价体系，并对双目标约束下的低碳转型情景进行预测，在此基础上提出促进资源型城市低碳转型的调控对策。主要包括以下研究内容：

（1）资源型城市的发展特征和碳排放现状分析。首先探讨了资源型城市发展特征，进而分析了资源型城市的碳排放现状，研究发现，资源型城市单位 GDP 能耗、人均碳排放量、碳排放强度远远高于全国平均水平，总体呈现“高能耗、高碳排放、高污染”的三高特征，具有转型的复杂性、耦合性与特殊性，同时受到经济增长目标约束、产业结构单一、历史文化制约、技术创新能力滞后、引导政策不健全及能源结构不合理等多种瓶颈因素的影响，面临巨大的碳减排压力。

（2）资源型城市低碳转型影响因素及其作用机理的剖析与实证检验。首先构建了影响因素理论模型，分析了低碳规制、结构优化、技术创新、能源效率四种驱动因素的作用机理及经济增长、人口两种抑制因素的作用机理。基于此，运用 LMDI 分析方法验证了各因素对资源型城市低碳转型的影响程度。研究发现，影响碳强度的主要驱动因素是能源强度因素，能源消费结构的影响微乎其微。碳排放量的增长态势主要源于经济发展因素的驱动。然后又运用面板数据模型，实证检验了各因素对不同类型资源型城市的影响程度。研究结论表明：不同类型资源型城市碳排放的显著影响因素有所差异，同一因素对不同资源型城市的影响程度也有所不同。所以，在促进资源型城市低碳转型进程中，应该针对不同资源型城市采取不同的调控对策和措施，才能取得更好的转型效果。

（3）资源型城市低碳转型的系统动力学仿真研究。通过构建资源型城市低碳转型影响因素作用的 SD 模型，模拟在经济稳定增长目标与碳减排目标约束下资源型城市低碳转型的动态演变过程，对各影响因素的冲击效应进行了敏感性和拟合分析。研究发现，GDP、人均 GDP、人口数量、单位能耗均通过了真实性检验，可以作为未来预测的依据。依据影响因素设置了四种方案，通过灵敏度分析，得出高环境投资、低能源投资的方案四是最佳的选择，但是在实际运作过程应该四种方案协调实施。

（4）资源型城市低碳转型绩效评价和效率测度。首先运用层次分析法和模糊评判法，从经济效益、环境效益、社会效益三个方面构建了资源型城市低碳转型绩效的测度指标体系，以晋城为例进行了模糊评价。基于此，运用数据包络分析方法对不同类型的资源型城市进行了效率比较，结论表明，不同类型的资源型城市在减少碳排放的投入方向上是正确的，但是黑色冶金型城市、石油型城市、西部地区的资源型城市在资金投入上还需要进一步加强。

（5）资源型城市低碳转型的情景分析与路径依赖研究。低碳转型的路线图取决于科学的预测和分析，本书运用IPAT模型和情景分析方法，结合2020年碳强度下降40%的目标进行了多情景设定，指出低碳情景是资源型城市经济、社会、能源与环境系统协调发展最合适且最可行的方案，进而提出了技术创新、产业结构优化、能源结构优化及政策引导四条路径。

（6）资源型城市低碳转型的调控对策研究。资源型城市应遵循全局谋划、因地制宜、最优效率、科学合理、系统协作的五方面调控原则，针对不同类型城市采取生态化、统筹化、柔性化、替代型、复合型等不同的调控模式，完善政策保障体系。在转型进程中，应加强低碳转型政策体系建设、推动传统高碳产业结构向低碳产业结构转变，建立低碳技术创新的激励机制，促进能源结构多元化发展，宣传低碳消费和经营观念，努力营造良好氛围，推动资源型城市低碳转型进程。

在本书的研究与撰写过程中，中国矿业大学管理学院、北卡罗来纳大学教堂山分校中国城市研究中心给予我宝贵的学习与学术交流的机会，促进了研究思路的启迪与开拓。特别感谢恩师周敏教授的引导，使我进入了资源型城市低碳转型的研究领域，感谢聂锐教授、龙如银教授、周梅华教授、李新春教授、马义中教授、宋彦教授、孙涛教授、吕涛教授等给予的宝贵研究建议！感谢在调研和搜集数据过程中给予支持的相关部门和企业！感谢在参考文献中列出的所有作者和可能参考成果但未能列出的所有作者！本书的出版，得到了经济科学出版社的大力支持，在此深表感谢！

限于本人知识修养和学术水平有限，书中难免存在不足和疏漏之处，恳请读者批评指正。

作 者

2015年6月

目　录

第一章

绪　论

第一节

研究背景

2008 年国际金融危机爆发以来，气候变暖、温室效应等全球化问题凸显。IPCC 的最新气候变化评估报告表明：在过去的 100 年中，由二氧化碳等气体造成的温室效应使全球平均地表气温上升了 0.3～0.6℃。全球变暖造成冰川融化、海平面上升、生态系统退化，这些后果深度触及了农业、粮食、水资源、能源等领域的安全，直接威胁到人类的生存和发展。而气候变暖主要归因于人类大量利用化石能源而产生的碳排放活动。世界银行统计数据显示，20 世纪人类累计消耗煤炭 2650 亿吨，石油 1420 亿吨，铝 7.6 亿吨，钢铁 380 亿吨，铜 4.8 亿吨，能源消耗导致温室气体的大量排放，进而使得二氧化碳浓度由 100 年前不到 300ppm（百万分率）上升到目前接近 400ppm 水平，明显威胁到全球的生态平衡。预测显示，截至 2050 年的世界经济，其规模将比现在要高出 3～4 倍，在目前的全球能源消费结构中，碳基能源（煤炭、石油、天然气）的比重高达 87%，如果在未来的发展中继续维持高碳模式，那么到 21 世纪中期，地球将不堪重负。从《联合国气候变化框架公约》到《京都议定书》，到后来的京都谈判再到 2009 年世界气候大会达成的《哥本哈根协议》以及 2014 年的《中美气候变化联合声明》，目前解决全球变暖问题的途径逐渐明朗化，向低碳经济转型成为各国经济和社会可持续发展的必然选择。

目前，我国正处于迅速推进工业化和城市化的经济新常态发展阶段，重化工业发展为主导，形成了以煤为主的高碳能源结构，促使能源消耗快速增长和生态环境急剧恶化。据中国能源研究会2011年2月25日公布，2010年我国一次能源消费量为32.5亿吨标准煤，同比增长了6%，能源消耗强度是美国的3倍、日本的5倍，中国已成为全球第一能源消费大国。在经济增长放缓、能源消费需求减少的格局下，2014年我国能源消费增速创16年来最低，同比增长2.3%，增速同比下降1.4个百分点，但是我国能源消费总量依然高达38.4亿吨标准煤左右，降低能耗与碳排放形势尤为严峻。2009年11月26日，中国政府已公开承诺量化减排指标，决定到2020年单位国内生产总值温室气体排放比2005年下降40%~45%。2014年11月12日中美两国政府又共同发布《中美气候变化联合声明》，中国计划2030年左右二氧化碳排放达到峰值且将努力早日达峰，并计划到2030年非化石能源占一次能源消费比重提高到20%左右。由此，减排指标约束与能源消费的严峻形势促使低碳经济转型成为我国可持续发展的必经之路。具体体现在：

（1）我国面临巨大的碳减排压力。

由于近年来我国经济快速发展，能源生产和消费需求增长较快，化石能源利用的二氧化碳排放也出现较大幅度的增长，进入21世纪后增长尤为迅速，我国碳排放总量已由2000年的28.50亿吨碳增长到2009年的77.11亿吨碳，是世界碳排放大国。虽然2009年我国没有签订《哥本哈根协议》，但是作为一个负责任的大国对世界已作出碳减排的公开承诺，由此我国面临着巨大的碳减排压力。相对于其他发达国家，我国碳强度较高，2002年为605吨碳/百万GDP美元，是西欧发达国家的1.6倍，印度的1.86倍，日本的1.69倍。据美国能源署预测，我国碳强度呈逐年下降的趋势，2002~2025年年均以2.1%的速度下降，但是，由于我国经济的不断发展以及以煤为主的能源结构，我国二氧化碳（CO_2）排放总量仍将以年均2.6%的速度快速增长，2020年将达到81.45亿吨碳，届时将超过美国，成为世界最大的二氧化碳排放国。而国际能源署（IEA）发布的“世界能源展望2007年”中，在参考情景和可选择政策情景下，2005~2030年中国能源需求年均增长速度将分别达到3.2%和2.5%，二氧化碳排放年均增长速度分别为3.3%和2.2%。在各个情景下中国都将在2010年后超过美国成为世界第一排放大国，而IEA的数据显示，在2010年中国成为世界第一能源消费大国。

（2）我国高碳能源结构特征明显。

由于我国“富煤、少气、缺油”的资源条件，因此能源结构呈现以煤炭为主导的高碳结构，低碳能源所占比重较为有限。据计算，每燃烧1吨煤炭会产生4.12吨的二氧化碳气体，比石油和天然气每吨多30%和70%。在我国能源结构中，化石能源占到总体能源结构的92.7%，2009年，高碳排放的煤炭占到70%，石油占到18%。在我国电力构成中，低碳排放的水电只占20%左右，而高碳排放的火电则占到77%以上的比重，而据预测，未来20年我国能源部门电力投资还将达到1.8万亿美元，大规模的火电发展将对碳减排形成巨大的威胁。从经济结构来看，我国以第二产业为主导，工业是能源消耗的主要部门，工业生产的高碳消耗特征，加重了经济发展的高碳倾向。据统计，1993～2005年我国工业能源消费年均增长5.8%，其中工业能源消费占能源消费总量约70%，2005年采掘、电力、钢铁、建材水泥等高耗能工业能源消费量占到工业能源消费的64.4%，因此，我国工业化与现代化的进程仍然依赖高碳能源的消耗。中国煤炭主导的高碳结构，对环境污染治理及低碳能源技术的发展都带来了巨大的挑战。长期以来，我国形成了以煤、石油等化石能源为基础的技术系统，以及粗放的能源利用系统，形成了高碳能源的路径依赖过程。它在不断追随的技术创新与相应的制度创新中获得递增的规模收益，路径依赖过程不断得以强化，从而形成了碳锁定状态。由此，我国高碳能源结构的碳锁定路径，在未来较长时期内难以产生根本性改变，低碳转型之路艰巨。

（3）我国能源安全面临严重威胁。

能源安全直接影响到国家安全、可持续发展及社会稳定，是国家经济健康稳定发展的关键。虽然我国能源总量较为丰富，但是由于我国拥有庞大的人口规模，人均能源可采储量远远低于世界平均水平，2000年人均煤炭可采储量仅为90吨，人均石油开采储量只有2.6吨，人均天然气可采储量只有1074立方米，分别占到世界平均水平的55.4%、11.1%、4.3%。据预测，到2020年，在我国经济发展所必需的45种矿产资源中，可以保证稳定供应的只有24种，基本保证的有2种，短缺的有10种，严重短缺的有9种。到2020年，我国的铁、石油、锰、铜、铅和锌的进口依存度分别将会达到52%、58%、38%、82%、52%和69%。随着我国经济的快速增长，对能源的相应需求不断增加，能源对外依存度也会不断提高，给我国经济安全带来一定的威胁，这就要求我国既要加强对国内资源开发和国外资源利用，更要注重转变经济增长方式，努力降低能源消耗。

（4）我国环境污染严重。

在能源短缺问题日益显著的同时，我国环境污染的压力更为突出，截至目前，我国废气、工业废水和固体废弃物的排放量均保持较高的增长幅度，导致社会成本和经济运行成本进一步加大。据研究，2003 年中国环境负担占国内生产总值的比例为 2.68% ~5.78%；2004 年环境污染损失占到国内生产总值的 3.05%。由于我国煤炭储量占到世界 13% 的比重，因此能源需求的 2/3 来自煤炭，而石油和天然气储量仅占全世界的 1%，所以我国大量的大气污染物排放来自燃煤，其中最严重的污染物是二氧化硫，2005 年，二氧化硫排放导致大约 600 亿美元的直接经济损失。2001 年世界银行发展报告指出，在全球 20 个空气污染最严重的城市中，中国城市就有 16 个。而 2004 年只有不到三成的中国城市符合世界卫生组织的空气质量标准，我国 30% 的地区还受到严重的酸雨影响。环境污染压力也促使我国必须走低碳转型之路。

（5）我国低碳技术水平落后。

目前，我国工业生产的技术水平落后，能源生产和利用的水平不高，低碳技术研发能力和节能设备制造能力较差，存在产业结构不尽合理、低碳产业层次较低、低碳技术创新能力较弱、拥有自主创新和自主知识产权的低碳产品较少、低碳产业链条短、低碳产业体系薄弱等问题，与发达国家有较大差距。虽然太阳能、氢能潜力很大，但是现在利用率仍然很低，许多技术尚处于进一步研究阶段。整体科技水平落后，低碳技术的开发与储备不足成为中国经济由“高碳”向“低碳”转变的最大制约。虽然《联合国气候变化框架公约》规定，发达国家有向发展中国家提供技术转让的义务，但是实际情况并非如此，在诸多情况下，我国需要购买引进各种低碳技术。据粗略估算，以 2006 年 GDP 计算，我国由高碳经济向低碳经济转型，年需技术资金投资将达到 250 亿美元，这将对我国财政带来沉重负担，也势必影响经济发展的速度。

基于以上我国国情分析，工业化、现代化、城市化快速推进的中国，正处在能源需求快速增长的阶段，能源是经济增长的引擎，势必带来能源消费的持续增长，经济增长与低碳排放之间的矛盾冲突明显。当前我国经济新常态背景下，区域经济处于增长换挡期、结构调整阵痛期和前期刺激政策消化期的“三期叠加”状态，新常态意味着经济发展动力将主要来源于改革创新和结构调整，在推进向新常态迈进的过程中和未来新常态阶段，碳排放控制面临难得的机遇和严峻的挑战。由此，如何在保障经济稳定增长的同时实现向低碳经济转型，这一主题成为我国经济发展所面临的新课题。

而资源型城市是一种以资源开发为基础形成和发展起来的特殊类型的城

市，为国家和地区的经济发展都做出了巨大贡献，而目前许多资源型城市已经面临矿竭城衰和生态严重破坏的局面，产业结构需要升级和重构，同时需要控制碳排放，因此，如何突破复杂的困局实现低碳转型成为资源型城市可持续发展的关键。根据 IPCC（2007）统计数据分析，工业、能源供应业、交通运输业为主要的化石能源耗用量最大的部门，分别占到总量的 19.4%、25.9%、7.9%。其中能源供应业所占能耗比例最大，且其碳排放问题也是最为严重和突显的。资源型城市发展对资源有着明显的依赖性，以能源供应业为主导产业，其碳排放现状无疑不容乐观，碳减排与经济增长的双重矛盾更为突出。一方面，资源型城市由于以资源型产业为主导，高碳排放特征明显，同时资源开发具有周期性，使得资源型城市低碳转型不同于一般城市，具有耦合性、长期性、生态性、复杂性等特征；另一方面，不同于一般城市，资源型城市的经济增长具有与其高碳经济的密切依赖的关系特征，在向低碳经济转型的过程中，难免会影响城市的经济增长。这些促使资源型城市低碳转型机理与调控对策研究显得更加重要、复杂而困难。必须结合资源型城市的实际需求，建立适应其城市特点的低碳经济发展模式。鉴于国内外在低碳转型方面的科学研究非常匮乏，相关部门难以在较短的时间内对低碳转型做出科学的决策和指导。因此，很有必要研究以发展低碳经济为时代背景，以资源型城市为研究对象，探索其低碳转型机理，以便今后科学有效地解决资源型城市低碳转型中的科学指导与评估问题。

基于此，本书拟探寻资源型城市低碳转型的复杂性机理，挖掘影响低碳转型的敏感驱动因素与抑制因素，建立具有一般意义的低碳转型绩效评价体系，通过模拟仿真对碳排放情境进行分析，构建促进资源型城市低碳转型的调控政策保障体系，有助于相关部门制定科学的转型决策。

第二节 研究目的和意义

一、研究目的

为实现我国 2009 年承诺的碳减排目标和资源型城市可持续发展，研究资源型城市低碳转型机理，提出合理的调控模式、路径及相关对策显得更加紧迫和必要。因此，本书将研究选题界定为资源型城市低碳转型机理与调控对策研究，目的在于解答资源型城市低碳转型过程中的四个科学问题：

（1）资源型城市为什么要促进低碳转型？该问题涉及资源型城市的发展特征、碳排放现状等方面的内容。

（2）资源型城市低碳转型的驱动因素有哪些？抑制因素有哪些？各种驱动因素和抑制因素的作用机理是什么？

（3）各种因素对资源型城市低碳转型的贡献如何？对不同类型的资源型城市影响是否相同？

（4）不同政策情境下的未来资源型城市碳排放量变化如何？在双目标约束下资源型城市采取什么调控对策推进低碳转型？

二、选题意义

研究资源型城市低碳转型机理是解决资源型城市向低碳经济转型问题的重要前提和关键。目前，低碳经济研究与实践在我国逐步展开，将低碳经济的理念与我国资源型城市实际相结合，研究资源型城市低碳转型无疑具有重要的战略意义。本书研究的理论意义和实践价值具体表现在以下两个方面：

（1）理论意义。

目前，低碳经济理论研究处于刚刚起步阶段，至今还没有形成一个统一的理论框架，特别是针对现实经济中与资源型城市相关问题的研究处于相对薄弱的状态，理论和现实还存在较严重的脱节。本书借助面板数据模型、系统动力学仿真等方法探讨资源型城市低碳转型的影响因素及其作用机制问题，不仅具有一定的创新性，而且对于丰富现有的城市转型理论和低碳经济理论、拓展城市转型研究视角具有重要的理论意义。同时，为资源型城市的低碳转型提供思路和指导方向，同时为促进资源型城市的可持续发展和产业结构升级提供理论依据。

（2）实践价值。

近年来，随着国家产业政策调整和国内能源市场的变化，能源需求旺盛，促使能源企业纷纷延伸产业链，对于目前的很多资源型城市来说，其高碳排放现象异常严重，存在许多迫切需要解决的问题。因此，积极探索资源型城市低碳转型的调控机理无疑具有重要的现实意义，主要在于以下两点：①在资源型城市层面及产业实施低碳经济过程中提供现实的参考模式和政策导向；②为传统能源企业制定低碳发展战略，同时防范产业风险，为实现资源节约型和环境友好型发展提供科学的指导，进而帮助资源型城市朝着低碳化方向转型和发展。

发展低能耗、低污染、低排放的低碳经济，是实现“保增长、调结构、促发展”战略目标的有效途径，同时也是落实科学发展观以及推进生态文明建设的必然选择。通过研究可以为资源型城市的低碳转型提供前瞻性、先进性、可操作性的指导，在保障经济稳定增长的同时促进资源型城市的节能降耗与治污减排，也可以为其他城市低碳转型提供示范作用。所以，本书的研究对于推进资源型城市产业结构调整、转变增长方式和实现经济可持续发展具有较强的理论意义和实践价值。

第三节 国内外研究综述

全面把握国内外关于资源型城市低碳转型的研究现状，积极借鉴已有的理论知识，既是推进资源型城市低碳转型的必然途径，也是本书研究的逻辑起点。

一、国外研究文献综述

（一）低碳经济概念的发展

全球性能源短缺和气候变化问题的出现，促使低碳经济成为目前研究的焦点。对低碳经济的关注最早可以追溯至1992年的《联合国气候变化框架公约》和1997年的《京都协议书》。《联合国气候变化框架公约》确立了发达国家与发展中国家在应对气候变化问题上的“共同但有区别的责任”，要求发达国家率先减少温室气体排放；《京都议定书》明确要求主要工业发达国家2008～2012年将温室气体排放量在1990年的基础上平均减少5.2%，并通过确立清洁发展机制，鼓励发达国家通过提供资金和技术的方式，与发展中国家合作。

但是，“低碳经济”一词最早正式出现于2003年的英国能源白皮书《我们能源的未来：创建低碳经济》，该白皮书指出，低碳经济是以更少的自然资源消耗和更少的环境污染，并获得更多的经济产出为基础的；低碳经济的发展可以创造更高的生活标准和更好的生活质量，也是发展、应用和输出先进技术的机会，还可以创造新的商机以及更多的就业机会，低碳经济是以低能耗、低污染为基础发展起来的绿色生态经济。2006 年，前世界银行首席经济学家尼古拉斯·斯特恩牵头做出的《气候变化的经济学》（又称《斯特恩报告》）指出，如果全球可以保证每年 GDP 1% 的投入，那么就可以避免将来每年 GDP 5% ~20% 的损失，从而呼吁全球积极实现低碳经济转型。2007 年美国参议院提出《低碳经济法案》，这一举动表明未来美国发展道路的战略选择会倾向于低碳经济的发展。2007 年 12 月 15 日联合国气候变化大会上，正式通过一项决议并制定了应对气候变化的“巴厘岛路线图”。该路线图的制定，为 2009 年前应对气候变化谈判的关键议题确立了明确议程，要求发达国家在 2020 年前实现温室气体减排 25% ~40%。“巴厘岛路线图”再次肯定了低碳经济概念，积极推动全球进一步迈向低碳经济，具有里程碑式的意义。联合国环境规划署将 2008 年“世界环境日”的主题确定为“转变传统观念，推行低碳经济”。在 2008 年 7 月 G8 峰会上，八国表示将努力寻求与《联合国气候变化框架公约》的其他签约方共同达成到 2050 年全球温室气体排放减少 50% 的长期目标。2009 年哥本哈根协议更是引发全球对低碳经济的广泛关注，于是“碳足迹”、“低碳技术”、“低碳社会”、“低碳产业”等概念应运而生。

（二）低碳转型的意义和可行性

气候集团在《赢余：低碳经济的成长》中详细剖析了发展低碳经济将会带来的收益，并指出低碳经济的发展具有更高的投资回报率，不仅能够显著地增加产量、缩短生产周期、提高生产可靠性、改善产品质量、改善工作环境以及鼓舞员工士气，更有助于带来新增就业的巨大潜力，且其增长速度大于其他经济模式。Johnston 等（2005）则通过探讨英国大量减少住房二氧化碳排放的技术可行性，研究认为在现有技术的基础上有可能实现到 21 世纪 50 年代在 1990 年基础上减排 80%。Treffers 等（2005）剖析了德国在 21 世纪中叶实现 1990 年基础上温室气体减排 80% 的可能性，认为通过采用相关政策措施，同时实现经济的快速增长和温室气体排放的减少具有较大的可能性。2006 年发布的《斯特恩报告》对全球变暖可能对经济产生的影响做出了评估，具有里程碑意义。它以气候科学为理论基础，基于“成本—效益”方法对欧盟提出的全球 2 摄氏度升温上限加以论证，呼吁各国积极采取行动，争取尽早实现低碳经济转型，该报告还指出，到 2050 年时，发达国家的二氧化碳排放比 1990 年应减少 60% ~80%，发展中国家的碳排放量增长幅度不应超过 25%。

（三）低碳转型的影响因素分析

许多学者从碳排放的影响因素入手试图探寻低碳转型的驱动力量，这一方面研究最早可以追溯至 20 世纪 90 年代，部分学者开始关注环境污染排放与经济增长之间的关系。20 世纪 90 年代，格鲁斯曼等在对 42 个国家的截面数据进行分析的基础上发现环境污染物排放总量与经济增长呈现出倒“U”型曲线，称为环境库兹涅茨曲线（Environmental Kuznets Curve，EKC），经济增长通过负的规模效应、正的结构效应与技术效应来影响环境质量。EKC 假说认为与经济增长和收入分配之间的关系相似，经济增长与环境质量或污染水平之间存在着倒“U”型关系。在经济增长初期阶段，随着收入的提高环境质量趋于恶化，但最终会达到一个临界点。超过此临界点，收入的增加将导致环境质量趋于改善。为此大量的国内外学者对温室气体排放与经济发展的环境库兹涅茨曲线进行了实证研究，当然结论也不尽相同。Panayotou（2003）认同格鲁斯曼等对部分环境污染物排放总量与经济增长长期关系呈倒“U”型关系的论断，并从人们对环境服务的消费倾向角度分析了原因。Ankarhem（2005）考察并分析了瑞典的情况后指出，1918 ~ 1994 年，瑞典的二氧化碳、二氧化硫和挥发性有机物的排放状况也呈现出环境库兹涅茨曲线分布。Grubb 等（2004）认为，在工业化初期，随着人均收入的增加，人均二氧化硫排放量较高，一旦跨越这一阶段，人均二氧化硫排放量将会在不同水平下趋于饱和。这些学者的研究揭示了经济增长因素对污染排放的影响，随着经济的不断增长，到一定程度后，污染排放会出现下降态势。但是，也有不少学者通过研究对环境库兹涅茨倒“U”型曲线的存在有所质疑。如 Egli（2002）对德国环境数据进行了分析，结论否认了环境库兹涅茨倒“U”型曲线的存在。

1997 年《联合国气候变化框架公约》京都会议之后，二氧化碳被认定为主要的温室气体，碳排放也成为国际社会关注焦点。碳排放的环境库茨涅兹曲线是否存在？一些学者开始研究和验证在不同的国家之间的二氧化碳排放量与经济增长之间的关系。Moomaw 和 Unruh（1997）将 OECD 的 16 个成员作为研究对象，对利用图形显示碳排放强度和 GDP，结果发现 1974~1975 年，由于石油危机，导致了各国节能潮流，很多成员出现了倒“U”型趋势。在对能源使用产生的碳排放和人均收入数据进行三次拟合后发现，对应排放高峰的人均 GDP 为 12813 美元出现碳排放高峰。它似乎揭示 EKC 存在。Coondoo 等（2002）利用 88 个国家的时序数据对二氧化碳排放—人均收入之间关系进行了检验，认为存在着 EKC 曲线。Albrecht Johan（2002）研究了无残差的碳排放量分解，分析了经济增长与碳排放之间的关系，证实了 EKC 曲线的存在。Narayan Paresh Kumar（2010）利用发展中国家的面板数据对二氧化碳排放量和经济增长进行了分析。R. Kawase，Y. Matsuoka 和 J. Fujino（2006）运用结构分解分析了两者之间的关系，并对长期二氧化碳排放情景进行了预测研究。Acaravci Ali 和 Ozturk Ilhan（2010）研究了欧洲能源消耗、二氧化碳排放量与经济增长的关系，结论认为能源消耗、经济增长与二氧化碳排放量之间存在正向关系。Lotfalipour Mohammad Reza（2010）运用伊朗化石能源消耗的数据分析了经济增长与二氧化碳排放之间的关系，认为伊朗存在着 EKC 曲线。Menyah Kojo 和 Wolde. Rufael Yemane（2010）对美国可再生能源、核能、二氧化碳排放和经济增长之间的关系进行了深入分析，也肯定了 EKC 曲线的存在。但是一些学者经过考察，发现有些地方并不存在碳排放的 EKC 曲线，如 Friedl 和 Getzner（2003）认为线性和二次模型不适用于奥地利，而三次模型更适用。结果发现 1960~1999 年碳排放和 GDP 之间呈大写伽马型曲线。总之，对碳排放的 EKC 的研究需要深入，在理论上需要突破，对具体国家、地区、城市需要进一步分析。

不少学者关注了人口规模对环境污染排放的影响。Ehrlich 和 Holden（1972）建立了 $I = P \times A \times T$ 模型来反映人口对环境压力的影响，其中 P、A、T 分别表示人口规模、人均财富、环境破坏的技术水平，该模型被广泛认可用来分析人口因素等对环境的影响。著名的卡亚公式揭示出，碳排放的主要影响因素有 4 个：一个地区的二氧化碳排放量等于人口数量乘人均 GDP，乘单位 GDP 能源消耗，再乘单位能耗排放量。美国麻省理工学院的 J. W. Tester 等运用该公式对 1980~1999 年中、日、欧、美和世界的碳排放及驱动因素的关系进行了定量分析。

Kawase 等（2006）在回顾并对长期气候稳定的情景进行描述后，将碳排放变化的影响因素分解成三个，分别是二氧化碳强度、能源效率和经济活动，并指出，如果要实现60% ~80%的减排目标，那么必须保证总的能源强度改进速度和二氧化碳强度减少速度要比前40年的历史变化速度快2 ~3倍。IPCC的第三次评估报告指出，低碳或无碳技术的研发规模和速度是决定未来温室气体减排规模的关键。Kokctal（2006）运用投入产出法对居民与能源消费和碳排放之间的关系进行了研究，研究发现城镇居民的碳排放要明显高于农村。Tapio（2005）建立了脱钩指标：该指标的建立基于驱动力、压力、状态、影响、反应等框架，主要反映驱动力（经济增长等）与环境压力（温室气体减排）之间的关系。当二氧化碳排放增长率与GDP增长率呈现出不平行的现象，即称经济体系发生了脱钩现象，如果GDP增长率高于二氧化碳排放增长率，称为相对脱钩；如果经济驱动力呈现稳定增长，而二氧化碳排放量反而减少，则称为绝对脱钩。

（四）低碳转型的路径及对策研究

国外学者大多提出利用科技创新、发展新能源、产业升级等方式来带动城市发展低碳经济。有学者从发展低碳技术的角度提出具体路径，如Sunikka（2006）提出通过提高能源效率和发展低碳技术的方式促进城市转型；刘恒伟和Kelly Sims Gallagher（2010）针对中国的高碳经济发展现状合作撰文，他们认为发展碳捕捉和存储技术（CCS）有助于实现向低碳经济的战略转型。还有一些学者认为发展新能源或能源战略调整有助于促进转型，如Abdeen（2007）认为，为了促进经济的可持续发展，增加清洁能源及可再生能源使用和减少能源消耗是削弱能源生产和消费负面影响的主要措施；OECD（2009）报告指出欧洲面临向低碳经济转型的挑战，应通过能源政策和战略调整来促进转型。另外，Parrish（2009）指出企业家以可持续发展为导向进行战略设计对低碳经济转型有着重要的支撑意义。Winkler（2007）指出应发展低碳技术和新能源，并指出平板太阳能收集器是一个成熟的，适当的，经济上可行，并为发展中国家的大规模部署技术准备。Ballard-Tremeer和Searcy（2009）、International Energy Agency（2009）、Binu Parthan等（2010）通过探讨可再生能源和能源效率伙伴关系计划执行经验、执行机制、过程以及投资组合管理，提出建议应加强可再生能源和能源效率伙伴关系计划（REEEP）的行动。Till Requate（2005）通过回顾环境政策工具为促进先进减排技术发展产生的激励方面的相关进展，分析指出，在完全竞争市场情况下，采用碳价等市场手段通常比指挥和控制手段具有更好的表现，从短期看，碳税要比碳排放限额更具有促进技术研发和创新的效果。Morrison 和 Yoshida（2009）通过比较研究中国、美国和韩国提出应设立适当的公共基金来发展清洁能源与低碳排放。

（五）资源型城市转型研究

国外学者很少关注资源型城市的研究，相关成果较为有限，但针对资源型城镇或矿区的研究则由来已久，大体经历了三个阶段：一是 20 世纪 30 年代的研究开创阶段，加拿大的地理学家和经济学家英尼斯（H. A. Innis）在《加拿大的原材料生产问题》中首次对资源型城镇进行了研究。二是 20 世纪 60 年代至 80 年代中期阶段，Spooner 依据区域矿产资源的加工利用程度提出了矿区城镇五阶段发展理论，而 Lucas 提出了单一工业城镇或社区的四发展阶段理论，即建设期、人员雇佣期、过渡期和成熟期。J. H. Bradbury（1983）认为，资源型城镇还存在着第五阶段和第六阶段，第五阶段是衰退期，第六阶段则是城市完全废弃期。三是 20 世纪 80 年代中期以来的研究阶段，Millward 等一些国外学者对资源型城镇转型应采取的措施进行了具体研究，认为一般应采用建立预警系统、建立社区赔偿基金和专项保险机制、实施区域规划、职工培训等措施。Sturm 在对德国区域经济发展的研究中主张采用财税减免和人员培训等措施实现对衰退产业的调整。Markusen 指出，可以通过利用转移支付等传统政策杠杆来抑止经济活动空间分布的两极化趋势；而波特则认为，具有强动态竞争力的产业聚集体的形成主要依靠市场机制，而非政府政策的驱使，因此，他反对通过人为制定和实施产业规划的方式去建立和形成该种产业。总体而言，国外关于资源型城市的研究成果主要集中于加拿大、美国、澳大利亚、德国等几个国家，其他国家对于资源型城市的研究寥寥无几。

二、国内研究文献综述

（一）低碳经济内涵的解析

在气候问题备受关注的国际大背景下，国内也掀起了低碳经济的研究浪潮。一些学者对低碳经济的内涵进行了解析。在低碳经济的概念界定和内涵解析方面，尽管许多学者研究角度侧重不同，概念界定有一定差异，但低碳经济作为以低能耗、低排放、低污染为基本特征的可持续发展模式已得到许多学者的认同，如表1－1所示。

表1－1　国内学者对低碳经济的概念界定与内涵解析

研究者	研究时间	低碳经济的概念界定与内涵
潘家华	2004	低碳经济，重点在低碳，目的在发展，是寻求全球水平的可持续发展
庄贵阳	2005	“低碳经济”是依靠技术创新和政策措施，实施一场能源革命，建立一种较少排放温室气体的经济发展模式，从而减缓气候变化。低碳经济的实质是能源效率和清洁能源结构问题，核心是能源技术创新和制度创新，目标是减缓气候变化和促进人类的可持续发展
鲍健强	2008	低碳经济实质上是经济发展方式、能源消费方式，人类生活方式的一次新变革，它将全方位地改造建立在化石燃料（能源）基础之上的现代工业文明，转向生态经济和生态文明
付允等	2008	从低碳经济的发展方向、方式、方法等方面提出低碳经济是一种绿色经济发展模式，它是以低能耗、低污染、低排放和高效能、高效率、高效益（三低三高）为基础，以低碳发展为发展方向，以节能减排为发展方式，以碳中和技术为发展方法的绿色经济发展模式
夏堃堡	2008	低碳经济主要是两种：一种是低碳生产，一种是低碳消费，低碳生产是一种可持续的生产方式
游雪晴	2007	“低碳经济”是以低能耗、低污染为基础的经济
刘细良	2009	现代意义上的低碳经济是在人类社会发展过程中，人类自身对经济增长与福利改进、经济发展与环境保护关系的一种理性权衡；是对人与自然、人与社会、人与人和谐关系的一种理性认知；是一种低能耗、低物耗、低污染、低排放、高效能、高效率、高效益的绿色可持续经济；是人类社会经历原始文明、农业文明、工业文明之后的生态文明；是人类社会继工业革命、信息革命之后的新能源革命
金乐琴等	2009	低碳经济是一种新的经济发展模式，它与可持续发展理念和资源节约型、环境友好型社会的要求是一致的，与当前大力推行的节能减排和循环经济也有密切联系
李胜、陈晓春	2009	低碳经济的内涵包括低碳生产、低碳流通、低碳分配和低碳消费四个环节，其核心是在市场机制基础上，通过政策创新及制度设计，提高节约能源技术、可再生能源技术和温室气体减排技术，建立低碳的能源系统和产业结构，实现生产、流通、分配和消费的低碳化

（二）我国低碳转型的原因

对于我国为什么要向低碳经济转型，张坤民（2009）认为采用低碳经济战略应对气候变化，有助于解决我国面临的诸多环境与发展问题。冯之浚等（2009）认为低碳转型不仅有助于我国转变发展方式、调整产业结构，提高能源使用效率，保护生态环境，也有助于增强国内产品的国际竞争力以及缓解碳减排的国际压力的需要。国家环保部潘岳副部长认为，我国发展低碳经济一个非常重要的考量因素就是“高碳模式”严重制约中国经济社会发展。胡鞍钢（2008）则提出中国国情与经济发展促使“绿猫”模式必然取代“黑猫”模式，“绿猫”模式就是从高碳经济向低碳经济转变的绿色之路，研究认为，中国有可能成为世界最大的碳交易市场、最大的环保节能市场、最大的低碳商品生产基地和最大的低碳制品出口国。付允等（2008）从温室气体减排压力、能源安全和资源环境等三个方面对我国发展低碳经济的紧迫性进行了分析，在对国内外低碳经济理论和实践进行综述总结的基础上，分别从宏观、中观和微观三个层次论证了发展低碳经济的方向、方式和方法。

（三）低碳转型的影响因素分析

国内许多学者探讨了低碳转型的影响因素，其中许多学者验证了经济发展与碳排放之间的关系。马树才、李国柱（2006）对国内的环境数据进行了实证，研究结论否认了倒“U”型关系的存在；彭水军、包群（2006）对国内情况进行了检验，发现环境库兹涅茨倒“U”型曲线的存在与否很大程度上取决于污染指标以及估计方法的选取；此外国内大量学者对相应省份的研究大多否认了倒“U”型关系的存在。就目前的研究来看，经济增长与环境质量之间的倒“U”型规律是否存在，结论还很模糊。杜婷婷等（2007）对我国碳排放量与人均收入增长的关系进行了时间序列分析，结果表明两者之间呈现的是“N”型而非倒“U”型的演化特征。何琼和王铮（2007）得出结论证明，在技术进步的条件下，只要投入环境治理，EKC 曲线就会存在。王铮和朱永彬等（2008）构建了经济平衡增长条件下的模型及其模拟形式，按目前的能源结构变化趋势和技术进步速度进行预测，中国将会在 2040 年左右达到碳排放高峰。王中英等（2006）利用相关分析对中国经济增长与碳排放的关系进行研究，结果发现两者相关性显著。徐国泉（2006）等学者利用碳排放因素分解公式，计算了各地区平均碳排放系数，在我国不同的区域范围内，资源禀赋、经济水平和产业结构状况等不仅影响区域能源消耗，同时也可以通过碳排放反映出不同区域的特点，这些特点以能源消费数量、能源消费结构以及能源强度等多项指标体现出来。实际上在最近几年某些国家利用中国没有碳税的政策，纷纷把碳排放高的企业搬到中国，导致中国碳排放飙升。

国内许多学者还利用不同的方法，对碳排放下降的原因进行了分析，结果表明，能源强度下降是其碳排放强度下降的主要原因。张雷（2003）运用多元化指数方法对经济发展对碳排放的影响进行了分析，研究认为经济结构和能源消费结构的多元化会引导国家从以高碳燃料为主转向低碳燃料。在发达国家工业化初期，高碳燃料煤炭消费增长会引发碳排放的快速上升，自 1751 ~ 1998 年的两个半世纪里，全球碳排放量增长了 2000 多倍，其中，在煤炭为主导的前两个世纪是全球碳排放量增长最快的时期。魏一鸣、刘兰翠等（2008）对我国碳密集部门二氧化碳排放的演变特征研究表明，经济增长、产业结构、能源强度等对二氧化碳排放均有较大影响。谭丹、黄贤金和胡初枝（2008）首先对我国工业各行业十几年来的碳排放量进行了测算，之后发现了工业行业碳排放的特征，进而借助灰色关联度方法对工业行业碳排放量与产业发展之间的关系进行了分析，研究结果表明：产业产值与碳排放之间关系密切。通过测算工业各行业的单位 GDP 碳排放量变化，得到工业行业的产业结构与碳排放之间的关系。段红霞（2010）认为现阶段人口的可持续消费模式和生活方式，经济效率以及低碳和无碳能源技术革新，是驱动低碳经济转型和低碳社会发展的决定性因素。

国内一些学者也开始运用分解方法进行中国或区域的碳排放特征及影响因素研究。徐国泉（2006）基于碳排放量的基本等式，采用对数平均权重 Divisia 分解法，定量分析了 1995 ~ 2004 年，能源结构、能源效率和经济发展等因素的变化对中国人均碳排放的影响。胡初枝等（2008）基于 EKC 模型，采用平均分配余量的分解方法，构建中国碳排放的因素分解模型，定量分析 1990 ~ 2005 年经济规模、产业结构和碳排放强度对碳排放的贡献。牛叔文（2010）以亚太八国为对象，运用面板数据模型，分析了 1971 ~ 2005 年能耗、GDP 和二氧化碳排放的关系。

（四）低碳转型的政策措施

许多国内学者从系统角度提出了创新的观点，冯之浚等（2009）比较系统的提出应从观念、结构、科技、管理、消费方式创新方面推进低碳经济；牛文元、李旸（2009）认为，建设低碳城市，需要加快以集群经济为核心，推进产业结构创新；以循环经济为核心，推进节能减排创新；以知识经济为核心，推进内涵发展创新，同时还认为作为一个高能耗国家，我们需要从节能减排、低碳发展的内在规律出发，找到造成我国社会浪费和环境污染的本源；金涌等（2008）根据我国的能源消耗及二氧化碳排放现状，提出应从产业结构调整、能源结构调整、科技创新、消费过程优化及政策法规支持5个方面开展工作，阐述了各方面所能采取的举措，重点分析了一些具有实践价值的科技创新方向；鲍健强等（2008）研究了低碳经济对传统的建立在化石燃料（能源）基础之上的现代工业文明的影响，以及发展低碳经济的路径和方法，指出我国应发展低碳产业、低碳农业、低碳工业、低碳城市和碳汇减碳。郭万达等（2009）认为未来四十年是我国低碳转型的“战略机遇期”，要抓住机遇，积极主动地采取各种低碳转型措施，以建设资源节约型、环境友好型社会作为战略目标来制定低碳转型战略；积极参与有关低碳经济的国际谈判和规则的确定；制定“城市化和低碳化”共同发展的战略，提高我国可持续发展的能力；建设低碳城市，建立区域性低碳转型的示范区；实施向低碳经济投资的激励政策。

吴晓青（2008）提出制定国家低碳经济发展战略，增强自主创新能力，开发低碳技术和低碳产品，积极运用政策手段，为低碳经济发展保驾护航；先行试点示范，总结经验逐步推广等建议。

任力（2009）认为，不管从经济可持续发展来看，还是从承担国际义务角度考虑，我国都必须抓住低碳转型契机，处理好经济发展与能源、环境间的关系，推进低碳转型进程，应努力实施低碳经济发展战略，建设低碳社会；优化产业结构与能源结构；推动低碳技术创新与产品创新；加强低碳制度创新与法律体系建设；加大金融对低碳经济的支持，大力发展碳金融市场；激发企业履行低碳转型的社会责任。

龚建文（2009）指出，基于国情，当前中国发展低碳经济重点是降低能源强度，实现节能减排。最优路径是提高能源效率、发展可再生能源、发展循环经济。推动低碳经济的发展，还需要有积极的战略规划和对策措施，特别是要在政策上、法律上予以支持和保障。

李友华、王虹等（2009）通过分析中国低碳经济发展面临的问题，提出必须以科学发展观为指导，树立低碳经济发展理念，制定低碳经济发展战略；加大投入，促进低碳技术创新与合作；制度创新，消除低碳经济发展的制度障碍；搞好低碳经济试验示范区（点）；发展低碳能源产业体系；关注农村低碳经济发展。

金乐琴等（2009）指出低碳经济正成为一种新的国际潮流，影响着各国的经济社会发展进程。中国作为发展中的温室气体排放大国，在向低碳经济转型的过程中，面临着发展阶段、发展方式、资源禀赋、贸易结构、锁定效应等特定的制约因素，同时也具备一定的减排空间大、减排成本低、技术合作潜力大等潜在优势，因此，我国在复杂的国际政治经济环境中，亟须建设性地参与应对气候变化的进程，在发展战略、政策机制、技术创新等诸多方面积极采取措施，促进低碳经济转型。

有的学者通过探讨国外发展低碳经济的经验，进而提出相应对策。赵娜、何瑞、王伟（2007）全面介绍了英国在发展低碳经济方面的举措与成就，并提出了对英国低碳经济发展的担忧，最后展望了英国低碳经济发展的未来；姚良军、孙成永（2008）系统介绍了意大利发展低碳经济的政策措施；胡淙洋（2008）分析了法国、英国、日本、瑞典等发达国家的低碳经济发展历程，剖析了他们对我国低碳经济转型的启示，并指出应通过国家行动（战略）、技术支撑、市场推动来促进低碳转型。邢继俊（2009）研究了美国、欧盟等国家或地区的支持低碳经济发展的做法和经验，提出自上而下、自下而上、跨越式模式等发展低碳经济的模式，并指出国家应制定低碳经济发展战略，建立利于低碳经济发展的政策法律体系和市场环境，加快能源结构和产业结构调整。政府制定有效机制激励企业扩大在低碳技术领域的研究与开发，提升自主创新能力。加大节能减排的宣传，全民动员、人人参与，发挥中国制度的优越性，使节约能源，减少排放成为公民的自觉行动。充分利用国际资源，加强低碳领域的资金技术的国际合作。李俊峰、马玲娟（2008）介绍了丹麦向低碳经济转型的进程，并在宏观层次上对我国的低碳经济发展提出了建议。王文军（2009）通过对发达国家在低碳经济发展方面经验的总结，得出环保目标明确、管理体制完善、多种手段引导、注重国际合作、重视技术研发等是发达国家发展低碳经济的特点。据此，结合我国现实，提出应当做好制度、法律、技术、教育等四个方面的工作，以推动低碳经济在中国的发展。郭印、王敏洁（2009）探讨了英国、德国、意大利等国家的低碳经济发展经验，提出应借鉴国际经验，在加强法律和政策支持、优化能源利用结构和产业结构、加强低碳技术的国际合作和自主研发能力、实施低碳化的城市公共交通以及倡导绿色消费等方面促进低碳经济的发展。任力（2009）研究了国外的低碳战略或者保护气候变化策略，指出我国必须尽早制定低碳经济转型战略，构建低碳经济法律保障体系，发展低碳产业群，积极推进低碳技术创新与制度创新，激励企业进行低碳生产等。王军（2009）认为除了国内的政策措施以外，在培育低碳经济的同时还要特别强调国际视野，特别是要熟悉掌握《京都议定书》确定的发达国家和发展中国家在气候变化领域的“共同而有区别的责任”原则和清洁发展机制，因为这是我们争取发展权，维护国家利益，更好推进低碳发展的重要保证。

部分学者指出，应当通过建设低碳城市推动低碳转型。气候组织（2009）在《中国低碳领导力：城市》一书中指出，城市是发展低碳经济的关键平台，城市应引领中国低碳经济转型。低碳城市就是在城市内推行低碳经济，实现城市的低碳排放，甚至是零碳排放，经济发展、能源结构、消费方式、碳强度是城市实现低碳转型的4个方面。在城市发展实现低碳经济转型的过程中，中国城市亟须通过政策激励与制度安排、技术创新与应用、投融资机制和多方合作构建领导能力。付允（2008）通过国内外典型低碳城市的发展现状分析提出了基底低碳（能源发展低碳化）、结构低碳（经济发展低碳化）、方式低碳（社会发展低碳化）和支撑低碳（技术发展低碳化）的低碳城市发展路径。辛章平、张银太（2008）揭示低碳经济是世界发展的趋势，低碳城市是低碳经济发展的必然过程，并从新能源技术应用、清洁技术应用、绿色规划、绿色建筑和低碳消费等几个方面提出低碳城市的构建途径。陈文艺（2009）的硕士论文对中国低碳城市营建进行了初步研究。莫艳云（2009）认为，发展低碳城市是实现生态城市发展的一条现实途径，通过分析低碳城市的需求与供给、收益与成本，提出征收碳税、“碳预算”方案、碳排放权交易以及社区居民参与等低碳城市可持续发展的对策。

黄栋、李怀霞（2009）认为应该通过能源政策引导促进中国低碳经济转型。郭茹等（2010）以上海为例研究了促进节能减排的能源战略。姬振海（2008）从低碳经济的内涵揭示了实现低碳经济的两条途径：一是调整能源结构，降低二氧化碳排放强度；二是提高能源利用效率，降低能源强度。

还有学者从碳金融角度提出政策建议，如任卫峰（2008）认为，大力推动环境金融建设十分必要，必须在制度层面上构建相应的激励性机制，推动环境金融理念的建立及相关培训。章升东等（2007）研究提出应设立碳基金，碳基金的资金用于投资方面主要有三个目标：一是促进低碳技术的研究与开发；二是加快技术商业化；三是投资孵化器。孟翠莲（2010）提出必须尽快建立、健全符合中国实际的低碳财税政策体系，以促进“高能耗、高污染、低效率”经济增长方式的转型。

另外，学者对低碳转型，也表达了不同的看法。王军（2009）认为政府尤其要推进我国现有产业向低碳转型的步伐，加快低碳产业的形成和发展。崔奕、郝寿义、张立新（2010）指出传统经济增长模式如何向低碳经济转移是应对能源短缺和环境污染问题的关键，分别从产业层面、机制层面与社会层面三大方面对两种经济发展模式进行了比较，指出应以产业结构转变为先带动其他层面，并提出了相应的措施。但潘家华认为，中国正处于工业化进程中的关键时期，应强调节能优先，从节能与减少二氧化碳排放的一致性上，强调低排放发展，我国发展低碳经济，不能盲目寄希望于调整产业、能源结构，因为两者都受到客观条件的制约，空间十分有限，重点在于这三个方面：一是提高能源效率；二是开发利用可再生能源；三是引导消费者行为。

此外，还有学者如陈晓春等，强调社会的积极参与和引导社会向低碳消费观念的转变；孙佑海等则从法律角度提出建议。姜萍等（2010）也认为，为了应对气候变化和能源危机，中国应发展清洁能源，包括新能源和可再生能源；完善有关法律、法规、管理体制和机制；公众应加强节约能源和减少温室气体排放的意识。

（五）资源型城市转型研究

国内学者对资源型城市经济转型问题研究最早始于20世纪80年代末。此后，随着我国资源型城市经济社会矛盾的日益突出，90年代末以来，研究热点主要集中在资源型城市的产业转型模式及转型政策与策略等领域。

在资源型城市转型模式研究方面，周德群、冯本超（2002）从两个维度对矿区进行了分类，并在此基础上对矿区的组合特性进行了研究，对它的发展道路选择和发展模式问题作出了探讨。张米尔（2003）提出了三种资源型城市产业转型的模式，分别是产业延伸模式、产业更新模式和复合模式。王德鲁和张米尔（2003）在对强相关型转型企业技术能力演进机理进行分析的基础上，提出对原有技术能力进行挖掘和进行技术学习的企业技术能力培育模式，并基于无差异曲线的分析方法构建了培育模式的选择模型。黄溶冰（2005）等从协同学理论的视角，阐释了主导产业的演替是矿区产业转型的序参量，从而设计出产业内部协同模式、产业之间协同模式、地域之间协同模式和非自然条件的协同模式等若干种战略转型模式。王德鲁（2004）通过对国内外衰退产业转型实例的分析，将衰退产业转型具体划分为四种模式：企业能力再造、产业区位转移、产业延伸和产业创新。高喆（2005）分析了国内外 18 家成功转型企业的转型过程，采用案例研究与规范研究相结合的方法，探讨了产业转型中转型企业技术学习的有效模式。于立、姜春海（2005）提出了资源型城市产业转型的“循序渐转”模式，即在资源开采的成熟期，在外部环境较好、财力比较充裕的情况下，资源型城市应居安思危、未雨绸缪，走可持续发展之路，其典型特征是“资源未枯、积极主动、循序渐转”。李烨等（2009）认为，只有具体针对资源型企业所在区域的差异及企业实际情况，选择相应的转型模式，如产业替代、产业转移和产业链延伸等不同的组合策略，并且充分挖掘且发挥其自然资源、社会资源、生产要素等其他比较优势，才能在市场中将其转化为竞争优势。

在如何进行转型的问题上，学者们也纷纷提出了自己的见解。武春友和叶瑛（2000）认为，资源型城市转型应加强四方面的转变：产业结构转变、所有制结构转变、经营方式转变以及区域经济社会管理系统转变。牛冲槐、白建新（2003）从分析山西煤炭资源型城市的现状入手，提出煤炭资源型城市转型的基本措施，即构建煤炭资源型产业的支持系统，以转制带动转型。沈镭（2003）提出了矿业城市转型中再城市化的相应对策。吴奇修（2005）、李成军（2005）、朱明峰（2005）、于言良（2006）、李雨潼（2007）从资源枯竭型城市转型中面临的突出问题着手，分析了该类城市的转型需求，提出了促进煤炭资源型城市产业转型的具体对策等。周敏（2005）从政府系统援助、区域竞争能力的再造、产业转型政策的应用、人员安置与职业培训等方面，对美国、欧盟、日本等对城市衰退产业转型的措施进行了比较，归纳出对我国城市衰退产业转型的启示。李新春、彭红军和赵晶（2006）在对 2001 年我国 25 个煤炭资源型城市发展水平进行分析的基础上，将煤炭资源型城市分类，并根据各类煤炭资源型城市自身的水平和区位特点，提出进一步提高煤炭资源型城市发展水平的对策和建议。李新春等从城市的形成和发展阐述了煤炭资源型城市形成原因和内涵，剖析了我国煤炭资源型城市基本特征和城市化过程中存在问题，提出了中国煤炭资源型城市研究思路和研究内容。龙如银、汪飞（2008）初步分析了资源型城市经济转型系统和基于系统观的经济转型思路，研究认为资源型城市经济转型是一个系统而繁杂的工程，受到宏观环境、区域经济状况、政府、企业、公众、城市能力及产业系统状况等众多因素的影响，资源型城市经济转型系统包括支撑力系统、牵引力系统、推力系统及压力系统，需要借助系统观的思想进行设计与实施资源型城市经济转型方案。周敏（2008）通过分析资源型城市产业转型面临的区位偏离、体制束缚、产业障碍、产权障碍、人才制约等障碍因素，提出应深化产权制度改革，科学制定开发规划，多渠道筹集转型资金，制定合理的财政税收政策，改善投资环境等措施。另外，学者王青云（2003）、齐建珍（2004）等都分析了资源型经济转型的困难并提出了促进其可持续发展的政策建议。

另外，一些学者从生态角度或低碳角度提出资源型城市产业转型的观点。王如松（2003）认为，产业转型的方法论基础是产业生态学，因此产业生态管理可以为城乡产业转型、企业重组、产品重构提供方法论基础和新的生长点。颜京松（2003）等阐述了资源型城市发展生态产业的具体原则和策略，指出应在市场导向下，促进竞争、共生、自生、再生相结合，实现生态与整体最优，发展具备减量化、再利用、资源化三特征的循环经济。周国梅、唐志鹏、李丽平（2009）以攀枝花市为例，分析了资源型城市的产业问题及面临的机遇与挑战，提出资源型城市应发展高新技术、发展第三产业、发挥政策导向分别来实现技术发展低碳化、经济发展低碳化和社会发展低碳化。徐君等（2014）构建了资源型城市低碳转型的战略框架，并设计了生态文明视域下的低碳转型路径。

三、国内外研究述评

从低碳经济研究进展来看，近几年的研究逐渐增多，但目前多数相关研究成果集中于低碳经济的内涵、可行性、政策建议等方面，定性研究较多，定量研究较为少见，对于低碳转型的复杂性机理、路径依赖及调控对策等问题的研究比较欠缺。

从国内外关于资源型城市转型的研究进展来看，目前相关研究相对丰富，其相关理论研究、发展模式、政策、策略与实践经验也对研究我国资源型城市低碳转型具有现实的指导与借鉴意义。转型研究的视角也由传统视角转向生态视角，在低碳时代背景下，尚缺乏以低碳经济为视角来考察资源型城市转型的研究成果。资源型城市经济转型是一个世界难题，同时实现低碳转型是资源型城市可持续发展的必然选择，在经济转型过程中又要做到碳减排，对于资源型城市来说，面临的困难更多，亟须探究低碳转型背后的科学问题。

综上所述，低碳经济转型研究已经起步，但是，还没有构建起系统的低碳转型理论体系，从而使资源型城市低碳转型缺乏足够的理论指导。尤其对于资源型城市作为研究对象的研究成果较为缺乏。国内外许多学者虽然也提出了不少相关的技术和政策措施，但仍然不够系统，国内的学者大多停留在介绍国外低碳经济政策措施的阶段，没有形成有效的针对中国自身状况和资源型城市情况的低碳经济发展模式。对于低碳转型的影响因素分析比较缺乏，定量分析较少，使得对策研究缺乏科学性。因此，从低碳经济视角入手，探究资源型城市低碳转型的机理这一重要的科学的理论问题，不但可以拓展产业转型研究的范畴，获得新的研究结论和成果；而且，还将为政府及相关部门制定政策及采取措施提供决策依据，为处于产业转型过程中的矿区产业或企业提供理论指导和分析工具，这对于处于枯竭期的资源型城市可持续发展具有突出的现实意义，有助于促进在经济增长目标与碳减排目标双约束条件下的资源型城市实现低碳经济转型和可持续发展。

鉴于此，本书正是从国家这一重大需求出发，分析资源型城市低碳转型的影响因素及其作用机理，根据经济稳定增长目标与碳减排目标双约束条件进行仿真研究，构建转型绩效评价体系，进行效率测度，提出资源型城市低碳转型的调控模式与路径依赖，以晋城市等为典型资源型城市案例进行实证研究，构建资源型城市低碳转型政策保障体系，并提出创新的行之有效的低碳转型管理方法和相关对策，为今后资源型城市低碳转型评价及完成碳减排目标提供理论和技术决策支持。

第四节 研究内容与研究方法

一、研究目标

本书拟综合运用低碳经济理论、产业组织理论、系统动力学理论、生命周期理论、自组织理论、产业生态理论、演化经济学和计量经济学等基本理论和方法，剖析资源型城市的产业特征和碳排放现状，揭示资源型城市低碳转型的机理，构建系统动力学模型，并模拟仿真双目标约束下的资源型城市低碳转型进程、构建科学有效的资源型城市低碳转型评价体系，通过情景模拟，提出科学合理的资源型城市低碳转型调控政策体系，为今后资源型城市低碳转型政策设计、效率评价及完成节能减排任务提供理论基础和决策支持。

二、概念界定

(1) 低碳经济、低碳技术、低碳能源、低碳城市。

低碳经济的实质是能源使用效率和清洁能源的消费结构问题，其核心是能源技术的创新和制度创新，发展低碳经济的目标是减缓气候变化和促进人类社会的可持续发展。因此，低碳经济是指依靠技术创新和政策方面的措施，开展的一场能源革命，建立一种只有较少温室气体排放的经济发展模式，从而减缓气候变化。

低碳经济的核心内容包括低碳产品、低碳技术以及低碳能源的开发利用，其基础是建立低碳能源系统、低碳技术体系和低碳产业结构，建立与低碳发展相适应的生产方式和消费模式，鼓励制定一系列低碳发展的国际国内政策、法律体系和市场机制，其实质是高碳能源的利用效率和清洁能源的结构问题。

低碳技术，也被称为清洁能源技术，主要是指可以提高能源效率来稳定或减少能源需求，同时可以降低对煤炭等化石燃料依赖程度的主导技术，涉及电力、交通、建筑、冶金、化工、石化等多个部门，在可再生能源及新能源、煤的清洁高效利用、油气资源和煤层气的勘探开发、二氧化碳捕获与埋存等领域开发可以有效控制温室气体排放的新技术。

低碳能源是发展低碳经济的基本保证，清洁生产则是低碳经济的关键环节。未来能源发展的方向是清洁、高效、多元、可持续的。就我国而言，发展低碳经济和低碳能源技术的实质是可再生能源的开发和化石能源的洁净、高效利用。尤其是我国以煤为主的能源结构和以重化工业为主的产业结构，决定了目前发展低碳能源技术的重点就在于对煤炭的洁净高效转化利用和对节能减排技术的研发。实际上，发展低碳经济和低碳能源是两方面内容：表现在需求方面则是必须要大幅度压缩碳排放需求；表现在供应方面则要大力发展对气候影响较小的低碳替代能源，包括核电、天然气等可再生能源。

低碳城市就是在城市范围内发展低碳经济，研发低碳技术，最大限度地减少温室气体排放，彻底摆脱之前大量生产、大量消费和大量废弃的模式，形成一种新的结构优化、循环利用和节能高效的经济体系，培养新的健康、节约、低碳的生活方式和消费模式，从而实现城市的清洁高效发展和低碳可持续发展。

（2）低碳转型。

低碳转型是一种新的经济转型发展模式和方向。经济转型是指在一定时期内一个国家或地区的经济结构制度发生根本性的变化。换言之，经济转型就是经济增长方式的转变、经济体制的更新、支柱产业的替换和经济结构的提升，是一个国民经济体制和结构由量变到质变的过程。经济转型是指资源配置和经济发展方式的转变，具体包括发展模式、发展要素和发展路径等方面的转变。一个国家或城市常常可以通过经济转型升级得以实现经济的持续快速发展。

本书从现有的经济转型概念中归纳出资源型城市低碳转型的内涵。资源型城市的低碳转型是资源型城市采取低碳经济发展模式，通过发展接续和替代型的低碳产业，逐步摆脱对原矿产资源的依赖，或者通过高碳能源低碳化利用降低碳排放，或采取调整能源结构等措施促进城市低碳化发展的过程。低碳转型不是简单的产业替代或转移，而是以碳减排为目标，将产业的组织方式与行为方式进行变更，因此这是一项区域内外各环境要素紧密结合发挥作用的系统工程。本书中强调在碳减排目标和经济增长目标双约束条件下的资源型城市逐步实现低碳化发展的过程，侧重产业低碳转型的研究。

三、研究内容

根据上述的研究目标，本书的主要内容分为九个部分。

第一章是绪论，主要阐述选题的研究背景、研究目的和意义、国内外研究现状、研究目标与内容、概念界定、研究思路、研究方法及技术路线等。

第二章为资源型城市低碳转型的发展特征与碳排放现状分析。针对研究的主体和目的，首先界定资源型城市的范围，然后分析资源型城市的发展变化特征和碳排放现状，进而剖析资源型城市低碳转型的特征。在此基础上，分析资源型城市低碳转型的瓶颈因素，论证资源型城市低碳转型的必要性。

第三章为资源型城市低碳转型的影响因素及其作用机理探析。首先，构建资源型城市低碳转型的影响因素理论模型。其次，分别从低碳规制、结构优化、技术创新、能源效率方面分析了对资源型城市低碳转型的作用机理，分析了经济发展和人口的抑制作用。最后，就综合因素对低碳转型的影响机理、动力机制进行了研究，为实证研究提供理论依据。

第四章为资源型城市低碳转型因素的实证解析。这也是本书的研究重点。利用 LMDI 分析方法和面板数据模型探析能源结构、产业结构、人口、能源效率等因素对资源型城市碳排放变化和碳强度变化的效应，实证检验第三章的结论。

第五章为资源型城市低碳转型影响因素作用的系统动力学仿真。本书 SD 建模的目的在于通过模型了解资源型城市的经济、能源、环境的协调，实现资源型城市的低碳转型，具体是控制煤炭工业链的高碳排放、石油工业链的高碳排放、天然气的高碳排放、人均 GDP 适度增长及增加环保投资和环保管制加以实现。构建因果链，对资源型城市低碳转型的 SD 模型进行模块分析，进行真实性检验，对不同方案下的灵敏度分析结果分析。

第六章为资源型城市低碳转型的绩效评价及效率测度。运用层次分析法，从经济效益、环境效益和社会效益方面构建资源型城市低碳转型绩效的评价体系；运用数据包络分析（DEA）等数学工具，构造测度模型，对不同类型的资源型城市低碳转型效率进行科学的测度，以便有效地指导资源型城市低碳转型。

第七章为资源型城市低碳转型的情景分析与路径依赖。利用环境负荷模型对不同情境下的资源型城市低碳转型状况进行情景分析，探讨其路径依赖。

第八章为促进资源型城市低碳转型的调控政策保障体系及建议。提出调控原则和调控模式，在此基础上，构建系统的促进资源型城市低碳转型的五维政策保障体系，提出具体可行的政策建议。

第九章为结论与展望。对本书研究结论及不足进行阐述，提出研究的创新点，并指出进一步研究的方向。

四、研究方法与技术路线

（一）研究方法

本书的研究思路是从调查研究资源型城市的发展特征和碳排放现状出发，剖析资源型城市低碳转型机理，对其进行模拟仿真，然后构建测度指标体系，在此基础上构建驱动资源型城市低碳转型的调控政策保障体系。本书拟综合运用低碳经济理论、产业组织理论、系统动力学理论、生命周期理论、复杂性理论、产业生态理论、演化经济学和城市可持续发展理论等基本理论和方法，采取理论分析与实证分析、定性与定量分析相结合的方式来研究资源型城市低碳转型机理与调控对策。

采用的具体研究方法如下：

（1）调研和统计分析方法。本书采用实地调研、多元统计和文献查阅方法分析资源型城市的发展变化特征和碳排放状况。从历年的《中国统计年鉴》、《中国城市统计年鉴》、《中国环境统计年鉴》、《中国能源统计年鉴》、各省单位 GDP 能耗公报、国家或各地方统计局网站以及部分资源型城市统计年鉴等途径获取相关统计数据，测算碳排放量，分析各因素对低碳转型的影响。

（2）因素分解法。本书拟采用 LMDI 分析方法对碳排放变化和碳强度变化进行因素分解，分析各因素对两变量变化的贡献值，为选择路径提供依据。

（3）面板数据模型。本书把资源型城市按资源种类进行划分成四个截面数据，利用不同资源种类的资源型城市历年数据，对各种影响因素对低碳转型的影响进行实证检验。

（4）系统动力学仿真方法。本书利用系统动力学分析方法进行建模，对

2005~2020年资源型城市低碳转型的各种指标变化进行仿真分析，以仿真结果获取驱动资源型城市低碳转型的最优路径和政策措施。

（5）层次分析法和数据包络分析方法。运用层次分析法构建低碳转型绩效指标体系，结合DEA对不同资源型城市的低碳转型效率进行测度。

（6）情景分析法。利用环境负荷模型对不同情境下的资源型城市低碳转型状况进行情景分析，探讨其路径依赖。

（二）技术路线

本书拟采用国内外研究动态把握→现状剖析→机理研究→仿真模拟→政策建议的技术路线，具体技术路线如图1-1所示。

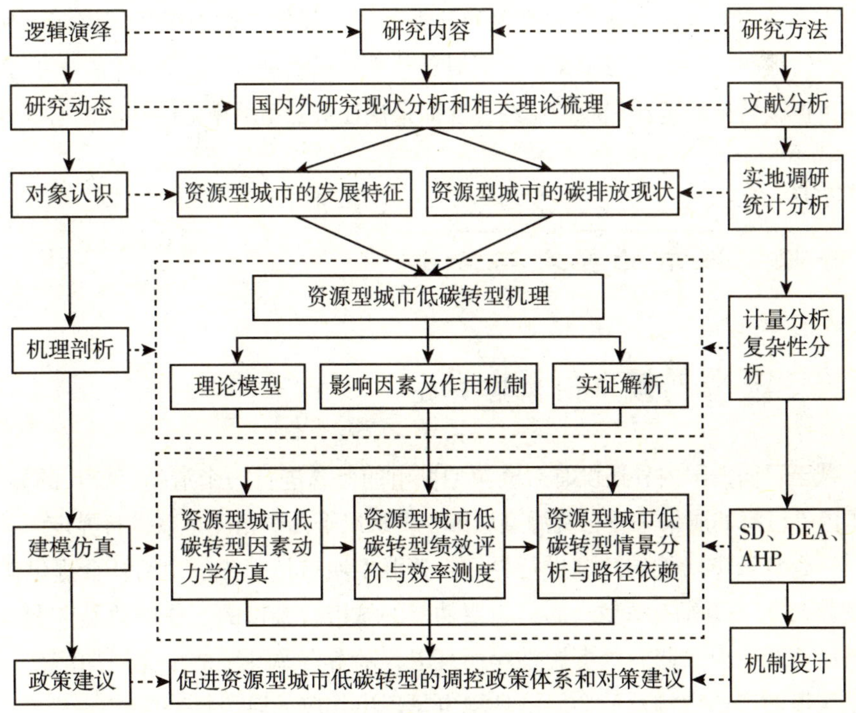

图1-1 本书的研究技术路线

第二章

资源型城市的发展特征与碳排放现状

本章首先对资源型城市的概念和分类进行了界定，进而分析了资源型城市的产业特征和可持续发展规律，然后对其碳排放现状进行了深入剖析，指出资源型城市低碳转型的特征和瓶颈制约，从而来论证资源型城市低碳转型的必要性。

第一节 资源型城市的界定与分类

一、资源型城市的概念界定

截至目前，国内外还没有对资源型城市的概念进行一个清晰、统一的界定，从国内外已有的成果来看，资源型城市主要从以下几个角度可以进行界定。

一是从城市功能的角度进行界定，资源型城市是一种承担给社会提供矿产品及其初加工品等资源型产品的主要功能的城市。城市的支柱产业是矿业，往往因矿业开发而兴起，因资源枯竭而衰退，随着资源开发的生命周期演变，资源型城市的产业结构及社会经济环境也呈现出相应的阶段性特征。

二是从城市主导产业角度界定，资源型城市作为一种特殊类型的城市，是指以围绕资源开发而建立的采掘业和初级加工业为其典型的主导产业，随着主导产业的不断发展而兴建或者发展起来的城市。

三是从城市发生发展的角度界定，资源型城市是指建立在资源禀赋基础上，因资源开发而兴起的城市，或者在城市发展过程中，因资源开发而致其再度繁荣的城市。

在从各角度对资源型城市概念的界定中，本书总结归纳出资源型城市的本质内涵，进而进行了界定。本书采用的资源型城市，其定义为：资源型城市是以资源开发为基础形成并逐渐发展起来的城市，对资源有显著的依赖性，资源型产业会占有很大的比重，随着资源开发的阶段性变化，社会经济的环境和城市经济的结构也随之表现出不同的发展态势。广义的资源型城市包括矿业城市和森工城市，矿业城市占据较大比重。狭义的资源型城市主要指矿业城市。本书研究对象是不可再生的矿产资源类型的城市，即狭义的资源型城市。

二、资源型城市的界定标准

（一）国内外学者对资源型城市界定标准的研究

由于对资源型城市的认识角度不同，国内外学者提出了各种不同的概念和界定标准，导致资源型城市的范围和数量相差悬殊。对资源型城市界定标准的研究最早可以追溯到 1921 年，英国的奥隆索（M. Auronsseau）第一次提出了矿业城镇（Mining Town）的概念。此后，1943 年哈里斯（C. D. Harris）研究了美国城市职能分类，提出把采矿业在全部从业人员中的百分比必须大于 15% 作为矿业城市的划分标准。纳尔逊等（H. J. Nelson）学者又运用更加精确的一些分类方法对其划分标准进行了深入研究。在我国，由于矿业城市众多，另外，随着许多矿业城市面临矿竭城衰和生态破坏的局面，促使国家高度重视这类城市的可持续发展，随之出台了振兴老工业基地战略和支持资源型城市可持续发展的一系列政策，2007 年国务院出台的《关于促进资源型城市可持续发展的若干意见》提出，截至 2015 年前在全国范围内普遍建立健全资源开发补偿机制和衰退产业援助机制，从而促进资源型城市经济社会快速步入可持续发展轨道，并提出五项促进资源型城市可持续发展的措施。中央的这些政策表明了国家对资源型城市发展的关注，也由此促使资源型城市成为研究的热点对象。“矿业城镇”、“矿业城市”、“工矿城市”等概念也逐渐被“资源型城市”取而代之。对资源型城市的科学界定有助于我国的区域协调发展和扶持政策的实施，在低碳经济时代背景下，还有助于科学地确定碳减排份额分配，既有助于保持资源型城市能源基地的保障作用，又有助于资源型城市的经济转型与可持续发展。

截至目前，国内外学者研究的主要界定标准和划分指标有：

（1）采矿业从业人员所占比重。这一指标是按照城市职能分类方法考虑的。城市职能是指某城市在所在国家或地区中所承担的作用与分工。城市地理方面的学者着重从城市职能这一角度进行城市分类，其基本观点是：假如在一个城市中存在一种经济活动，且该活动集中到一定数量，以致支配了整个城市的经济，那么这种经济活动就成为主导职能①。而资源型城市被普遍认为是支持区域或国家经济发展的以资源开发为主要职能的城市，所以许多学者认为采用采矿业从业人员所占比重这一指标来界定资源型城市比较科学合理。持这种观点的主要代表人物有：哈里斯、小笠原义胜、纳尔逊、周一星、王元、武春友等。只是各学者对采矿业从业人员所占比重界定值和计算方法有所不同。

（2）采矿业产值比重。资源型城市以资源型产业为主，采矿业产值在工业总产值或城市国内生产总值中应该占到主要比重，因此采矿业产值这个指标也可以反映城市的主要职能以及城市经济对资源开发的依赖程度。周长庆（1994），赵景海、俞滨洋（1999）等学者从采矿业产值占工业总产值的比重考察，也有的学者从采矿业产值占城市 GDP 的比重来界定。

（3）城市发生学方法。刘云刚（2002）依据“因当地资源的开发而兴起的城市”这一发生学的标准来界定中国资源型城市，认为资源型城市本质的属性在于因资源开发而兴起，而不是职能的一致性。由此得出研究结论是中国有资源型城市 63 座。

（4）复合指标方法。有学者认为单一指标的界定方法有些偏颇，采矿业人数所占比重大的资源型产业对经济的贡献未必大，采矿业产值比重大的未必表示城市形成了资源依赖的产业体系，所以越来越多的学者开始运用多指标方法综合界定资源型城市。胡魁（2001）、王青云（2003）等提出资源型城市的判定既要考虑矿业产值及比重，又要考虑采矿业从业人员数量及所占比重。认为应结合矿业产值比重和采矿业人员比重来界定，提出了矿业依存度的综合界定标准，依据此标准，资源型城市有 95 座。陈旭升等（2003）采用概率神经网络方法，构建了以分类指标数据为输入矢量，城市类型为输出矢量的网络模型，也对资源型城市进行了界定和分类。路世昌、王政辉（2008）基于地区经济发展的视角，强调资源型城市应具有以资源型产业为主导产业、关联产业为辅助产业的产业体系，因此通过构建资源型城

---

① 周一星．城市地理学［M］．商务印书馆，1995.

市的界定模型从而可以计算出资源型产业在整个地区产业体系中的地位以及同其他产业之间的关系，进而对资源型城市进行界定。肖劲松和李宏军（2009）以各个城市资源型产业的产值及其从业人员的比重为基础，结合资源型产业的投资和税收比例，通过定量为主、定性为辅的方法，研究并得出我国有156座资源型城市的结论。高天明、刘粤湘（2010）等考察了资源型城市界定指标取值的依据，提出应综合参考比重和规模因素，采矿业人员比重或采矿业产值所占GDP比重超过界定值的，都属于资源型城市；采矿业人员规模和采矿业产值规模同时达到界定值的也属于资源型城市，由此认为我国目前有175座矿业城市。目前影响力较大的复合指标界定方法是国家计委宏观经济研究院课题组在2002年提出的界定资源型城市的“四指标判定法”。他们依据发生学原则、动态原则、定量为主定性为辅的原则运用四个指标对资源型城市进行了确定。第一个指标是采掘业产值占工业总产值的比重超过10%；第二个指标是采掘业产值规模，地级市应在2亿元以上，县级市应超过1亿元；第三个指标是采掘业的从业人员占全部从业人员比重在5%以上；第四个指标是采掘业从业人员规模，县级市应超过1万人，地级市超过2万人。只有同时满足以上四个指标才能定为资源型城市。

本书借鉴余际从、刘粤湘（2009）等学者的研究成果，对国内外学者研究的主要界定标准、划分指标、研究结论进行了整理，如表2-1所示。

表2-1　　国内外学者对资源型城市界定标准和指标的研究

指标类型	研究者	研究时间	指标值	资源型城市数量
采矿业从业人员所占比重	哈里斯	1943	矿业从业人员比≥15%	
	小笠原义胜	1954	矿业从业人员比≥10%	
	纳尔逊	1955	矿业从业人员比的算术平均值M（1.62）加上1个标准差SD值（5.01）以上	
	周一星	1990	采掘业从业人员比的算术平均值加0.5标准产值以上	68座
	王元	2000	资源开发、初加工劳动力就业人口比≥40%	
	武春友	2000	直接或间接从事同种资源开发、生产经营的劳动力≥40%	100多座

续表

指标类型	研究者	研究时间	指标值	资源型城市数量
采矿业产值比重	周长庆	1994	采掘（采伐）工业产品/工业总产值≥10%	170 座
	樊杰	1994	（煤城）煤炭采掘业/工业总产值≥10%	
	俞滨洋	1999	采掘业及初加工产值/工业总产值≥50%	
城市发生	刘云刚	2006	具备因当地资源的开发而兴起的城市特征	63 座
复合指标	胡魁	2001	矿业产值地级大于 1 亿元，县级大于 4500 万元；矿业产值占国内产值比重≥5%；矿业从业人数≥6000 人；著名老矿业城市、新矿业城市、漏列矿业城市	426 座
	王青云	2001	采掘业产值占工业总产值比≥10%；县级市采掘业产值≥1 亿元，地级市≥2 亿元；采掘业从业人员比重≥5%；采掘业从业人员地级≥2 万人，县级≥1 万人	118 座
	张建华	2003	矿业依存度≥10（矿业产业依存度 = 矿业从业人所占比重 ×0.6 + 矿业产值占 GDP 比重 ×0.4）	95 座
	陈旭升等	2003	采用概率神经网络方法，构建了以分类指标数据为输入矢量，城市类型为输出矢量的网络模型来界定	
	中国矿城工委	2005	矿业产值占工业总产值≥10%，或矿业从业人员比重≥15%；或传统矿业职能仍继续发挥重要作用	178 座
	路世昌，王政辉	2008	选择产值规模、就业规模、感应度系数和影响力系数作为指标进行计算和灰色关联分析	
	肖劲松，李宏军	2009	以各城市资源型产业产值比重和从业人员比重为基础，并参考各城市资源型产业的投资和税收所占比例，以定量为主、定性为辅的方法进行界定	156 座
	高天明、刘粤湘	2010	采矿业人员比重≥10%；或矿业产值≥7%；或县级市采掘业从业人员超过 1 万人，地级市超过 2 万人并且县级市矿业产值大于 1 亿元，地级市大于 2 亿元	175 座
	国家计委宏观经济研究院课题组	2002	同时满足采掘业产值占工业总产值比重≥10%；地级市采掘业产值应≥2 亿元，县级市≥1 亿元；采掘业从业人员比重≥5%；采掘业从业人员规模，县级市≥1 万人，地级市≥2 万人。	118 座

（二）本书采用的界定标准和数据来源

2002年国家统计局修订了GB/T 4754－1994《国民经济行业分类与代码》，提出了新的国民经济行业分类（GB/T 4754－2002），对采掘业的名称和范围进行了调整，由于许多学者的研究成果是基于1994年行业分类标准的数据，而资源型城市随着资源开采而不断发展，可能一些资源型城市随着矿竭城衰已不再是资源型城市，对其界定应具有动态性，所以要探讨低碳经济背景下的资源型城市产业转型问题，非常有必要对资源型城市重新进行界定和判断。本书认为，资源型产业是资源型城市的支柱产业，其从业人数与产值规模在其经济发展中应具有突显的作用与比重，所以采矿业从业人数所占比重与采矿业产值比重两个指标在一定程度上可以较为客观地反映资源型城市的情况。但由于市场经济环境下，各种煤炭、钢材、石油等能源价格受供求关系等因素影响，我国自1992年煤炭等价格逐步放开以来，能源价格不断上扬，所以各城市采矿业产值比重相对提升，在此情况下，本书结合数据的可获得性，主要采用采矿业从业人数所占比重指标为主，采矿业产值比重为辅的原则界定了资源型城市。

本书根据《中国城市统计年鉴2013》中的单位从业人员数据和采矿业从业人员数据确定各城市采矿业从业人数所占比重，因为随着城市转型和国家相关政策引导等因素，近年来采矿业从业人数数量保持稳定，但所占比重相对降低，所以结合许多学者的前期研究成果，把超过5%作为采矿业从业人员占全部从业人员比重的指标值，超过10%作为采矿业产值所占工业总产值比重的指标值。同时依据《中国城市统计年鉴2013》中的国内生产总值与工业总产值等数据，参考各省2013年统计年鉴或者2013年部分资源型城市统计年鉴中的采矿业产值数据，计算获得采矿业产值比重，选取满足两者指标之一的城市，加上定性分析，确定资源型城市。

三、资源型城市的数量及分类

根据2013年相关年鉴的数据资料整理与计算结果，确定我国资源型城市目前有158座，其中地级市88座，县级市70座，如表2－2所示。

表 2－2　　　　资源型城市的地区分布及具体名单

省（区）	城市数量	行政级别（数量）	城市名称
河北	8	地级市（6）	唐山、邯郸、邢台、张家口、承德、沧州
		县级市（2）	武安、迁安
山西	15	地级市（9）	大同、阳泉、长治、晋城、朔州、晋中、忻州、临汾、吕梁
		县级市（6）	古交、霍州、孝义、介休、高平、原平
内蒙古	8	地级市（4）	乌海、赤峰、鄂尔多斯、呼伦贝尔
		县级市（4）	满洲里、东胜、锡林浩特、霍林郭勒
辽宁	9	地级市（7）	抚顺、本溪、阜新、盘锦、铁岭、朝阳、葫芦岛
		县级市（2）	铁法、北票
吉林	3	地级市（3）	辽源、通化、松原
黑龙江	5	地级市（5）	鸡西、鹤岗、双鸭山、大庆、七台河
江苏	1	地级市（1）	徐州
安徽	5	地级市（5）	淮南、淮北、铜陵、马鞍山、宿州
福建	3	地级市（1）	龙岩
		县级市（2）	永安、漳平
江西	6	地级市（2）	萍乡、宜春
		县级市（4）	丰城、德兴、乐平、高安
山东	13	地级市（6）	淄博、东营、烟台、济宁、泰安、莱芜
		县级市（7）	新泰、龙口、莱州、滕州、邹城、肥城、招远
河南	11	地级市（7）	平顶山、鹤壁、焦作、濮阳、许昌、三门峡、信阳
		县级市（4）	义马、汝州、灵宝、登封
湖北	4	地级市（2）	黄石、鄂州
		县级市（2）	潜江、大冶
湖南	6	地级市（1）	郴州
		县级市（5）	耒阳、冷水江、资兴、涟源、临湘
广东	3	地级市（3）	韶关、云浮、乐昌
广西	3	地级市（1）	百色
		县级市（2）	凭祥、合山
四川	9	地级市（7）	攀枝花、广元、内江、乐山、宜宾、广安、达州
		县级市（2）	华蓥、绵竹
贵州	2	地级市（1）	六盘水
		县级市（1）	福泉
云南	8	地级市（4）	曲靖、玉溪、邵通、丽江
		县级市（4）	东川、个旧、开远、宣威

续表

省（区）	城市数量	行政级别（数量）	城市名称
陕西	6	地级市（5）	铜川、渭南、延安、榆林、商洛
		县级市（1）	韩城
甘肃	6	地级市（5）	白银、平凉、酒泉、陇南、金昌
		县级市（1）	玉门
宁夏	1	地级市（1）	石嘴山
新疆	5	地级市（1）	克拉玛依
		县级市（4）	哈密、阿勒泰、库尔勒、阜康

从表2－2中可以看出，山西资源型城市最多，有15座，其次是黑龙江、山东、吉林、河南等省份。总体上西部地区最多，中部稍少，东部最少。

如果按资源种类来划分地市级资源型城市，煤炭城市则占到绝大比重，有60座，占到所有资源性城市的68%，其次是有色冶金城市15座，占到17%，黑色冶金城市8座，石油城市所占比重最少，仅有5座（见表2－3和图2－1）。

表2－3　不同资源种类下地市级资源型城市的名单

城市类型	数量	城市名
煤炭城市	60	唐山市、邯郸市、邢台市、张家口市、承德市、沧州市、太原市、大同市、阳泉市、长治市、晋城市、朔州市、晋中市、忻州市、临汾市、吕梁市、乌海市、赤峰市、鄂尔多斯市、呼伦贝尔市、抚顺市、阜新市、铁岭市、朝阳市、辽源市、通化市、白上市、松原市、鸡西市、鹤岗市、双鸭山市、七台河市、徐州市、淮南市、淮北市、宿州市、萍乡市、淄博市、枣庄市、济宁市、泰安市、郑州市、平顶山市、鹤壁市、焦作市、许昌市、三门峡市、信阳市、广元市、内江市、达州市、六盘水市、丽江市、铜川市、渭南市、延安市、榆林市、商洛市、平凉市、石嘴山市
有色冶金城市	15	葫芦岛市、铜陵市、宜春市、黄石市、乐山市、宜宾市、广安市、曲靖市、昭通市、金昌市、白银市、酒泉市、陇南市、百色市、烟台市
黑色冶金城市	8	本溪市、马鞍山市、龙岩市、鄂州市、郴州市、攀枝花市、玉溪市、莱芜市
石油城市	5	大庆市、盘锦市、东营市、濮阳市、克拉玛依市

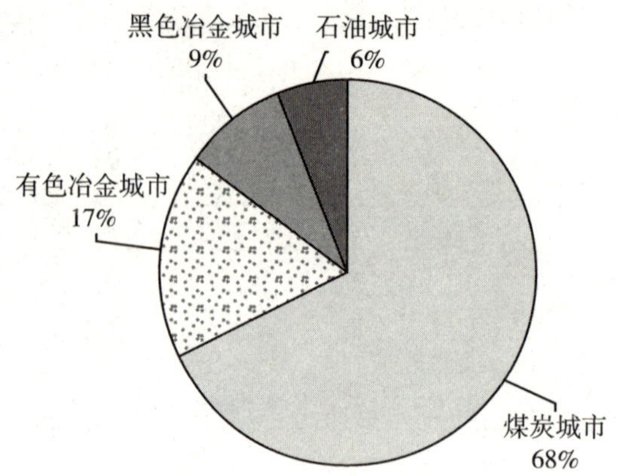

图2-1　不同资源种类地市级资源型城市所占比重

第二节

资源型城市的发展特征

资源型产业是资源型城市的主导产业，因此，资源型城市的发展较大程度上受其主导产业的生命周期影响。受到不可再生资源储量的制约及资源开采过程的影响，资源型产业的发展明显表现出阶段性，而资源开发的这一特点更加确定了资源型城市低碳转型的必要性。

一、资源型城市的产业特征

能源资源比较丰富的资源型城市往往利用资源的比较优势，积极发展资源开发产业或加工业，形成以资源型产业为主，相关产业为辅的产业体系。资源型产业是指基于自然资源优势，以自然资源的开采和加工为基本生产方式，依靠资源消耗来实现经济增长的产业形式，是现有工业体系的基础产业和重要组成部分。资源型产业具体包括煤炭采选业、石油和天然气开采业、黑色金属矿采选业、有色金属矿采选业、非金属矿采选业、其他矿采选业及石油加工炼焦及核燃料加工业、非金属矿物制品业、黑色金属冶炼及压延加工业及有色金属冶炼及压延加工业等行业。在表2-4中，资源型产业涉及的行业用“△”表示。

表 2-4　《国民经济行业分类》（GB/T 4754-2002）（工业）类别、名称及代码

门类	大类	类别、名称	门类	大类	类别、名称
B		采矿业	C	26	化学原料及化学制品制造业△
	06	煤炭开采和洗选业△		27	医药制造业
	07	石油和天然气开采业△		28	化学纤维制造业△
	08	黑色金属矿采选业△		29	橡胶制品业△
	09	有色金属矿采选业△		30	塑料制品业
	10	非金属矿采选业△		31	非金属矿物制品业△
	11	其他采矿业△		32	黑色金属冶炼及压延加工业△
C		制造业		33	有色金属冶炼及压延加工业△
	13	农副食品加工业		34	金属制品业△
	14	食品制造业		35	通用设备制造业
	15	饮料制造业		36	专用设备制造业
	16	烟草制品业		37	交通运输设备制造业
	17	纺织业		39	电气机械及器材制造业△
	18	纺织服装、鞋、帽制造业		40	通信设备、计算机及其他电子设备制造业
	19	皮革、毛皮、羽毛（绒）及其制品业△		41	仪器仪表及文化、办公用机械制造业
	20	木材加工及木、竹、藤、棕、草制品业△		42	工艺品及其他制造业
	21	家具制造业△		43	废弃资源和废旧材料回收加工业
	22	造纸及纸制品业△	D		电力、燃气及水的生产和供应业
	23	印刷业和记录媒介的复制		44	电力、热力的生产和供应业△
	24	文教体育用品制造业		45	燃气生产和供应业△
	25	石油加工、炼焦及核燃料加工业△		46	水的生产和供应业

资源型产业的具体特征表现在两个方面：

（1）资源型产业具有周期性。

资源型产业的发展受自然资源禀赋的影响，与一般产业一样，也要经历四个阶段，即前期开发、增产期、稳产期和衰退期。也正是这种生产周期很大程度上左右着城市发展的轨迹（见图2－2）。

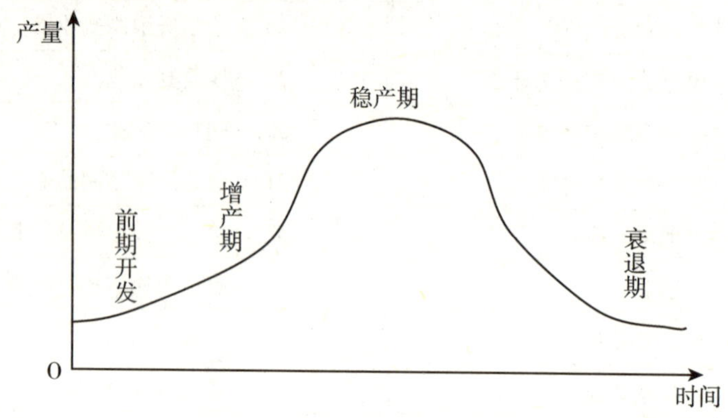

图2－2　资源型产业演进生命周期

在前期开发阶段，对矿床储量与品味的地质勘探、开采方案的制订与选择是资源型产业的主要活动。基于资源禀赋条件，进行资源开发，促进资源型城市不断形成和发展，因此，在“缘矿建镇、连镇成市”的基础上不断发展起来的资源型城市，对矿产资源有高度的依赖性。在勘探工作结束之后，大规模资源开采会快速展开，资源型产业将会进入增产期，该时期是资源型产业快速发展的时期。在增产期，资源型城市逐渐建成，拥有一定的生产能力，资源产量呈快速上升趋势，企业生产能力也不断扩大，资源产量不断上升，生产成本由于生产规模的扩大可能还会有所降低。随着资源的迅速开发，资源型城市逐步成为该区域的经济、政治和文化的中心，资源型产业的飞速发展推动着资源型城市快速成长。随着资源型城市生产能力的形成，企业生产规模趋于稳定，资源型产业逐步进入稳产期。在稳产期，矿产企业出现激烈的竞争态势，有的企业因资源耗竭而破产，有的企业则加大投资，开发新矿井。此时，矿产资源产量达到最高，生产能力和产量保持基本稳定，产量会呈现小幅度的波动。企业在进入这一阶段后，各种生产技术和管理制度不断完善，劳动效率逐渐提高，开采集中在地质条件好、品味高的矿床，企业的产值达到高峰，资源开发达到黄金时期。稳产期是资源开发的鼎盛阶段，但此阶段也是资源开发的转折点，由于资源开发的程度不断加深，品位高、地质条件好的矿床逐渐被充分开采，资源型城市为了维持产量的稳定，逐步转向贫矿开采，但是贫矿矿床品位较低、开采困难、地质储藏条件复杂，开发难度加大，生产成本也随之加大，矿产企业效益开始缓慢下降，资源开发逐渐步入衰退期。在衰退阶段，矿产产量不断下降，成本显著上升，该时期的主要特征变现为矿产资源产量的大幅度持续下降。这个阶段由于缺乏足够的资源储量保障，矿井不断关闭，整个矿区开始衰落，最终引发整个矿区企业的衰落。因此，资源型城市在大规模开发矿床资源的时期，如果不能做好替代产业问题，随着资源的不断枯竭，资源型城市将逐步衰竭；但是，如果能有效地实现产业转型，资源型城市就能继续保持可持续发展，并逐步变化为综合性城市。

随着资源的大量开发和粗放利用，资源型产业逐渐走向衰退，资源型产业无法继续为资源型城市的经济发展做出贡献。如果在资源型产业衰退阶段，城市仍旧强烈依赖资源型产业，那么资源型城市的衰退也是必然的。因此，资源型城市应选择适当的时机进行转型，在矿产枯竭之前摆脱对资源型产业的依赖。

（2）资源型产业利用效率低，消耗高。

由于能源市场价格受国家宏观政策的影响，因此低于市场均衡价格，在这种情况下，资源型企业往往粗放地去开发廉价能源，而不是积极投资先进设备或能源利用技术，促使我国单位 GDP 能耗水平远远高于国际先进水平（见表 2－5）。资源型产业的低效率利用则进一步加剧了资源对城市经济发展的“瓶颈”制约。这种情况在资源型城市则更为凸显。

表 2－5　　　我国资源综合利用水平与国外比较　　　单位：%

资源	与国外先进水平相关比例	国外利用比率
矿产资源总回收率	20	50
木材使用率	20	80
废钢利用率	20	40
再生钢比率	10	35
再生铝比率	15	40

目前，我国能源利用效率比发达国家低 10 个百分点，仅为 33%；单位产

值能耗比美国、日本、欧盟分别高出2.5倍、8.7倍、4.9倍，达到世界平均水平的2倍之多；我国八个行业（石化、电力、钢铁、化工、轻工、有色、建材、纺织）的产品单位能耗比国际先进水平平均高出40%；机动车百公里油耗比日本高出20%，比欧洲高出25%，而燃煤工业锅炉平均运行效率比国际先进水平低15%~20%。我国建筑采暖、空调能耗均远远超过发达国家水平，单位建筑面积采暖能耗达到发达国家的2~3倍。能源利用效率与国外的巨大差距表明，我国具有巨大的节能降耗潜力。据相关研究，与国际先进水平比较，我国节能潜力可以达到3亿吨标准煤。我国资源型城市矿产资源总回采率仅为30%，比世界平均水平低20个百分点；矿产资源采选冶综合回收率及共伴生有用矿物的综合利用率均低于世界平均水平。高能耗低利用率的特征直接导致了资源型产业的高碳排放，也从而为资源型城市带来了碳减排的巨大压力。根据岳超等（2010）的研究，结论显示出我国1995年和2007年不同产业和行业的碳强度有较大差异，相比而言，资源型产业碳强度水平较高，如表2-6所示。

表2-6　　1995年和2007年我国不同产业和行业的碳强度　　单位：tC/万元

行业	1995年	2007年
GDP	1.21	0.79
第一产业	0.25	0.22
第二产业	1.89	1.19
工业	2.85	1.21
低耗能产业	0.88	0.26
中耗能产业	2.44	0.72
高耗能产业	5.24	2.40
建筑业	0.22	0.21
第三产业	0.84	0.47

由表2-6可以看出，尽管2007年高耗能产业的碳强度为2.4tC/万元，比1995年的5.24tC/万元降低显著，但还是远远高于低耗能产业，几乎接近低耗能产业碳强度的10倍。在严峻的高碳排放现状面前，带有明显高碳化与重型化特色的资源型城市经济将面临巨大的碳减排压力，而资源型城市作为能源大

市，煤炭、石油、电力、煤气、化工等资源导向型产业和高能耗产业一直是其主导产业，所以产业发展模式由高碳型向低碳型转变，建设低碳为特征的产业体系成为资源型城市可持续发展和产业结构优化升级的必然选择和迫切面对。

二、资源型城市的可持续发展规律

资源型城市受资源型产业的影响，也体现生命周期的特征，如图2－3所示。资源型城市随着资源型产业的兴起而逐步开始建立，随着资源型产业的快速发展，资源型城市也迅速发展，进入成长期，随着资源型产业的不断发展，资源型城市逐步发展成为一个区域的经济中心或工业基地，而到资源枯竭之时，资源型产业开始萎缩，随之资源型城市也面临衰退。资源型城市如果要实现可持续发展，那么必须摆脱单一资源及相关产业的束缚，只有尽快实现资源与产业的多元化，才能尽早实现转型。事实上，以目前资源型产业在整个国民经济产业体系中的弱势地位以及资源输出地区在全国或全球范围的不利生存环境来看，无论当前的状况是资源枯竭，还是濒临枯竭，又或者是资源基础状况良好，所有资源型城市都必须趁早因地制宜发展替代产业，积极培育科技含量高、附加值高且有广阔发展前景的新兴产业，同时大力促进传统产业的改造和提升，尽早实现产业结构升级，从而提升自身竞争力。而在低碳时代背景下，资源型城市可以借助时机，实现跨越式发展，努力推动产业向低碳经济转型，促进低碳产业体系的形成，实现低碳城市的建设目标。

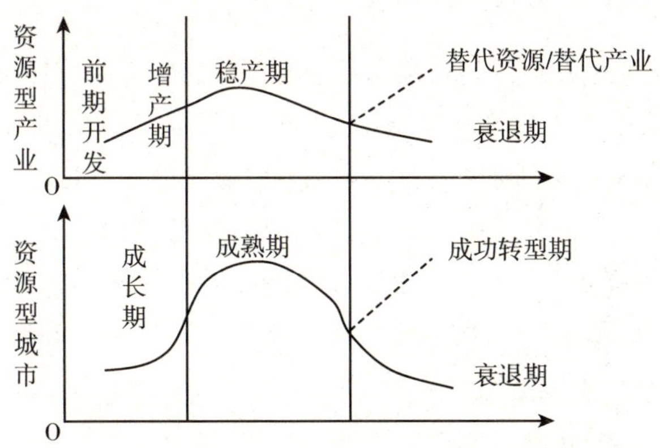

图2－3　资源型产业与资源型城市生命周期演变规律

在资源型城市的长期发展中，已经聚集了一定的产业优势，以此为基础培育并发展相关产业，从而改变单一的资源结构，重构多元化综合优势，可以借助产业延伸、产业更新及复合模式等方式形成新的主导产业，同时通过技术创新发展高新技术产业，造就一批具有区域竞争优势的骨干企业，从而进一步带动城市的产业结构调整和升级。总而言之，在资源型城市的不同发展阶段以不同的应对措施解决经济增长过程中的各种问题，最终实现资源型城市的可持续发展。

第三节

资源型城市的碳排放现状分析

在能源短缺与气候变化的全球背景下，资源型城市也面临着低碳经济转型。我国资源型城市数量众多，而且由于多采用粗放开发的经济增长模式，能源消耗较大，从而导致碳排放状况不容乐观。掌握资源型城市的碳排放现状有助于更好地制定合理的低碳转型机制与对策。而深入了解资源型城市的碳排放现状需要采用科学合理的碳排放量的估算方法与数据选取。

一、碳排放量的估量方法与数据来源

（一）碳排放量的估算方法

碳排放量指的是在生产、运输、使用及回收该产品的过程中产生的平均温室气体排放量，而动态碳排放量是指每单位货品累积排放的温室气体量。因此，同一产品的各个批次可能会有不同的动态碳排放量。目前，常见的碳排放量的估算方法主要有两种：一种是根据《IPCC 国家温室气体清单指南》中能源部分所提供的基准方法；另一种是利用日本学者茅阳一在 1990 年提出著名的 Kaya 公式来计算。

按照《IPCC 国家温室气体清单指南》中能源部分所提供的基准方法，化石燃料消费产生二氧化碳排放量的计算公式为：

$$二氧化碳排放量 = 化石燃料消耗量 \times 二氧化碳排放系数$$

$$二氧化碳排放系数 = 低位发热量 \times 碳排放因子 \times 碳氧化率 \times 碳转换系数$$

日本学者茅阳一的卡亚（Kaya）公式在计算碳排放量时相对简单。他从影响碳排放的四个推动力方面得出计算公式，如式（2－1）所示：

$$C = (C/E)(E/GDP)(GDP/P) \times P \tag{2-1}$$

其中，C为碳排放量；E为一次能源的消费量；GDP为国内生产总值；P为人口。Kaya公式揭示出，碳排放的推动力主要是四个因素：人口、人均GDP、能源强度、碳强度。人均GDP＝GDP/P，它是反映一个国家或区域经济发展状况和人民生活收入水平的宏观经济指标，衡量经济增长水平。能源强度是单位GDP的能源用量，是国内一次能源使用总量或最终能源使用与国内生产总值之比，即能源强度＝E/GDP，它是衡量一个国家能源利用效率的重要指标。碳强度是单位GDP的二氧化碳排放量，即碳强度＝C/GDP＝(C/E)(E/GDP)，C/E为单位能源的碳排放量，碳强度高低不表明效率高低。一般情况下，碳强度指标是随着技术进步和经济增长而下降的，它衡量技术因素的影响程度。

表2－7　　　　二氧化碳的估算排放量

燃料种类	单位	排放因子（tc/TJ）	碳氧化率（%）	低位发热量（MJ/t，km3）	二氧化碳排放量（吨）
原煤洗精煤	万吨	25.8	98	20908	19383.39
其他洗煤	万吨	25.8	98	26344	24423.00
焦炭	万吨	25.8	98	8363	7753.17
焦炉煤气	亿立方米	29.5	98	28435	30142.05
其他煤气	亿立方米	13	99.5	16726	79328.63
原油	万吨	13	99.5	5227	24790.79
汽油	万吨	20	99	41816	30358.42
柴油	万吨	18.9	99	43070	29549.03
燃料油	万吨	20.2	99	42652	31275.01
液化石油气	万吨	21.1	99	41816	32028.13
炼厂干气	万吨	17.2	99.5	50179	31487.99
天然气	亿立方米	18.2	99.5	46055	30580.37

注：TJ为热值（净卡路里值），单位为千兆焦耳。MJ为兆焦耳。

资料来源：《IPCC国家温室气体清单指南》。

本书采用的碳排放总量模型是在卡亚公式基础上的变化公式，基于不同能源的碳排放因子不同，所以借鉴徐国泉（2006）撰文中的基本公式，我们把碳排放总量模型变化成以下公式：

$$C = \sum_i C_i = \sum_i \frac{E_i}{E} \times \frac{C_i}{E_i} \times \frac{E}{GDP} \times \frac{GDP}{P} \times P \tag{2-2}$$

其中，C_i 表示 i 类能源的碳排放量；E_i 表示 i 类能源的消费量。

对式（2－2）进行简化，碳排放总量估算模型也可表示为以下公式：

$$C = \sum_i C_i = \sum_i \frac{E_i}{E} \times \frac{C_i}{E_i} \times E \tag{2-3}$$

通过分解后的式（2－2）模型可以看出，除了上述四种因素外，能源结构因素也是碳排放的影响因素。能源结构用 E_i/E 来表示，它为 i 类能源在能源消费总量所占的比重。在化石能源中，煤炭的碳排放强度最大，远远超过了石油和天然气，水电的碳排放强度为 0，因此在一个国家或区域不同能源在能源消费总量中的比例对碳排放量起到重要的影响。

为了简便起见，采用式（2－3）对碳排放量进行估算。对于不同能源的碳排放系数（C/E）一般在使用过程中，根据 IPCC 的假定，可以认为某种能源的碳排放系数是不变的。由于不同国家或地区的燃料热值有所差异，因此不同机构对各类能源的二氧化碳排放系数取值也有所不同，如表 2－8 所示。结合我国的实际情况，此处碳排放系数的取值借鉴国家发展和改革委员会能源研究所的研究数据。

表 2－8　　不同机构对各类能源的二氧化碳排放系数取值　单位：kg－c/kgce

机构	年份	燃煤	石油	天然气	水电
美国能源部 DOE/EIA	1999	0.702	0.478	0.389	0.0
日本能源研究所	1999	0.756	0.586	0.449	0.0
中国工程院	1998	0.680	0.540	0.410	0.0
全球气候变化基金会（GEF）	1995	0.748	0.583	0.444	0.0
亚洲开发银行	1994	0.726	0.583	0.409	0.0
北京加拿大项目	1994	0.656	0.591	0.452	0.0
国家发展和改革委员会能源研究所	2003	0.7476	0.5825	0.4435	

资料来源：国家发展和改革委员会能源研究所．中国可持续发展能源暨碳排放情景分析综合报告［R］．2003：37.

（二）数据来源

由于从2006年开始，各省市能源生产、消费等指标经国家审定后方可公布，因此本书选取所有数据来自2006~2014年《中国能源统计年鉴》、《新中国60年统计资料汇编》、《中国城市统计年鉴》及部分资源型城市统计年鉴，通过对数据整理计算获得87个资源型城市2005~2013年能源消费总量、单位GDP能耗、人均碳排放、碳强度及增长率等指标值①。

二、资源型城市的碳排放现状及特征

资源型城市因资源开发而兴起，以资源型产业为支柱产业，虽然石油和天然气开采业、有色金属矿采选业、黑色金属矿采选业、煤炭开采和洗选业属于中耗能行业，但是随着国家产业政策调整、国内煤炭市场的变化及获取更多利润附加值的利益驱使，在许多资源型城市，出现了不顾实际、盲目拉长产业链的高碳发展倾向，最典型的表现就是煤炭企业的“产业链扩张热”愈演愈烈，不断进入与采矿产业密切相关的下游行业或其他行业，如石油加工炼焦及核燃料加工业、黑色金属冶炼及压延加工业、电力热力的生产和供应业、有色金属冶炼及压延加工业、化学原料及化学制品制造业、非金属矿物制品业造纸及纸制品业、化学纤维制造业等，而这些行业高耗能严重，为资源型城市带来了居高不下的碳排放量，导致其碳减排形势严峻，从而制约了资源型城市向低碳经济转型的进程。

根据地级市资源型城市的能耗数据进行粗略统计，2009年我国资源型城市能源消费大约占能源消费总量的60%，而历年单位GDP能耗几乎达到全国平均水平的2倍左右，人均碳排放量与碳排放强度更是远远超出全国平均水平，总体呈现“高能耗、高碳排放、高污染”的三高特征。资源型城市的碳排放现状及特征具体表现在以下几个方面：

（1）资源型城市单位GDP能耗远远高于一般城市及国际水平，高碳增长模式明显。

单位GDP能耗是衡量或反映一个国家或地区能源效率水平的指标。与其

① 因为无法获得百色市的相关数据，所以只测算87个地市级资源型城市的碳排放状况。

他国家相比，我国在能源利用的效率上存在着巨大的差距，能源利用效率比发达国家低出 10%；单位产值能耗超出世界平均水平的 1 倍之多。据中国能源研究会等机构检测结果显示，2014 年我国一次能源消费量为 38.2 亿吨标准煤，能源消耗强度则是美国的 3 倍、日本的 5 倍，中国已成为名副其实的全球第一能源消费大国。在资源型城市较为集中的石化、电力、建材、化工、轻工、钢铁、有色、纺织等八个行业的产品单位能耗比国际先进水平高出 40%；与国际先进水平相比较，燃煤工业锅炉运行效率低出 15% ~20%；机动车百公里油耗比日本超过 20%，比欧洲高 25%。建筑采暖、空调能耗也远超过发达国家，其中，单位建筑面积采暖能耗相当于世界其他国家的 2 ~3 倍。另外，资源型城市的矿产资源综合利用状况也不太理想，矿产资源总回采率比世界平均水平低 20%，只达到 30%；其资源采选冶综合回收率和共伴生有用矿物利用率都远低于世界平均水平。资源型城市的矿产资源利用状况及能源利用效率与国外的巨大差距表明，资源型城市节能减排状况堪忧，低碳转型工作具有艰巨性，但碳减排潜力巨大。由此，减排指标约束与能源消费的严峻形势促使低碳经济转型成为我国可持续发展的必经之路。

尽管在单位 GDP 能耗需下降 20% 目标的约束下，各城市都采取了积极的节能减排措施，使得 2006 ~2010 年五年间单位 GDP 能耗水平呈逐步下降态势，我国单位 GDP 能耗累计下降 19.06%，基本完成“十一五”的节能降耗目标。“十一五”期间，资源型城市主要耗能产品的单位产品能耗有明显下降，单位铜冶炼综合能耗下降 35.9%，单位烧碱生产综合能耗下降 34.8%，吨水泥综合能耗下降 28.6%，原油加工单位综合能耗下降 28.4%，电厂火力发电标准煤耗下降 16.1%，吨钢综合能耗下降 12.1%，单位电解铝综合能耗下降 12.0%，单位乙烯生产综合能耗下降 11.5%。由表 2 -9 所示，随着各地的结构调整和政策实施，各资源型城市与全国平均水平相比，2005 ~2013 年九年间累计下降率远远超过全国平均水平，说明资源型城市节能减排潜力较大。然而，由于资源型城市能源消费结构影响，原有单位 GDP 能耗基数较大，从整体平均水平来看，其单位 GDP 能耗接近全国平均值的两倍左右，总之，资源型城市的节能减排与低碳转型形势还是不容乐观。

表 2 -9　　资源型城市与全国平均单位 GDP 能耗水平比较

单位：吨标准煤/万元

年份	2005	2006	2007	2008	2009	2010	2011	2012	2013	累计下降率（%）
资源型城市	2.439	2.369	2.144	2.003	1.763	1.779	1.392	1.219	1.141	53.22
全国	1.226	1.204	1.160	1.102	1.077	0.795	0.719	0.678	0.638	47.96

注：基于数据可得性，根据中国统计年鉴、各省市统计公报或统计年鉴中的地市级资源型城市数据进行整理所得。

（2）资源型城市人均碳排放量居高不下。

尽管从能源消费总量与碳排放总量上来看，个别一般城市高于资源型城市，如济南、包头等，但是从人均碳排量角度来看，一般城市的平均人均碳排放水平还是与资源型城市的平均水平相差悬殊，资源型城市的平均人均碳排放量接近全国平均水平的 2 倍多。

表 2 -10　　资源型城市与全国人均碳排放量比较　　单位：吨碳

年份	2005	2006	2007	2008	2009	2010	2011	2012	2013	均值
资源型城市	3.10	3.56	3.29	3.27	3.25	3.10	2.95	2.58	3.53	3.18
全国	1.18	1.29	1.39	1.42	1.49	1.62	1.73	1.79	1.85	1.53

注：基于数据可得性，根据中国统计年鉴、各省市统计公报或统计年鉴中的地市级资源型城市数据进行整理所得。

（3）资源型城市碳强度较高，低碳转型难度较大。

碳强度是单位 GDP 的二氧化碳排放量，它等于单位能源的碳排放与单位 GDP 能耗的乘积。而单位能源的碳排放量基本不变，所以碳强度的高低往往取决于单位 GDP 能耗的高低。由于资源型城市的粗放开采和我国能源利用率较低，导致资源型城市碳强度相对较高。如表 2 -11 所示，在 2005 ~2013 年期间，资源型城市的平均碳强度达到 1.22tC/万元，而全国平均值仅为 0.64tC/万元，可见，资源型城市的碳强度是全国的 2 倍多。由此说明，在低碳转型进程中，资源型城市面临的碳减排压力要远远高于一般城市。

表 2-11　　资源型城市与全国碳强度比较　　单位：吨碳/万元

年份	2005	2006	2007	2008	2009	2010	2011	2012	2013	均值
资源型城市	1.76	1.77	1.72	1.28	1.21	1.00	0.78	0.72	0.70	1.22
全国	0.84	0.82	0.77	0.72	0.70	0.53	0.48	0.45	0.43	0.64

（4）不同类型的资源型城市碳排放有所差异。

对资源型城市按东部、中部、西部分别进行统计分析①，位于西部地区的资源型城市的碳强度最高，其次是中部地区，东部资源型城市的碳强度最低，如图 2-4 所示。我国实施西部大开发战略，目的来促进西部地区的经济增长，而在西部资源密集的城市碳强度较高，高碳排放的特征更为明显，因此，西部地区的低碳转型难度更大。

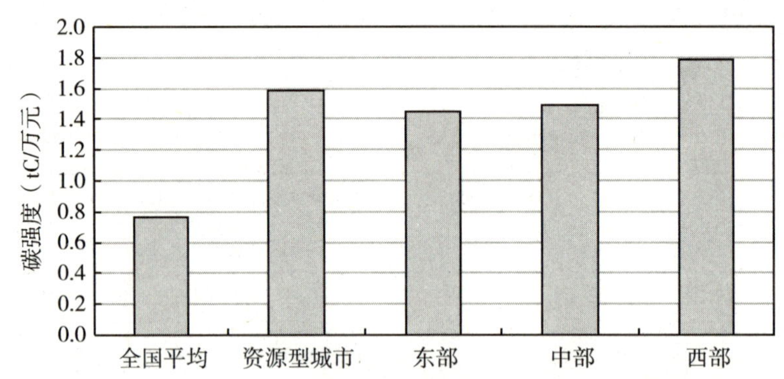

图 2-4　2005～2013 年我国及资源型城市平均碳强度分地区比较

根据资源种类不同，对煤炭城市、有色冶金城市、黑色冶金城市、石油城市的平均碳强度进行了比较。四种类型城市的平均碳强度都远远高于全国平均碳强度，其中，煤炭城市的碳强度遥遥领先，达到 1.42tC/万元，其次是黑色冶金城市（1.22tC/万元），有色冶金城市的碳强度为 1.21tC/万元，石油城市相比较其他三种类型的资源型城市的平均碳强度稍低，为 0.64tC/万元。图 2-5 表明，煤炭城市的高碳增长特征更为突出，面临的碳减排任务越重。

① 目前，西部地区包括的省级行政区共 12 个，分别是四川、重庆、贵州、云南、西藏、陕西、甘肃、青海、宁夏、新疆、广西、内蒙古；中部地区有 8 个省级行政区，分别是山西、吉林、黑龙江、安徽、江西、河南、湖北、湖南；东部地区包括的北京、天津、河北、辽宁、上海、江苏、浙江、福建、山东、广东和海南 11 个省级行政区。

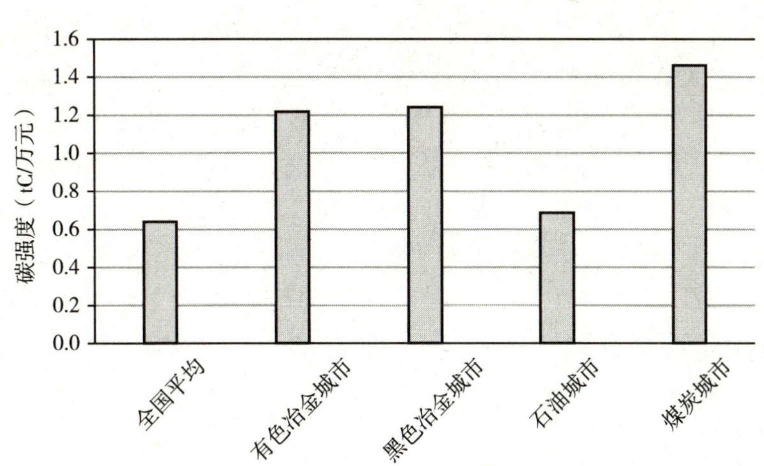

图2-5　2005~2013年我国及不同资源种类资源型城市平均碳强度比较

注：基于数据可得性，根据中国统计年鉴、各省市统计公报或统计年鉴中的地市级资源型城市数据进行整理所得。

从资源型城市碳排放现状分析来看，其碳减排形势非常严峻，而且不同类型的资源型城市所面临的低碳转型形势有所不同，应该采取更具针对性的转型措施来实现碳减排目标。

第四节

资源型城市低碳转型的特征

资源型城市作为国内高碳经济的典型代表城市，多以高能耗的资源型产业为主导产业，而且与经济增长关系非常密切，具有转型的复杂性、耦合性与特殊性。

（一）复杂性

根据瑞典经济学家赫克歇尔和俄林提出的自然资源禀赋论观点，由于各国的地理位置、气候条件、自然资源蕴藏等方面有所不同，导致各国专门从事不同部门产品生产的格局。出现各国自然资源禀赋不同基础上的国际分工，有四个方面的原因。第一是自然资源的“有与无”产生分工。这种有与无决定了一些国家要生产这种产品。第二是“多与少”产生分工。一些国家尽管蕴藏着较少的自然资源，但其需要量却很大，另一些国家尽管蕴藏量比较大，但其需要量相对比较小，这就形成一些国家要像国内生产小于国内需要的国家提供一部分资源产品。第三主要是经济上的。第四是战略上的原因。

我们结合资源禀赋理论来分析资源型城市的经济发展。资源型城市因丰富的煤炭、石油等资源禀赋而具有绝对优势，而基础资源是工业体系的重要根基，导致资源型城市在国民经济发展中扮演一种独特的角色，许多资源型城市就是国家或区域发展的工业基地和能源基地。在资源型城市低碳转型的进程中，不能盲目一味地关闭掉高耗能的资源开采和加工产业，必须考虑到各产业对一个区域或国家的支撑作用，循序渐进地按照资源型产业生命周期阶段调整产业结构，实现低碳转型，因此，资源型城市相比于一般城市而言，具有低碳转型的复杂性。

（二）耦合性

资源型城市往往随着资源型产业的生命周期更迭而不断发展变化，对于资源面临枯竭的城市而言，经济转型是必然面对的。资源型城市由于往往处于相对偏僻的地理位置，环境污染破坏较为严重，吸引外商投资的力度有限，在其经济转型进程中，一些地方往往盲目上马一些高耗能的非资源型产业来重塑城市经济，使得资源型城市又远离低碳转型的道路，因此不仅要注意向非资源型产业或服务业的产业结构调整，更重要的是选择低碳经济发展模式，发展新兴战略性产业，减少城市的碳排放，促进城市的可持续发展。

（三）特殊性

许多资源型城市的产业结构较为单一，严重依赖资源型产业的发展。如果不切实际地快速推进低碳转型，势必影响当地经济增长和市区居民就业或生活，其经济增长与资源型产业高碳排放的密切关系，使得资源型城市的低碳转型具有特殊性，在碳减排份额的分配和确定时，要充分考虑对经济增长的影响。

第五节 资源型城市低碳转型的“瓶颈”制约

一、经济增长目标约束

资源型城市的基本特征就是由于城市经济倚重于少数资源的开发而造成经

济结构的单一。资源型城市往往在形成过程中先有企业，后有城市，企业的状况往往决定了城市的命运。以往为了完成经济增长的目标，往往太过强调业绩，使得企业常常会选择以牺牲环境为代价，因此造成能源消耗过大、碳排放总量持续走高的局面。资源型城市作为高碳经济的典型代表城市，由于其高度依赖高能耗产业，以粗放式生产方式为主，使得城市的低碳经济转型具有很高难度。

二、产业结构比较单一

资源型城市建立在资源禀赋的基础上，都是以矿产资源开发为核心，因此以资源采掘业及冶炼加工业为主的单一重工业决定了城市单一的经济功能。资源型城市的发展严重依赖资源型产业的发展，致使其普遍面临着城市产业体系封闭、工业产值比重过大、生产要素结构单一等突出矛盾，在产业链条中，以上游产业为主，这导致城市的环境进一步恶化、生态功能下降、碳排放增长较快、经济增长面临困难等一系列问题。单一产业结构的畸形发展，促使资源型城市的第三产业发展严重滞后。目前资源型城市的产业结构中，金融、保险、中介咨询等服务业比重微乎其微，现有的第三产业也是以传统服务业为主。从产业发展演变的历史过程看，如果一个城市主导产业单一、接续或替代产业发展缓慢，无法支撑城市经济发展，随着资源的逐渐匮乏，会导致城市陷入经济衰退之中。实现产业结构调整、加快整个城市产业转型，成为资源型城市向低碳城市过渡的战略选择。

三、城市发展历史文化制约

资源型城市是以矿产资源的采掘和加工为基础建立的，城市发展与矿产资源的开采密切相关。企业和市民已经习惯了高碳环境，也对矿产资源采掘业产生了依赖。由于对资源型企业的高度依赖关系，即使居民具备了低碳意识，也很难主动地发展第三产业，因此资源型城市的经济转型成为世界难题，这也是资源型城市发展低碳经济的巨大障碍。

四、低碳技术创新能力滞后

资源型城市普遍存在的粗放型经济增长方式加剧了经济社会发展和资源短缺之间的冲突。面对日新月异的科学技术变革，日益强烈的资源环境约束，以及以创新和技术升级为主要特征的激烈的国内外竞争，资源型城市低碳创新能力薄弱的问题已经成为制约发展的严重“瓶颈”。由于资源型城市的能源结构以碳密集型化石燃料能源为主，因此工业发展严重受到碳锁定的影响，在技术和制度的演进过程中，其路径依赖的报酬递增就引起了锁定效应。技术和制度相互联系、相互依存，形成了长期稳定的技术制度系统，就会抵制变化的发生。碳基能源系统由于长期受到长期递增报酬的影响，就可能产生“锁定效应”，从而会妨碍低碳和可再生能源等低碳技术的创新。

五、引导政策不健全

长期以来，资源型城市经济发展呈现粗放式的特点，高度依赖能源和资源开发与利用，其粗放型的经济增长方式加大了城市低碳转型的难度。如果资源型城市不建立健全相关引导政策，那么资源的匮乏和消耗以及环境污染等问题将严重影响资源型城市的发展。

六、能源结构不合理

与一般城市相比，资源型城市“富煤、少油、缺气”的能源结构特征更加突出。凭借自然资源的优势，资源型城市的社会经济活动可以充分保证能源供应，而以煤炭等高碳能源消耗为主的产业活动又抑制了对新能源的需求，这就使得在很长一段时间内都很难改变资源型城市高碳的能源结构。丰富的煤炭储量是导致高碳能源结构的主要因素，目前资源型城市的产业链延伸现象非常普遍，甚至已经形成相关产业链，如石化企业、供电企业、供热企业和钢铁企业等构成煤炭的一系列产业链。因此，能源结构的调整不仅仅是煤炭，还有相关的高耗能行业。化石能源的大量消耗导致了高碳排放，所以目前以煤为主的能源结构严重制约了低碳转型的进程。

第六节

资源型城市低碳转型的必要性

（一）资源型产业生命周期和发展规律要求资源型城市进行低碳转型

受到不可再生资源的有限性的限制，资源型城市中资源的开发势必会经历由盛转衰的过程。资源型城市以资源型产业为主，与一般产业一样，资源型产业也要经历四个阶段，即前期开发、增产期、稳产期和衰退期。在一定程度上，正是这种生产周期影响了城市发展的轨迹。矿区发展受到不可再生资源储量及资源开采周期的制约，因而表现出显著阶段性，这也决定了矿区低碳转型的必要性。资源型产业由于资源枯竭而萎缩将威胁到整个城市的存在和发展。因此，资源型城市在资源大规模开发的同时，如果不能建立替代产业，城市将逐步衰退甚至销亡；反之，如果能成功实现低碳转型，城市就能继续保持繁荣和发展，并逐步发展为综合性城市。

（二）资源型城市可持续发展需要低碳转型

城市应实现可持续发展已经成为人类社会的共识，资源型城市也不例外。资源型城市的可持续发展是指遵循绿色、生态、低碳的原则，以长期持续的资源型城市经济增长来实现高度发达的城市化、现代化、生态化和低碳化，从而满足城市当代人和未来人长期生存与发展的需要。资源型城市的可持续发展涵盖经济、环境和社会三方面的可持续发展。其中，经济可持续发展是城市可持续发展的关键、环境可持续发展则是其基础、社会可持续发展是重要保障。三者相互协调才能促进资源型城市实现可持续发展。改进传统的经济增长方式、合理开发和利用资源、保护生态环境是实现资源型城市可持续发展的主要影响因素和实现低碳转型的关键措施。由于资源型城市的发展严重依赖于矿产资源的开发和利用，主导产业多为高碳排放的资源型产业，从而促使资源型城市碳排放问题严峻。因此，低碳经济转型是资源型城市可持续发展的必要选择。

第七节 小　结

本章首先界定了资源型城市的数量和范围，其次研究了资源型城市的发展变化特征，最后从单位 GDP 能耗、碳排放量、人均碳排放、碳强度等多个角度分析了碳排放现状，指出资源型城市作为国内高碳经济的典型代表城市，碳排放现状不容乐观，其多以高能耗的资源型产业为主导产业，而且与经济增长关系非常密切，具有转型的复杂性、耦合性与特殊性。同时受到经济增长目标约束、产业结构单一、历史文化制约、技术创新能力滞后、引导政策不健全及能源结构不合理等多种“瓶颈”因素，因此无论从资源型产业生命周期和发展规律要求来看，还是可持续发展角度来看，都需要资源型城市进行低碳转型。

第三章

资源型城市低碳转型的影响因素及其作用机理

第二章探讨了资源型城市的碳排放现状，那么有什么因素驱动或抑制碳排放的变化，进而影响了低碳转型进程？本章主要运用理论阐释各影响因素对资源型城市低碳转型的作用机理。

第一节

资源型城市低碳转型的影响因素理论模型

一、我国及资源型城市能源消费与碳排放量的变化趋势

在经济持续高速增长，环境压力不断增大的背景下，中共十六届五中全会明确提出了“建设资源节约型、环境友好型社会”，并首次将建设资源节约型和环境友好型社会确立为国民经济与社会发展中长期规划的一项战略任务。《国民经济和社会发展第十一个五年规划纲要》提出，“十一五”期间要实现单位 GDP 能耗降低 20%，主要污染物排放总量要减少 10%。“十二五”规划提出加快构建资源节约、环境友好的生产方式和消费模式，增强可持续发展能力，提高生态文明水平。为应对国际气候变化的需求，缓解我国可持续发展的压力，“十二五”期间我国实现节能减排和资源型城市的低碳转型存在很大的困难和压力。低碳转型是城市通过发展接续和替代型的低碳产业，逐步摆脱对原矿产资源的依赖，由高碳产业体系逐步演化为低碳产业体系的过程。低碳转型的效率指标主要表现为经济稳定增长下的碳强度下降率与人均碳排放下降

率，而碳强度与人均碳排放量与能源消费总量及单位 GDP 能耗指标间存在密切的关系，单位 GDP 能耗下降，会促使碳强度得到一定程度的下降。所以自从我国“十一五”实施节能减排政策以来，尽管近五年我国能源消费总量、碳排放量在持续增加，但是能源消费过快增长、能源结构恶化的趋势得到遏制，优质能源快速发展，通过产业结构调整、关闭产能过剩设施、提升新增用能设施水平，能源消费量增速减缓，一次能源消费结构恶化的趋势得到抑制，煤炭在能源消费总量中所占比重开始下降，可再生能源快速发展，截至目前，全国水电装机位居世界第一，风电位居世界第四，核电在建规模世界最大，太阳能热水器集热面积超过 1.25 亿平方米，年产能 4000 万平方米，均位居世界第一。2005 ~2009 年五年间我国能源消费量与碳排放量增速逐年递减，如图 3 –1所示。

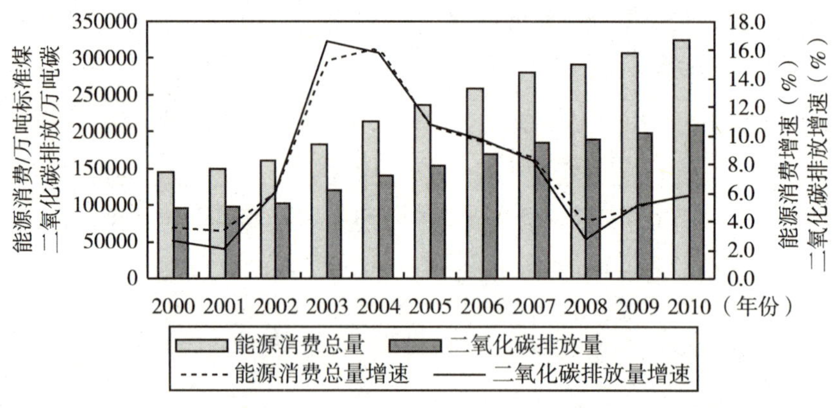

图 3 –1　2000 ~2010 年我国的能源消费总量、二氧化碳排放量及其增速的变化

在全国节能减排的大环境下，资源型城市近年来能源消费总量增长速度由 2005 年的 10.08% 下降到 2008 年的 9.12%，碳排放增长速度也有所放缓，2005 年增速为 13.3%，2008 年则下降到 9.7%，低碳转型取得初步成效。但是如若实现到 2020 年单位国内生产总值温室气体排放比 2005 年下降 40% ~45% 的碳减排目标，资源型城市的低碳转型还将面临巨大压力与挑战。在“十一五”期间，是什么因素驱动了低碳转型的进程？如何更好地发挥这些因素带来的减碳效应，来实现碳减排目标与结构优化？下面通过理论阐释加以说明。

二、低碳转型的影响因素分析

在借鉴诸多学者的研究成果基础上，本书提出低碳转型的驱动因素主要有经济增长、技术创新、产业和能源结构优化、能源效率、政府规制、人口增长等六类力量，正是这些因素驱动了碳排放量的变化，对低碳转型进程产生了不同影响。具体表现在以下六个方面：

（一）政府规制

政府规制是促进低碳转型的制度力量，同时也是推动低碳转型的根本力量。规制是政府的一种具体制度安排，指政府根据法律法规或制度规则对微观主体的经济活动实行的一种干预政策。规制是指政府对经济活动的管理或制约，在市场经济体制下，通过对抗性的立法程序干预和干涉企业的行为，对现代产业经济中出现的经济冲突现象进行协调，对市场机制无法解决的“失灵”问题进行矫正和改善，实现城市的经济增长和可持续发展。规制主要包括针对经济主体商业行为制定的经济规制和社会规制两方面。政府往往通过一系列经济规制手段来改善经济环境，如授予企业经营许可证或特许经营权，允许企业或个人从事经营活动，控制物价，批准投资决策等。在社会环境中，政府的社会规制主要体现在保护在政治、经济中的弱势群体，试图保护消费者远离危险产品的危害，避免产业行为对生态环境的破坏和歧视性商业性商业实践队企业的危害。

由萨缪尔森和诺德豪斯的外部性理论可知，外部性指的是某些生产或消费行为对其他团体强征了不可补偿的成本，或者是给予了无须补偿的收益的情况。资源型城市在发展进程中，不断采掘和加工利用资源的经济活动，一方面带给发达地区明显的经济上的正外部效应，另一方面则因为大量排放二氧化碳而产生的负外部效应。如果政府不进行合理的碳规制，资源型城市就会排放大量的二氧化碳，不会考虑它们引起气候变化与环境破坏的成本，我国的减排指标也不会实现。所以政府通过健全碳减排的制度，有助于推动资源型城市更快更好地促进产业结构升级，也有助于高碳产业降低能耗，降低碳排放量，促进资源型城市实现低碳转型。

（二）技术创新

技术创新是促进低碳转型的技术力量，它是推动低碳转型的关键力量。技术创新指对现有产品、生产过程和服务方式进行改进或创造的技术活动。重大的技术创新可能会引发社会经济系统发生根本性转变。技术创新有助于改变经济增长方式，提高经济质量。经济增长不仅包括数量上的扩大，还包含对经济系统质量的改善。其中，经济质量的改善主要通过技术创新实现，具体表现为提高产品的附加值或降低能源的消耗量。在相当长的一段时期内，我国经济增长的主要方式是凭借对资金和人力进行追加实现的，而巨大的资源浪费抑制我国经济的高质量增长。例如，目前我国每百万元国内生产总值（GDP）的能耗为美国的5.45倍，日本的14.33倍，德国的10.8倍，甚至是同属发展中国家印度的2.86倍。一方面我国经济增长受到资金和资源短缺等条件的制约，另一方面资金和资源等还存在大量的浪费。我国的大多数企业，尤其中小企业，由于设备陈旧，技术落后，资金不足，原材料消耗大，已经到了举步维艰的地步；若不进行设备改造，实施产品创新和工艺创新，提高生产效率和资源利用率，多数企业甚至整个中国经济将面临重重困难。可以说，技术创新是解决目前资源浪费问题，以及实现经济的高质量增长的关键途径。

（三）能源效率

提升能源效率是促进低碳转型的必然途径和重要力量。能源效率具体是指单位能源消耗所能带来的经济效益，如果带来的经济效益大，则说明能源效率高，事实上就是能源利用效率的问题。一般提高能源使用效率的方法主要就是采用回收再利用外，以及通过增大反应物的表面积来提高受热面积，从而可以产生更多活化分子，具体可以从建筑物的外观、位置以及使用材料的设计入手，调节对能源的需求；通过使用高能效锅炉、水泵，对蓄冷系统、电热联产和三连供系统的定期维护，以此提高能效，除此之外，还要尽可能使用风能、太阳能等可再生能源。中国的能源效率仅为33%。我国的能源消耗总量位居世界第二，是一个能源消耗大国。事实上，由于我国人口众多，能源其实相对很缺乏，人均能源占有量仅达到世界平均水平的40%左右，而建筑能耗却已经占到社会总能耗的40%。而我国能源效率远远落后于发达国家水平20年，仅为33%，能耗强度则大大高于发达国家及世界平均水平。如何提高能源利用效率，已经成为我国政府在未来经济发展中一个紧迫的问题。提高能源效率尤其是资源型城市可持续发展的关键，资源是有限的，高效地开发和利用能源，实现高碳能源低碳化利用，既能促进资源型产业提升产品附加值，获得更多的经济效益，又有助于减少化石能源的浪费，降低碳排放。

（四）结构优化

结构优化是推动低碳转型的内在动力。结构优化主要包括产业结构和能源结构的优化。其中产业结构优化是结构优化最为重要的方面。产业结构优化是指通过产业结构调整和升级，促进各产业间实现有机协调发展从而不断满足社会发展需要的过程。结构优化是一个相对的概念，并非绝对性地指产业结构水平的高低，而是以获取经济效益最优为目标，根据一国或地区的地理环境、科学技术水平、人口规模、资源条件、经济发展阶段、国际经济关系等特点，不断促进产业结构升级，从而实现各产业的协调发展。

能源结构优化是通过能源结构调整，促使能源消费结构向低碳化、生态化发展，形成以低碳高效为核心的能源消费体系的过程。我国以煤炭为主的能源结构不仅导致能源利用效率和经济效益低下，尤其是高能耗行业经济效益较为低下，产品没有竞争力，而且还对我国生态环境造成了严重的破坏。大量的煤炭开采严重损害了我国较为紧张的土地资源与水资源。据有关统计，我国每年由于煤炭开采导致的塌陷地面积达到1.5万~2.0万公顷，其中耕地占到三成；大约400多条河流受到煤矿污水和废水的污染，煤矿废水排放量大约为27.5亿吨；另外，煤炭开采引致的废气排放，对大气环境产生了严重污染，给城市环境保护带来了巨大压力，2006年，我国二氧化硫排放量大约为2588.8万吨，其中由燃煤导致的占到90%。环境污染造成的治污成本较高，经济损失大，酸雨造成的经济损失约占国内生产总值的2%。除此之外，有关气候变化的国际公约也给我国煤炭主导的能源结构提出挑战。目前，人们越来越意识到由碳排放导致的气候变暖以及空气污染等环境问题，正在严重威胁着我们的生存环境。气候变化框架公约促进发达国家积极发展新能源和可再生能源，尽量减少石油与天然气消费量，这为我国充分利用国际油气资源，降低煤炭消费提供了有利条件。“清洁发展机制”有可能对国内能源工业引进先进技术、提高可再生和新能源利用效率和比例产生积极影响，促进能源结构优化。它是发达国家在境外获得减排抵消额，有可能实现资金和技术向发展中国家进行实质性转让。因此，当前必须毫无迟疑地促进能源结构优化，减少未来环境、气候变化给我们带来的巨大压力。另外，随着我国工业化、现代化和城市化的进程推进，居民生活用能结构必然需要优化。这些因素必将推动我国能源结构逐步优化，推动城市低碳转型。

（五）经济发展因素

经济发展因素是抑制资源型城市低碳转型的重要因素。在碳减排目标约束下，如何实现经济的稳定增长是资源型城市可持续发展的关键，这也正是资源型城市低碳转型的目的。已有研究验证了二氧化碳和人均收入之间分别存在线性、二次和三次递减形式关系。其中更多的证据是支持碳排放 EKC 曲线存在的，其中还包括世界银行的相关研究。在这些对 EKC 曲线的研究中，人均收入拐点主要包括从接近 8000 美元（1985 年价）到超过 35428 美元（1986 年价）。近期国外有学者对包括 20 个发达国家（OECD）和 16 个发展中国家（非 OECD）的 36 个国家的 1973 ~ 1997 年面板数据进行研究，结果表明 OECD 国家收入与人均能源利用或碳排放之间是存在拐点的，而非 OCED 国家则不存在 EKC 关系。总体而言，经济发展与低碳转型存在着密切关系。

改革开放 30 多年来，资源型城市经济快速增长，但不可否认的是这种快速的经济增长导致了巨大的资源消耗和环境恶化。根据第二章的统计计算，2005 年资源型城市人均碳排放量是全国水平的 2. 5 倍多，尽管近年来资源型城市为了节能降耗付出了巨大努力，但是到 2009 年其人均碳排放量依然远远超过了全国人均碳排放量水平，达到全国水平的 2 倍，表明资源型城市仍处于非常粗放的发展阶段。这种粗放式的增长方式导致了生态环境的严重破坏。经济增长与生态环境问题已成为目前的一个“两难”问题。

（六）人口因素

人口增长也是制约资源型城市低碳转型的因素。但是，对人口与碳排放之间关系的研究比较少。王钦池（2011）以人口和碳排放关系的动态性为基础进行研究，研究认为碳排放量对人口要素的弹性系数是由人口数量、年龄结构、性别结构、家庭规模、城市化和经济发展水平等因素构成的非线性函数，因此，文章构建了基于人口和碳排放非线性关系假设的碳排放模型，最终揭示了人口发展的不同阶段和经济发展的不同水平下，人口动态对碳排放有影响。人口对碳排放的影响是通过人的生产和消费行为实现的，而人的生产和消费行为不仅取决于人口要素自身，还受到经济和社会条件的影响。对于不同地区之间和同一地区不同人群之间而言，生产和消费水平的差别造成人类活动对环境的影响明显不平衡（蒋耒文和考斯顿，2001）。因此，无论人口自身还是其他因素发生变化，人口和碳排放的关系都可能发生变化。

各种影响因素不断影响着碳排放量的变化，同时随着低碳转型进程的不断演进，各种因素的驱动作用也有所不同。《2009 中国可持续发展战略报告》通过对多个国家历史的考察、分析和总结，指出一个国家或地区的经济发展与碳排放之间关系的演化存在三个倒“U”型曲线高峰，该规律揭示的演化过程第一个跨越的是碳排放强度倒“U”型曲线高峰，第二个跨越的是人均碳排放量倒“U”型曲线高峰，第三个跨越的是碳排放总量倒“U”型曲线高峰。但是不同国家或地区碳排放高峰所对应的经济发展水平或人均 GDP 存在较大差异，说明了经济发展与碳排放之间不存在单一的、精确的拐点。根据碳排放演化的三个倒“U”型曲线规律，可以将其演化过程划分为四个阶段，即碳排放强度高峰前的阶段、碳排放强度高峰到人均碳排放量高峰之间的阶段、人均碳排放量高峰到碳排放总量高峰之间的阶段以及碳排放总量稳定下降的阶段。研究表明，碳排放强度高峰相对容易跨越，而人均碳排放量和碳排放总量高峰跨越起来则相对比较困难。从那些跨越了碳排放高峰的发达国家或地区来看，碳排放强度高峰和人均碳排放量在碳排放的不同演化阶段，驱动因子的影响和贡献也存在明显差异。从驱动碳排放变化的人口增长、经济增长和技术进步三种因素来看，在碳排放强度高峰之前阶段，碳排放增长主要的驱动因素是能源或碳密集型技术进步；在碳排放强度高峰到人均碳排放量高峰之间的阶段，主要驱动因素是经济增长；在人均碳排放量高峰到碳排放总量高峰之间的阶段，碳减排技术进步成为主要的驱动因素；在碳排放总量稳定下降的阶段，碳减排技术进步将占据绝对主导地位，如图 3 -2 所示。

三、低碳转型影响因素理论模型构建

从以上影响因素的分析可以看出，在驱动低碳转型的四种因素或力量中，内力是结构优化，外力是碳规制、技术创新、能源效率、经济发展、人口增

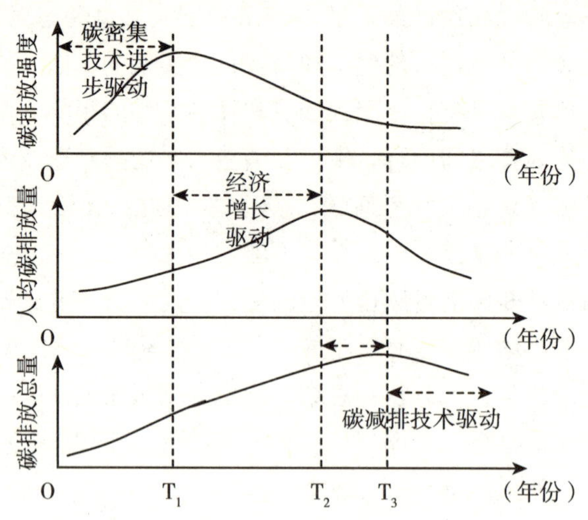

图 3-2　碳排放三大高峰的演化态势示意图

长。其中，碳规制、技术创新、能源效率、结构优化是驱动低碳转型的力量，政府建立完善的减碳政策与制度，促进低碳技术创新，提升能源利用效率，在外力的推动下促进城市产业结构得到不断优化升级，实现低碳转型。四种力量相辅相成，共同推进低碳转型。政府规制提供低碳转型的导向和规范，有助于促进技术创新和能源效率提升，而技术创新提供技术支撑，有助于提高能源效率，能源效率提升有助于降低能耗，促进产业与能源结构升级与优化。结构优化又反过来可以更好地激发技术创新和提升能源效率。所以四方面只有形成合力，才能更好地消除低碳转型的"瓶颈"制约，更好更快地推动低碳转型。但是资源型城市工业结构趋于重型化，处于工业化中期阶段，经济发展和人口增长成为抑制低碳转型的力量，两种抑制因素在一定程度上抵消了前面四种驱动力量对低碳转型的贡献，经济、人口与环境的矛盾成为资源型城市面临的重大难题，亟须使经济增长和碳排放脱钩，才能实现经济增长与环境保护的双赢目标。基于此，构建了资源型城市低碳转型的影响因素理论模型，如图 3-3 所示。

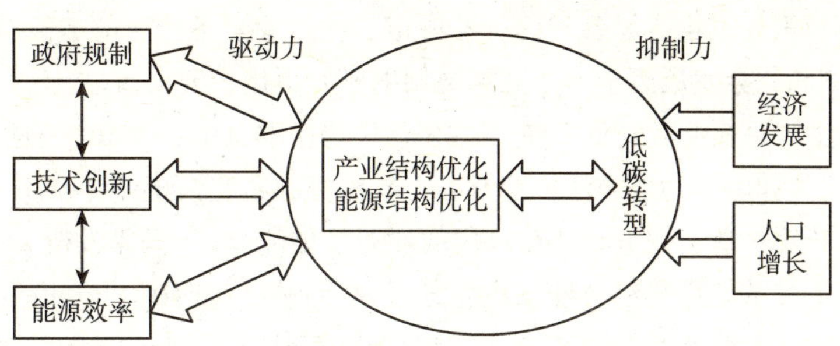

图 3－3　低碳转型的驱动力理论模型

第二节

资源型城市低碳转型的驱动机理

一、低碳规制对低碳转型的作用机理

低碳规制是指政府通过制定相关法律或调控政策，以此来推动低碳转型的进程。政府在国民经济宏观调控中的地位和作用决定了低碳规制能够对低碳转型产生影响。现代市场经济也并非是万能的，即使在发达的资本主义市场经济国家，由于“市场失灵”现象屡有发生，近年来也开始重视政府在市场经济中的调控作用。美国经济学家斯蒂格里茨在《政府为什么干预经济》一书中主张，对于“市场失灵”不能发挥作用的领域，需要政府大显身手，充分发挥“看得见的手”的重要作用。将“看得见的手”（政府调控）和“看不见的手”（市场调控）两只手相结合来调控经济，目前此方式已经成为现代市场经济的一个显著特征，同时也是从西方市场经济国家中政府发挥调控作用得来的重要经验。制度安排和政策调控可以对二氧化碳减排起到积极的促进作用。自 20 世纪 90 年代以来，世界主要发达经济体的碳排放增长速度明显减缓，这部分地反映了《联合国气候变化框架公约》和《京都议定书》的实施效果。因此，碳减排不仅需要依靠技术创新，而且也需要相应的政策和制度创新。

我国“十一五”期间的节能减排的成效也源于政府制定的相关政策规定，如《国民经济和社会发展第十一个五年规划纲要》中的降低单位国内生产总值能耗的总目标要求、《中华人民共和国节约能源法》、《节能减排综合性工作方案》等政策规定推进了各省区、各城市、各产业至各企业的节能减排进程。《国民经济和社会发展第十一个五年规划纲要》提出，要实现“十一五”期间单位国内生产总值能耗降低 20%，主要污染物排放总量减少 10% 的指标要求。《中华人民共和国节约能源法》指出：“节约资源是我国的基本国策。国家实施节约与开发并举、把节约放在首位的能源发展战略。”国家发改委会同有关部门制定了《节能减排综合性工作方案》，从而进一步明确了节能减排的目标和总体要求。主要目标：“到 2010 年，万元国内生产总值能耗由 2005 年的 1.22 吨标准煤下降到 1 吨标准煤以下，降低 20% 左右；单位工业增加值用水量降低 30%。”“十一五”期间，主要污染物排放总量减少 10%，到 2010 年，二氧化硫排放量由 2005 年的 2549 万吨减少到 2295 万吨，化学需氧量由 1414 万吨减少到 1273 万吨；全国设市城市污水处理率不低于 70%，工业固体废物综合利用率达到 60% 以上。随着国家和各地区节能降耗工作力度的不断加大，各项政策措施逐步深入落实，节能降耗取得明显成效。能源消费和污染物排放等相关约束性目标基本如期实现 2006 ~ 2010 年，我国单位国内生产总值能耗累计下降 19.06%，基本完成“十一五”节能降耗目标。主要耗能产品的单位产品能耗明显下降。“十一五”期间，单位铜冶炼综合能耗下降 35.9%，单位烧碱生产综合能耗下降 34.8%，吨水泥综合能耗下降 28.6%，原油加工单位综合能耗下降 28.4%，电厂火力发电标准煤耗下降 16.1%，吨钢综合能耗下降 12.1%，单位电解铝综合能耗下降 12.0%，单位乙烯生产综合能耗下降 11.5%。高耗能行业得到抑制，污染物排放总量逐步得到控制。据初步测算，2010 年全国化学需氧量排放量比 2005 年下降 12% 左右，二氧化硫下降 14% 左右，均超额完成“十一五”规划确定的减排任务。淘汰高排放的落后产能成效较为显著。“十一五”期间，全国累计淘汰炼铁落后产能约 11172 万吨，炼钢落后产能约 6683 万吨，焦炭落后产能约 10538 万吨，铁合金落后产能约 663 万吨。对于推进资源型城市低碳转型，我们可以借鉴节能减排的经验来完善低碳规制。

低碳规制对资源型城市低碳转型具有约束作用（见图 3 - 4）。低碳规制要限定各城市、各地区的碳减排目标，而资源型城市多依赖高耗能行业的经济增长，碳减排目标在一定程度上会冲击资源型城市的经济增长，使得资源型城市缺乏财政支持低碳转型。资源型城市是依靠区域资源特别是矿产资源的比较优势，在资源开发的基础上形成和发展起来的一种特殊类型的城市，长期以来为国家或地区发展做出了巨大的贡献，但由于资源逐步萎缩，当前许多资源型城市的经济发展处于弱势，在发展低碳经济的时代背景下，主导产业依赖相关资源而发展的资源型城市更是面临碳减排的巨大压力。资源型城市低碳转型是一个复杂而困难的问题。基于此，相关政府必须结合资源型城市的实际情况，合理确定碳减排目标，采取适应其城市特点的低碳经济发展模式，对其低碳转型工作做出科学的决策和指导。

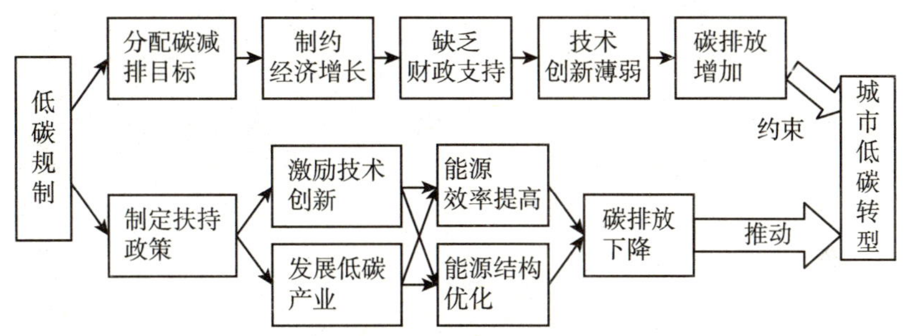

图 3-4　低碳规制对资源型城市低碳转型的作用机理

虽然低碳规制对资源型城市低碳转型具有约束作用，但作用是极其有限的，总的来说，低碳规制的约束作用远远低于对低碳转型的推动作用。制定对资源型城市低碳转型的扶持政策，合理地分配资源型城市碳减排目标，则有助于推动低碳转型进程（见图 3-4）。在相对于一般城市较低的碳减排目标下，资源型产业可以稳步发展，加强技术创新，提升能源效率，实现高碳能源低碳化利用，既促进了资源型城市稳定的经济增长，为地方经济或国家工业经济提供稳定的能源保障，又能够降低和碳排放碳强度，逐步推进产业结构优化与升级。德国的鲁尔工业区和法国的洛林地区顺利实现产业转型，其经验中最重要的一条就是中央政府通过运用调控手段实现对资源型城市改造和转型的支持。我们应当大胆学习和借鉴西方国家的先进经验。资源型城市对国家或地区发展产生了正外部性，但低碳规制在一定程度上增加了资源型产业发展的成本，国家或相关地区应制定合理的补偿政策或倾向政策推动其向低碳产业体系的演变。

因此，我国亟须制定低碳化发展的战略取向，健全和完善相关的低碳经济法规和政策，积极支持资源型城市低碳化发展。作为资源型城市也应努力提高环境污染治理投资，鼓励产业低碳化，建设低碳生态工业园区，从而更有效地推动低碳转型进程。

二、结构优化对低碳转型的作用机理

（一）产业结构优化

产业结构优化升级是实现经济增长与驱动资源型城市低碳转型的重要支撑力量。产业结构优化是指遵循产业结构演化规律，通过政府产业政策调整和技术进步，影响产业结构变化的供给结构和需求结构，实现资源优化配置，促使各产业协调发展，推动产业结构合理化和产业结构高级化发展，并满足不断增长的社会需要的过程。现代经济增长的过程主要取决于产业结构的聚合效益，换言之，只有产业间和产业内的各部门合理关联和组合，才能使组合后的整体功能大于单个产业或单个部门的功能之和。产业结构优化升级是支撑经济全面协调可持续发展的重要力量，也是增强产业聚合效应的重要手段；同时，经济增长也为产业结构优化升级提供了相适应的物质基础，最终实现了产业结构的优化升级与经济增长的良性循环。

许多学者研究了产业演进的规律。克拉克首先分析研究了劳动力在三次产业中的分布结构演变规律，认为由于在不同经济发展阶段各产业间存在着收入差异，因此导致随着人均国民收入的不断提高，劳动力在第一产业中的人员比重将会逐渐减少，而第二产业和第三产业的就业比重将会增加。库兹涅茨则进一步分析了劳动力和国民收入在三次产业间分布结构的演变特点，但指出，国民收入的相对比重未必与劳动力相对比重的上升同步。德国经济学家霍夫曼研究认为，在工业化进程中，消费资料和资本资料工业的净产值之间的比例关系出现不断下降的演变规律。这些成果对资源型城市低碳转型具有一定的理论指导意义。

世界经济的发展历史表明，一国或地区产业结构优化以及高变动率与经济的高增长率关系密切。产业结构得到不断优化升级，可以促进一国或地区经济增长，从而推动转型进程。从工业革命以来，发达国家经济高速增长，同时产业结构也产生较大变化，第一、第二产业被第三产业逐步替代。自改革开放以来，我国经济增长历程中也体现了第一产业逐步被第二产业和第三产业取代的产业结构优化特征。一方面，产业结构优化在较大程度上决定了资源投入的产出效益，这是因为资源投入是经济增长的前提，而资源投入与企业、行业结合在一起形成一定的产业结构；另一方面，经济的高增长依赖新兴产业的发展，产业结构优化就是新兴产业不断取代原有衰落产业的过程，这一过程必将促进一国或地区经济更好更快地增长。

结构主义学派认为，因为经济是非均衡的，所以资源不可能长期处于有效配置状态。经济非均衡的原因，一方面，在于许多国家都是传统产业与现代产业并存的二元经济，有一批从事传统产业活动的劳动力无法为现代产业部门所吸收；另一方面，资源的无效配置导致国际收支长期逆差。经济非均衡表示劳动和资本的边际收益因产业不同而存在差异，因此通过产业部门间劳动和资本的再分配可以促进经济增长①。另外，结构主义学派还提出经济结构随着经济增长会发生变化。首先，根据恩格尔法则，随着一国或地区的经济增长，人均可支配收入提高，会导致人们对食物需求的支出相对减少，消费结构的变化必然引发产业结构和就业结构发生变化。其次，随着一国或地区的经济增长，技术水平不断提高，从而推动劳动生产率的不断提高，又促使产业结构、就业结构发生变化。

通过以上理论分析，产业结构变动影响经济增长，也必将影响碳排放的变化。产业结构优化的核心是通过技术更新从而引发产业结构的改进，通过对新技术的开发、引进、应用和扩散，引发高新技术产业的发展和传统产业的更替、改造，因此，产业结构的优化升级实际上是以技术创新为前提的。

产业结构优化是一个动态的长期过程，在不同的发展阶段和时点上优化内容是不同的，在低碳经济时代背景下，产业结构优化是推动产业结构低碳化、生态化的发展进程，它的主要优化目标及要求如表 3 – 1 所示。

表 3 – 1　　　　低碳转型进程中的产业结构优化目标及具体要求

产业结构优化的目标	优化要求
产业结构低碳化	积极发展低碳产业、积极促进高碳能源低碳化利用，逐步形成可持续的低碳产业体系
产业结构生态化	按物质循环、生物和产业共生原理对产业生态系统内和各组成部分进行合理优化耦合，建立高效率、低消耗、无（低）污染、经济增长与生态环境相协调的产业生态体系

① 杨公仆，夏大尉．产业经济学［M］．上海财经大学出版社，1998：6 – 8.

续表

产业结构优化的目标	优化要求
产业结构合理化	在一定的经济发展阶段上，根据消费需求和资源条件，理顺结构，使资源在产业间合理配置，有效利用
产业结构高度化	资源利用水平随着经济技术的进步不断突破原有界线，从而不断推进产业结构中新兴产业的成长，经济系统内部显示出巨大的持续创新能力
产业结构均衡化	产业部门、产业要素间要协调发展；产业发展要具备稳定性

产业结构的合理化与高度化之间存在着非常密切的联系。前者为后者提供了基础，而后者有助于推动产业结构实现更高层次的合理化。产业结构合理化关注经济增长的近期利益，但是产业结构高度化关注经济增长的长远利益。两者相互关系，可以促进各产业既做到速度的统一，又关注质量和效益的统一，有助于实现低碳转型的效益最优化。

产业结构优化对资源型城市低碳转型具有特殊的作用，即“产业结构效应”，即产业结构优化升级对城市低碳转型所产生的效果。产业结构优化的速度与经济增长的高速度存在着密切关系。产业结构优化有利于一个城市充分发挥产业结构效应，保持经济的稳定增长。其作用机理主要表现在两个方面：

一方面是产业结构优化能够形成关联效应。1997 年美国经济学家阿尔伯特·赫希曼在《经济发展战略》一书中阐析了产业间的关联效应。因为存在前向关联和后向关联的关系，一个产业的产值、生产、技术等方面的变化既可以引起上游产业部门的一系列变化，又可以带动下游产业部门的一系列变化，从而体现出产业间的关联效应。产业结构优化会促使相关产业之间实现更好的关联效应，促进经济增长。一些资源型城市在发展过程中，盲目扩展资源型产业链，而随着资源的枯竭，容易产生全盘皆输的局面，而如果引导资源型产业进入非资源型产业领域，弱化能源的依赖，则易形成非资源型产业链或低碳产业集群，有助于资源型城市形成低碳产业体系。

另一方面是产业结构优化会引发扩散效应，推动低碳转型。2000 年美国经济学家华尔特·惠特曼·罗斯托在《从起飞进入持续增长的经济学》一书中提出了主导产业的扩散效应理论。他指出，扩散效应是指一些产业对其他关联产业产生的扩散性影响，主要体现在三个方面：旁侧效应、回顾效应和前向效应。旁侧效应是指一个产业部门的发展会促使其周围地区的经济和社会的一系列变化，从而更广泛地推动工业化进程。产业的成长会带来更多的就业机会，从而产生各种消费需求和生产需求，还可以促进制度的创新与完善，并改变了这一产业所在的整个地区。回顾效应是指一个产业的发展对上游产业产生的辐射影响。当某产业增长时，势必带动对原材料和机器设备等较大需求，引发现代设计观念和方法的应用和拓展。前向效应是指一个产业的发展容易带来新技术、新材料、新原料、新能源的出现，改善产品质量，或者削减供给部门的生产成本，从而有效地带动下游产业部门的发展。在资源型城市，积极发展新兴战略产业和服务业，有助于激发扩散效应，并促进产业多元化发展，有力地推动高碳产业体系向低碳产业体系转变。

（二）能源结构优化对资源型城市低碳转型的作用机理

能源结构是指能源生产总量或能源消费总量中各类一次能源、二次能源的构成及其比例关系。能源是指可产生热量、机械能、电能及光能等各种能量或物质的统称，是能够直接获取或者间接通过加工、转换而取得有用能量的各种资源，包括煤炭、水能、核能、风能、原油、天然气、煤层气、太阳能、生物质能、地热能等一次能源以及成品油、电力、热力等二次能源，另外，还包括其他新能源和可再生能源，如图 3 –5 所示。根据能源的基本形态划分，能源包括一次能源和二次能源。一次能源是自然界既有的各种能源，如煤炭、水能、石油、天然气等。二次能源是加工形成的能源产品，如各种石油制品、电力、煤气、蒸汽等。一次能源根据是否再生性可以划分为可再生能源和非再生能源。按照能源消耗后是否产生环境污染还可以把能源划分为污染型能源和清洁型能源，前者主要指煤炭、石油等，后者则包括水力、风能、电力、太阳能以及核能等。

能源结构直接影响各产业部门的最终能源利用方式，包括能源生产结构和能源消费结构。能源生产结构是指各类能源产量所占能源生产总量的比例；能源消费结构是指各类能源消费量所占能源总消费量的比例。不同国家或地区能源生产结构和能源消费结构有所差异。资源条件、能源贸易以及技术经济发展水平等因素都会导致能源结构发生相应的变化。

自从进入近代工业社会以来，能源结构主要变化了三次：一是 18 世纪末到 19 世纪末，自从英国发生工业革命以后，能源结构由传统的柴薪能源迅速转向以煤为主的能源结构，直到20世纪初期，煤炭在工业国家能源构成中的比例高达95%，有力地推动了资本主义工业的发展；二是19世纪末，伴随着电力、钢铁工业、铁路技术、汽车和内燃机技术等迅速发展，以煤炭为主的能源结构逐渐不能满足生产的需要，紧接着随着石油资源的开发，20世纪初以后，石油迅速发挥作用，到70年代初，石油占到能源构成的50%；三是由于煤、石油和天然气等资源的储量有限，无法满足人类不断增长的能源需求，以及能源的大量使用导致环境污染日益严重，对人类的生存造成极大威胁，这就迫使人们必须控制常规能源的消耗，转向建立以可再生能源等新型能源为主能源结构体系。在第三次世界范围能源结构优化大调整，能源结构得到大范围的调整，标志着人类文明由向自然索取阶段进入回归自然阶段，具有里程碑的意义。

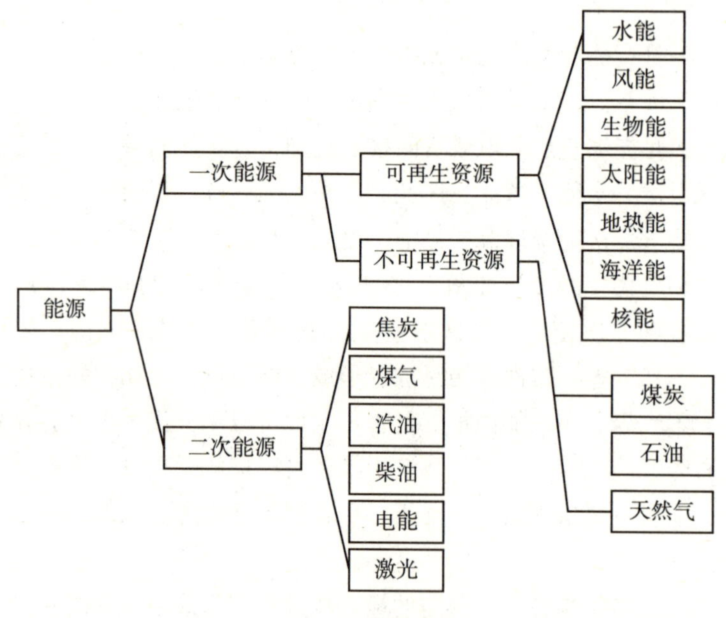

图3-5　能源构成

能源资源是能源发展的基础。我国拥有丰富的化石能源资源。其中，以煤炭为主，石油、天然气资源缺乏，可再生能源资源丰富，但利用率有待提高。如图3-6所示。我国已经形成煤炭主导的能源生产结构，在一定程度上制约了低碳转型的进程。

同样，我国也形成了以煤为主的能源消费结构，2008年煤炭在能源消费中的比重为72.2%，2013年已下降为66%，其他能源比重则由27.8%上升到34%。其中可再生能源和核电比重由4.0%提高到16.9%，如图3－7所示。终端能源消费结构出现优化趋势，煤炭能源转化为电能的比重由20.7%提高到49.6%，在居民生活用能中，清洁能源的比重明显改善。

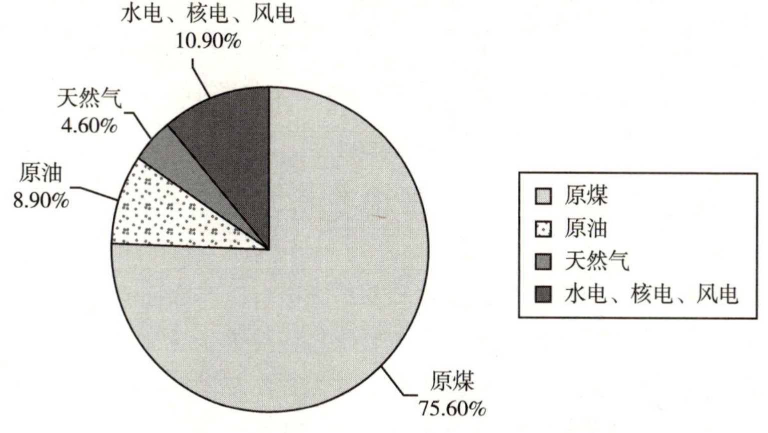

图3－6　2013年我国能源生产总量构成

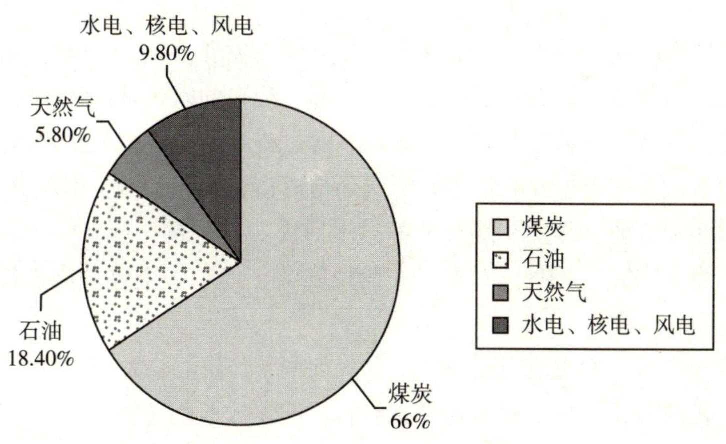

图3－7　2013年我国能源消费总量构成

消费结构优化有助于低碳转型。通过改善能源消费结构，积极发展新能源，减少常规污染型能源消费，可以形成以低碳能源为主的能源消费结构体系，将促进低碳产业体系的构成，如图3－8所示。

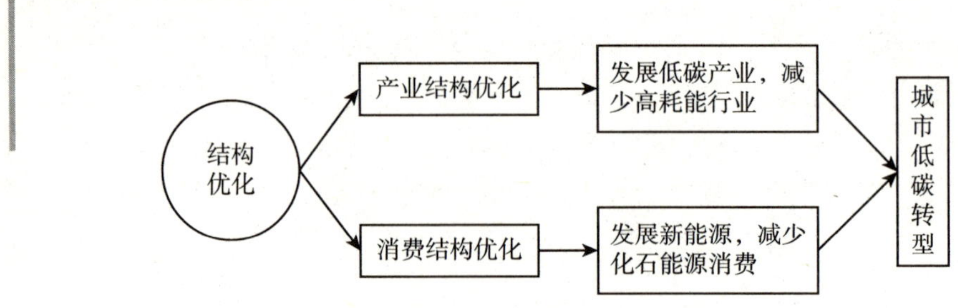

图 3-8 结构优化对低碳转型的作用机理

三、技术创新对低碳转型的作用机理

技术创新是推动资源型城市低碳转型的突破口。实践证明，要使主要依靠化石能源消耗的现有高碳产业体系向主要依靠科技进步与管理创新的低碳产业体系转变，必须构建低碳技术创新体系，大力提高技术创新能力，加快技术创新和结构调整，通过科技进步激发企业活力，提升产业核心竞争力，促进产业技术进步升级，为转变经济发展方式与产业结构优化升级提供强有力的技术支撑。

低碳转型决定于技术进步的速率。相关研究发现，无论中国还是美国，技术进步带来的能源降低都是以指数形式下降，现在的问题是这种下降速度是否稳定，特别是技术创新对碳排放的影响。通过查阅国内外相关文献，还没有发现关于技术进步与碳排放的定量分析结果与模型，实际上由于创新具有某种不确定性和涌现特征，需要在复杂性框架里研究这一问题，所幸的是，戴霄晔、刘涛、王铮（2006，2008）对创新的涌现问题创建了一个自主体模拟的模型，取得了很好的成果。

我国普遍存在的粗放型经济增长方式加剧了经济社会发展和资源短缺之间的冲突。我国低碳技术研发基础相对落后，低碳技术研发基础与国际先进水平的差距在 7～10 年或者更长。我国基础研究占研发投入的比重一直低于 6%，国际上通常在 12% 左右，美、日、德等国在 15% 以上。2010～2020 年，欧盟将投入总量达到 530 亿欧元的专项资金，进行低碳技术的研发与应用研究。日本政府也专门制定规划，投入巨资推动全新炼铁技术、太阳能电池技术等节能与新能源技术。

面对日新月异的科学技术变革，日益强烈的资源环境约束，以及以创新和技术升级为主要特征的激烈的国内外竞争，以低碳技术为主要代表的战略性新兴产业将逐步取代传统高耗能产业，成为一个国家或地区未来经济增长的主要推动力，这是城市减缓日趋严重的能源、环境、温室气体排放控制等巨大压力的重要途径，也是实现 GDP 二氧化碳排放强度下降 40% ~45% 目标的主要手段。

低碳技术创新对促进资源型城市低碳转型的影响表现为两个方面：一是技术的进步提高了能源资源利用效率，从而减少单位产值物质材料和能源的使用，即降低能源强度；二是对能源或是燃料转换的技术替代，使用低碳燃料如天然气和氢燃料等代替煤和石油等，或者从以化石燃料为主转向以非化石燃料（如可再生能源和核能等无碳的能源）为主，改善能源结构和降低单位能耗的二氧化碳排放强度，如图 3 –9 所示。理论研究上，学者们从不同的角度实证了技术相关要素对温室气体排放的影响。例如，冯相昭等（2008）的研究结果表明，1971 ~2005 年我国大约 89% 的二氧化碳减排量来源于单位 GDP 能耗的下降，而一次能源结构的优化改善对碳减排也起重要作用。王群伟等（2008）证实，技术因素在我国能源强度的变化过程中发挥着主导作用，对 1980 ~2005 年的数据进行分析得知，技术因素对我国能源强度变化的贡献率超过 80%。许多学者通过把能源强度分解成技术效应和结构效应，证实了能源利用效率提升和能源强度下降是其碳排放强度下降的主要原因。

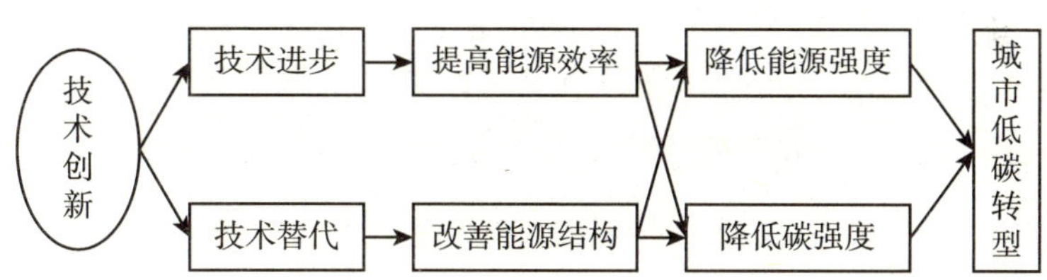

图 3 –9　技术创新对资源型城市低碳转型的作用机理

加快自主创新能力建设、实现低碳转型的技术创新驱动，是促进资源型城市低碳转型的关键。近年来，资源型城市高度重视自主创新能力建设，经过体制机制、科研投入和人才培养等要素的耦合互动，技术创新逐步成为低碳转型的新引擎。

因此，政府应健全低碳技术创新的激励机制，建立以政府投入为主导、企业和民间投入跟进，多元化的低碳技术研发投入体系，通过创新政策激励和引进国外低碳技术带动企业低碳技术创新，如设立低碳创新奖励基金，征收碳税，碳减排目标考核制度等，通过完善低碳政策体系，促使城市达到节约能耗和减少碳排放的目的。以提升技术创新能力替代资源和能源的投入，减少能源和资源的消耗，逐步实现经济增长方式由要素驱动型增长向创新型增长的方式转变。

四、能源效率对低碳转型的作用机理

能源效率是指用较少的能源生产同样数量的服务或产出，其内涵在于能源消耗量对于维持或促进整个经济、社会与环境系统可持续发展的贡献量。它通常用能源服务产出量与能源投入量的比值来衡量，是能源强度的倒数，体现着能源利用水平。提高能源效率，就意味着单位能源消费获得更大的收益和产出，因此提升能源效率有助于抑制资源型城市碳排放和碳强度的增长。技术创新有助于改善能源效率，技术进步与创新是改善能源效率的技术途径，由于新工艺、新设备、新技术的出现，使得同样投入水平下获得更大产出，或者在相同产出水平下可以节约能源投入。但是技术创新有时会产生“回弹效应”，即技术进步会促进经济增长，而经济增长会导致能源需求和碳排放的增加，使得技术创新对能源效率和碳排放的影响无法准确界定。改善能源效率还需要管理创新、制度创新等软创新力量。一般城市采取的降低能源效率的措施主要有：如推行节能灯、高效率冷暖气系统及高级能源管理方法。这些措施的实施成本远远低于所节省能源的费用。能源效率可以降低能源需求和高峰电力系统负荷，减少因电耗增加而带来的空气污染和碳排放，因此，改善能源效率往往成为低碳转型的重要途径，能源效率对资源型城市低碳转型的作用机理如图 3 - 10 所示。

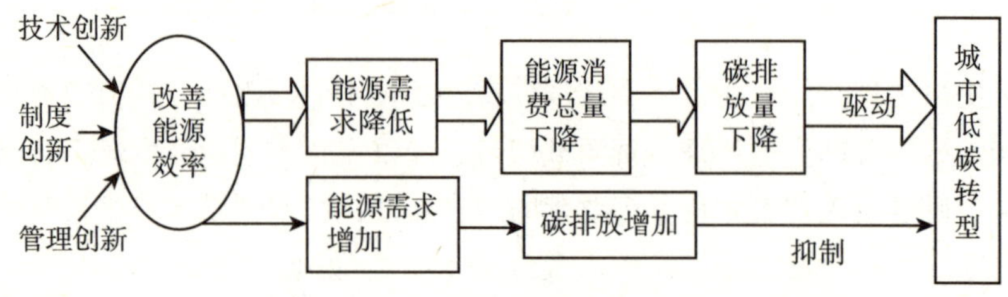

图 3 - 10　能源效率对资源型城市低碳转型的作用机理

截至目前，大量文献对于能源效率与碳减排的关系进行了研究，早期对能源效率的研究主要是能源效率提高的效益，但是1980年Khazzoom提出了“回弹效应”观点，认为因为在提高能源效率上的投资降低了能源服务的成本，从而导致部分抵消能源节约量。之后，许多学者关注了能源效率的回弹效应的问题，认为回弹效应在一定程度上会导致能源需求和碳排放的增长，但是多数学者认为回弹效应幅度较小（Greening et al.，2000），因此能源效率政策还是对碳排放增长起到较大的抑制作用，是一项有效的减排政策。徐国泉（2006）通过对中国碳排放的因素分解分析，认为能源效率和能源结构对我国人均碳排放的抑制作用呈倒“U”型，表明能源效率对碳减排的作用在减弱，但是我国能源效率水平远远低于发达国家水平，所以通过提升能源效率来促进资源型城市低碳转型的潜力还是巨大的。因此，资源型城市应加强对重点用能单位的监管，建立严格的节能管理制度和有效的激励机制，不断地提高能源利用效率。

第三节

资源型城市低碳转型的抑制机理

一、经济发展对资源型城市低碳转型的作用机理

无论经济发展与碳排放之间是否存在EKC曲线，总体上看，经济发展在工业化阶段，有助于驱动碳排放量的增长，也是资源型城市低碳转型的抑制因素。

一般来说，碳排放量与经济发展的规模和发展水平息息相关，经济发展的规模越大，发展水平越高，那么碳排放量就越大，反之则小。但是在到达一定水平后，碳排放量会趋于平稳，甚至下降。

经济增长对环境质量产生影响的同时，环境质量也会反作用于经济增长。环境的不断恶化、资源的衰竭无疑会对人力资本、投资效应、产业结构升级产生负效应，从而阻碍经济增长。目前的一些研究已表明，环境保护从短期来看可能会导致企业成本增加，影响企业经济效益，但从长期来看环境保护可以促进企业改进生产技术，提高劳动生产效率，实现资源高效利用与优化配置，最终实现经济的健康与可持续发展。

总之，已有的大部分研究结果倾向于支持二氧化碳排放EKC的存在性，

说明其具有一定的普遍意义，由于碳排放主要由化石能源燃烧利用产生，因此碳排放强度的倒“U”型曲线本质上也是能源消费强度倒“U”型曲线的反映。至于发达国家能源消费强度随时间演变的倒“U”型曲线规律已经被多数学者所证实，并且可以用能源经济学中能源强度的峰值理论来解释，即一个国家的能源强度似乎存在一个规律性的长期趋势：在工业化时期，它最初增加，然后到达峰值，最后减少。而拐点往往意味着经济结构从能源强度更高的重工业向能源强度较低的轻工业转变；产品结构从一般附加值向更高附加值转变，从物质生产向知识生产转变。

但是总的来看，碳排放与经济增长之间的关系主要有以下三种情况：（1）经济发展水平较高且平稳增长，但物理扩张很有限，碳排放需求量虽然较大但已经趋于饱和。此时对碳排放总量进行限制，限制对经济发展的约束比较小，同样对强度进行限制也是如此。例如，欧盟和日本按照对总量和强度的承诺，其效果大致相同。（2）工业化的水平高，经济发展出现停滞或下滑，那么碳排放强度的削减潜力就大。在工业化进程中的高排放时段，排放量接近饱和限量，参照此时的排放量进行总量制约则约束较小；但对碳排放强度进行承诺显然是不利的。此类国家主要是苏联、东欧等国家，倾向基于高排放的总量进行承诺。（3）工业化水平比较高且经济波动性也较大，碳排放的需求也会随之相应波动，但高排放时段的总量也趋近于饱和，拉美和欧佩克国家就属于此类，对总量进行承诺可能会较为有利，而强度承诺的难度要大些。

经济发展对资源型城市低碳转型的作用机理如图 3－11 所示。资源型城市是依靠区域资源特别是矿产资源的比较优势，在资源开发的基础上形成和发展起来的一种特殊类型的城市，为国家或地区发展做出了巨大的贡献，但是，在发展低碳经济的时代背景下，主导产业依赖相关资源而发展的资源型城市面临碳减排的巨大压力。一般而言，随着经济发展，对能源的需求就会增加，一个城市的碳排放量就会增长，以重工业为主导的资源型城市碳排量增长的速度会越大，但是过了临界点，经济增长发展则成为碳减排和低碳转型的驱动力。

综上所述，我们发现，绝大多数文献在考察经济增长与碳排放的关系时，忽略了碳排放与经济增长之间的双向影响机制和动态关联效应。资源型城市资源型产业资源丰富，工业相对发达，但能源消耗量较大，经济高速发展下的碳减排问题是研究者关注的焦点。所以本书采用 VAR 模型，基于脉冲响应函数方法与预测方差分解技术来考察资源型城市济增长和碳排放的动态关系，为资源型城市的经济与环境协调发展提供参考依据和指导意义。

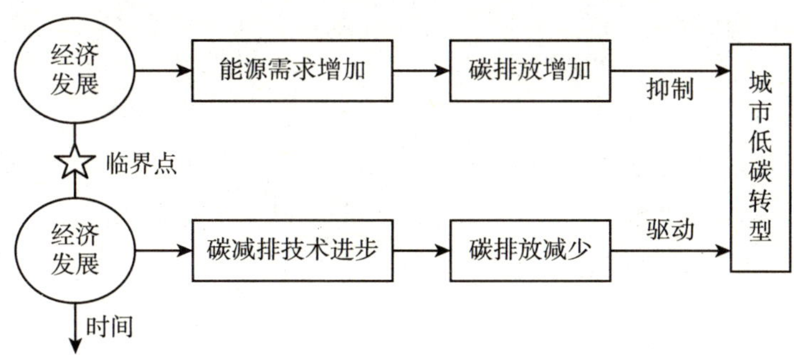

图 3－11　经济发展对资源型城市低碳转型的作用机理

（一）研究方法与指标数据说明

VAR 模型是西姆斯 1980 年提出的一种动态联立方程模型，将模型中所有变量都视为内生变量，方便对变量之间的动态关系进行研究，此模型克服了传统联立方程模型受到经济理论不完善而带来的诸如内生变量和外生变量的划分、估计和推断等复杂问题的限制的弊端。此外，运用此模型可以对经济变量之间的因果关系、脉冲响应和方差分解进行分析。本书主要在利用 VAR 模型进行估计的基础上，通过使用广义脉冲响应函数和方差分解进行实证分析。

VAR 模型一般的数学表达式为：

$$Y_t = A_1Y_{t-1} + A_2Y_{t-2} + \cdots + A_NY_{t-N} + BX_t + \varepsilon_t \qquad (3-1)$$

其中，$Y_t = (y_{1t},\ y_{2t},\ \cdots,\ y_{Nt})'$为 N 维内生变量向量，$X_t = (x_{1t},\ x_{2t},\ \cdots,\ x_{Ct})'$为 C 维外生变量向量，N 为模型滞后阶数，根据最小信息准则（AIC 与 SC 原则）来确定，A_1，A_2，…，A_N和 B 分别为 N×N 和 N×C 维系数矩阵，ε_t 则是 N 维误差向量，且满足 $cov(\varepsilon_t, \varepsilon_d) = 0(t \neq d)$。

按照目前研究碳排放影响因素的惯例，本书选取城市人均 GDP 作为衡量经济增长的指标，考虑到数据可得性，选取专利申请数指标来表示技术创新成果。根据日本学者茅阳一在 1990 年提出著名的 Kaya 公式：一个地区的二氧化碳排放量等于人口数量乘以人均 GDP，乘以单位 GDP 能源消耗，再乘以单位能耗排放量，通过数据计算整理获得城市的碳排放量数据，并把它作为衡量城市碳排放情况的指标。晋城市作为我国的煤炭工业基地，地下蕴藏着煤、煤层气、铁矿石、大理石、水晶石、白云石、铝土矿、铜、锰、锌、金、银等数十种矿产资源，素有“煤铁之乡”的盛誉。晋城市含煤面积达到5350平方公里，占到总面积的56.4%，总储量808亿吨，占全国无烟煤的1/4多，占山西省的1/2多，年产原煤达4000万吨。因此，本书以晋城市作为资源型城市的典型案例进行研究，书中所有数据来自《山西统计年鉴2010》及相应年份的《晋城统计年鉴》，样本长度为2001~2010年，对个别数据进行了调整。为了减轻数据波动对模型估计的影响，消除时间序列的异方差现象，本书首先对人均GDP与二氧化碳排放量等数据进行了对数化处理，分别用LNRJGDP和LNCARBON表示。

（二）VAR模型估计及其结果分析

由于所用数据为时间序列数据，为了得到有效的检验统计量，因此首先需要对变量的时序数据进行ADF（Augmented Dickey Fuller）平稳性检验（见表3-2）。

表3-2　　ADF平稳性检验结果

Variable	ADF检验值	检验类型（ctp）	5%显著水平	10%显著水平	结论
LNRJGDP	-2.040059	ct2	-4.450425	-3.701534	非平稳
D（LNRJGDP，1）	-3.555611	C01	-3.403313	-2.841819	平稳
D（LNRJGDP，2）	-2.910659	C02	-2.021193	-1.597291	平稳
LNCARBON	-2.518097	ct2	-4.450425	-3.701534	非平稳
D（LNCARBON，1）	-3.543302	C02	-3.519595	-2.898418	平稳
D（LNCARBON，2）	-4.463075	C02	-3.694851	-2.982813	平稳

注：检验类型中，c表示常数项，t表示时间趋势，p为滞后期，0表示序列无时间趋势，D表示差分。

从对LNRJGDP序列的ADF检验结果看，在5%、10%显著性水平下，单位根检验的临界值分别为-4.450425、-3.701534，t检验统计量值-2.040059大于相应临界值，从而不能拒绝H_0，表明人均国内生产总值LNRJGDP序列存在单位根，是非平稳序列。从对LNRJGDP一阶差分序列的ADF检验结果看，在5%、10%显著性水平下，单位根检验的临界值分别为-3.403313、-2.841819，t检验统计量值为-3.555611，小于相应临界值，

从而拒绝 H_0，表明 LNRJGDP 的差分序列不存在单位根，是平稳序列，即 LNRJGDP 一阶差分序列是一阶单整的，LNRJGDP～I（1）。同理，从对 LNRJGDP 二阶差分序列的 ADF 检验结果看，在 5%、10% 显著性水平下，单位根检验的临界值分别为 -2.021193、-1.597291，t 检验统计量值为 -2.910659，小于相应临界值，从而拒绝 H_0，表明 LNRJGDP 的二阶差分序列也不存在单位根，是平稳序列。

从对 LNCARBON 序列的 ADF 检验结果看，在 5%、10% 显著性水平下，单位根检验的临界值分别为 -4.450425、-3.701534，t 检验统计量值 -2.518097 大于相应临界值，从而不能拒绝 H_0，表明 LNCARBON 序列存在单位根，是非平稳序列。从对 LNCARBON 一阶差分序列的 ADF 检验结果看，在 5%、10% 显著性水平下，单位根检验的临界值分别为 -3.519595、-2.898418，t 检验统计量值为 -3.543302，小于相应临界值，从而拒绝 H_0，表明 LNCARBON 的差分序列不存在单位根，是平稳序列，即 LNCARBON 一阶差分序列是一阶单整的，LNCARBON～I（1）。同理，从对 LNCARBON 二阶差分序列的 ADF 检验结果看，在 5%、10% 显著性水平下，单位根检验的临界值分别为 -3.694851、-2.982813，t 检验统计量值为 -4.463075，小于相应临界值，从而拒绝 H_0，表明 LNCARBON 的二阶差分序列也不存在单位根，是平稳序列。

因此，由表 3-2 的检验结果表明，2001～2010 年样本期间，LNRJGDP 和 LNCARBON 在 5% 和 10% 显著性水平下都无法拒绝单位根过程，都是非平稳的时间序列，但它们的一阶差分序列和二阶差分序列通过了单位根过程，因此拒绝存在单位根的原假设，接受不存在单位根的结论，是平稳序列，因此，这 2 个序列都是一阶单整 I（1），均可以进行协整检验，对此也可以利用 VAR 模型来描述这个变量之间的冲击关系。

为进一步研究经济增长和碳排放量指标间的长期稳定关系，对变量时序数据进行了 Johansen 协整检验。协整检验结果如表 3-3 所示。

表 3-3　　Johansen 协整检验结果

变量	假设的协整个数	特征值	检验值	5% 显著水平	协整关系
LNRJGDP	0 个协整向量*	0.945612	27.57858	15.49471	正向
LNCARBON	至少 1 个协整向量	0.414741	4.28561	3.841466	正向

注：* 表示拒绝 5% 显著水平下的原假设。

从表3－3的协整检验结果可见，当假设的协整个数为0时，LNRJGDP与LNCARBON构成的VAR模型检验统计量值为27.57858，它大于5%显著水平下的临界值，因此，不能接受原假设，所以LNRJGDP与LNCARBON之间存在着协整关系。进一步协整检验表明，LNRJGDP与LNCARBON之间的协整关系为正，说明经济增长本身促进碳排放量的上升。

本书通过格兰杰因果检验对碳排放指标与经济增长的因果关系做出客观判断。从表3－4的检验结果可见，当假设LNCARBON不是LNRJGDP的格兰杰原因时，P值为0.17206，大于0.05，因此接受该假设；而当假设LNRJGDP不是LNCARBON的格兰杰原因时，P值为0.03343，P值小于0.05，表明LNRJGDP与LNCARBON间存在单向格兰杰因果关系，即人均GDP是导致碳排放量变化的格兰杰原因，但碳排放量并不是人均GDP变化的格兰杰原因。

表3－4　　　　格兰杰因果检验结果

Null Hypothesis：	样本值	F统计量值	相伴概率	结论
LNCARBON非LNRJGDP的格兰杰原因	8	3.34892	0.17206	接受原假设
LNRJGDP非LNCARBON的格兰杰原因	8	12.9557	0.03343	拒绝原假设

从经济增长对自身的脉冲响应函数图可以看出（见图3－12），当期增加经济增长，对未来人均GDP总体产生正的效应，第2期左右经济增长会有小幅上下波动，第3期之后开始稳定增长；从经济增长对碳排放量的脉冲响应函数图可以看出，当期增加经济增长，对未来碳排放量产生正的冲击效应，从第1期至第3期显著上升，但在第4期左右有所上下波动，第5期后碳排放量保持稳定增长的趋势；从碳排放对经济增长的脉冲响应函数图可以看出，当期增加碳排放，对未来经济增长产生正的效应，在第2期和第3期上下波动较大，之后开始小幅度稳定增长；从碳排放对自身的脉冲响应曲线图可以看出，当期增加碳排放，对未来碳排放量产生负的效应，第2期后未来碳排放量快速上升，第3期左右上下波动，第5期后有少许增长，但这种趋势并不明显。从经济增长与碳排放之间的脉冲响应曲线图总体来看，经济增长引起碳排放的变化，表明两者之间存在单向的因果关系，但是经济增长与碳排放不存在着动态意义上的倒“U”型关系。

为了研究VAR模型的动态特征，了解信息对模型中内生变量的相对重要性，下面对 VAR 模型进行了方差分解。

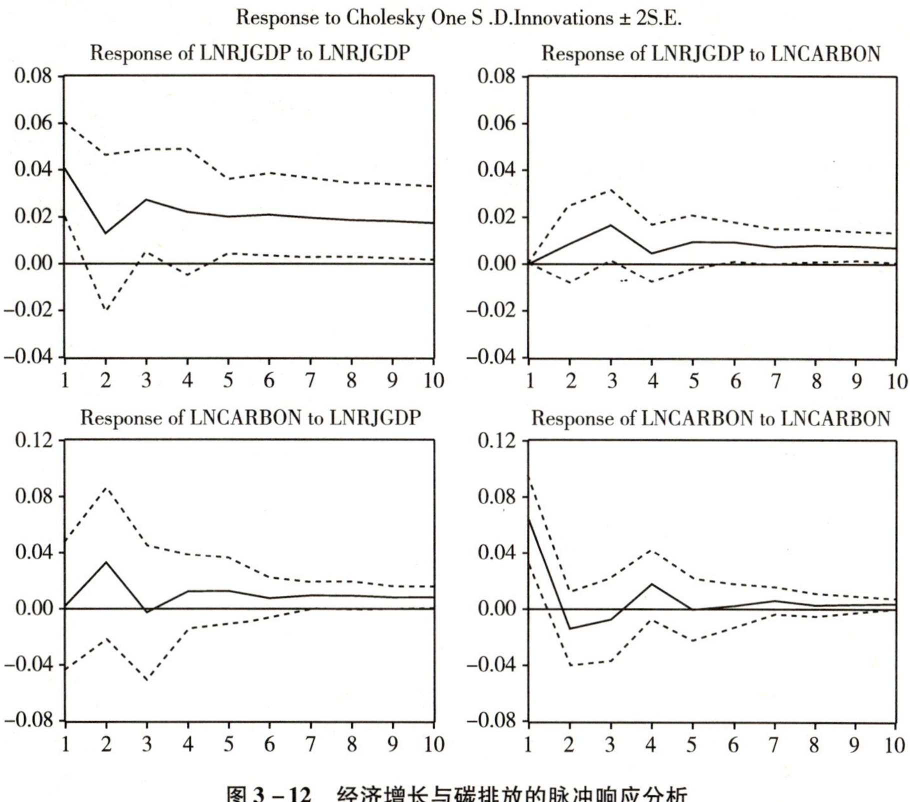

图 3－12　经济增长与碳排放的脉冲响应分析

表 3－5 给出了人均 GDP 和碳排放量的方差分解值，从表 3－5 可以看出，在人均 GDP 的变动中，人均 GDP 对自身的影响在第 1 期为 100%，并逐渐下降，第 2 期为 96.08504，第 4 期前后有所波动，但第 5 期后呈缓慢下降的趋势；人均 GDP 变动的 0～12.89189% 的波动可以由碳排放量的波动解释，从第 1 期到第 3 期迅速上升，之后呈微弱变化。在碳排放量的变动中，碳排放量对经济增长的影响随人均 GDP 的波动而出现波动，其中 0.13%～27.23% 可以由人均 GDP 的波动解释；99.86992%～72.76668% 可以由碳排放量自身的波动解释。

表 3－5　　LNRJGDP 与 LNCARBON 的方差分解

LNRJGDP 的方差分解				LNCARBON 的方差分解			
Period	S. E.	LNRJGDP	LNCARBON	Period	S. E.	LNRJGDP	LNCARBON
1	0. 040571	100. 0000	0. 000000	1	0. 063882	0. 130085	99. 86992
2	0. 043436	96. 08504	3. 914962	2	0. 073194	20. 30036	79. 69964
3	0. 053898	87. 95240	12. 04760	3	0. 073606	20. 20001	79. 79999
4	0. 058421	89. 12968	10. 87032	4	0. 076748	21. 14086	78. 85914
5	0. 062508	88. 19933	11. 80067	5	0. 077768	23. 19430	76. 80570
6	0. 066576	87. 60200	12. 39800	6	0. 078165	23. 87971	76. 12029
7	0. 069809	87. 59518	12. 40482	7	0. 078965	24. 82820	75. 17180
8	0. 072685	87. 36571	12. 63429	8	0. 079559	25. 81494	74. 18506
9	0. 075322	87. 19421	12. 80579	9	0. 080036	26. 53150	73. 46850
10	0. 077633	87. 10811	12. 89189	10	0. 080542	27. 23332	72. 76668
Cholesky Ordering：LNRJGDP LNCARBON							

从人均 GDP 与碳排放量的预测方差分解结果可见，就总体而言，人均 GDP 对解释碳排放量指标的预测方差分解具有一定的贡献度，人均 GDP 解释了碳排放量变量 20% 以上的方差。此分析结果刻画了 2001 年以来晋城市经济增长与碳排放变化之间的关系：经济增长、工业化进程的加快伴随着对资源品、能源品的大量开采与粗放利用，是二氧化碳排放量增加的关键原因之一。相比而言，碳排放量指标对人均 GDP 的预测方差的解释贡献度较小，平均贡献度仅为 10%，远低于人均 GDP 对碳排放预测方差的贡献度。

资源型城市发展对资源有着明显的依赖性，以能源供应业为主导产业，高碳排放特征明显，同时资源开发具有周期性，使得资源型城市低碳转型不同于一般城市，具有耦合性、长期性、生态性、复杂性等特征，其碳排放现状无疑不容乐观，碳减排与经济增长的双重矛盾更为突出。根据 IPCC（2007）统计数据分析，工业、能源供应业、交通运输业为主要的化石能源耗用量最大的部门，分别占到总量的 19. 4%，25. 9%，7. 9%。其中能源供应业所占能耗比例最大，而且碳排放问题最为严重和突显。本书通过 VAR 计量技术，以晋城市为例实证研究了资源型城市经济增长与碳排放的动态密切关系，经过研究得出以下结论：

第一，Johansen 协整检验结果表明 LNRJGDP 与 LNCARBON 之间存在着正向的协整关系，说明经济增长本身在一定程度上促进碳排放量的上升。但是 LNRJGDP 与 LNCARBON 间存在单向格兰杰因果关系，人均 GDP 是导致碳排放量变化的格兰杰原因，但碳排放量并不是人均 GDP 变化的格兰杰原因。原因主要在于资源型城市以重工业为主，第三产业所占比例较低，与一般城市相比，资源型城市的经济增长与其高碳经济的依赖关系更为密切，向低碳经济转型在一定程度上会高度影响城市的经济增长。

第二，通过用脉冲响应函数分析晋城市经济增长与碳排放之间的交互响应情况，形象地说明了两者之间的动态关系：经济增长对碳排放的作用在短期内呈缓慢上升的趋势，在长期不会发生变化，碳排放对经济增长的影响呈缓慢下降的趋势，在长期不会发生变化。

第三，人均 GDP 与碳排放量的预测方差分解结果说明，人均 GDP 对解释碳排放量指标的预测方差分解的贡献度较高，而碳排放量指标对人均 GDP 的预测方差的解释贡献度较小，说明资源型城市受工业化进程的影响较大，但要做到碳减排，短期内对经济增长有一定的波动影响，但从长期看对经济增长的影响不大，因此科学地确定资源型城市碳减排目标，协调好经济增长与碳排放的关系，有助于实现经济与环境的和谐共赢。

二、人口增长对资源型城市低碳转型的作用机理

一定程度上，人口增长对资源型城市的低碳转型有影响。近年来，随着全球气候变化问题日益凸显，人口和碳排放关系受到了越来越多的关注，一些学者对人口增长与碳排放的关系进行了研究，大量证据表明，人口的增加、经济的增长及城市化改变着人类生存的环境。早期的研究主要关注人口数量对碳排放的影响，都指出了人口增长与碳排放之间的正向效应。代表性的有 IPAT 理论、卡雅理论、整合评估理论和 STIRPAT 模型等。一些外国学者采用了随机 IPAT 模型，基于 95 个国家 1975～2003 年的统计数据，分析发现人口增长与排放之间存在正相关关系。随着对人口和碳排放关系认识的深入，近期的文献开始关注人口年龄结构、家庭规模、城市化等人口要素对碳排放的影响。彭希哲、朱勤等（2010）基于扩展的 STIRPAT 模型用岭回归方法计量分析人口、

消费和技术因素对碳排放的影响，通过对 1980 ~ 2007 年我国碳排放情况的统计进行实证分析，结果表明，居民消费水平、人口城市化率和人口规模三个因素对我国碳排放总量的变化有显著影响；现阶段，我国居民消费水平和人口结构变化对碳排放的影响已经超过人口规模变化对其的影响。

居民消费水平和模式等人文因素的变化可能会成为我国碳排放新的增长点。王小亭、高吉喜（2009）在对 IPAT 等式的发展进行分析的基础上，运用 STIRPAT 模型分析了 1999 ~ 2005 年张家港人口、富裕程度及其他因素对碳排放的影响程度，结果表明，在张家港的城市化进程和经济发展过程中，人口因素是对其碳排放最重要的影响因素，而且人口数量对环境的影响表现出显著的正相关，而经济发展水平的提高对环境的影响在不同的产业表现为不同程度的影响，总体而言，第一产业总值的增加对碳排放有比较大的影响，而城市化率对环境的影响表现得不明显。这些研究极大地拓展并深化了我们对人口和碳排放关系的认识。

总之，人口增长率提高，就会引起生产和消费行为的增加，进而导致碳排放量增加，最终加大资源型城市的碳减排压力，这在一定程度上减缓了低碳转型的进程，其机理如图 3 – 13 所示。Birdsall 认为，人口增长对温室气体排放的影响是通过两种方式实现的，一种方式是人口数量的增加导致对能源需求的增加，因此大量的能源消费导致温室气体排放也就越来越多；另一种方式是快速的人口增长破坏了森林、改变了土地等的利用方式，这些都是导致温室气体排放增加的因素。Knapp 等利用 Granger 因果检验的方法对全球碳排放量和人口之间的因果关系进行了研究，结果发现，两者之间虽然不存在长期协整关系，但是人口是碳排放量增长的格兰杰原因。

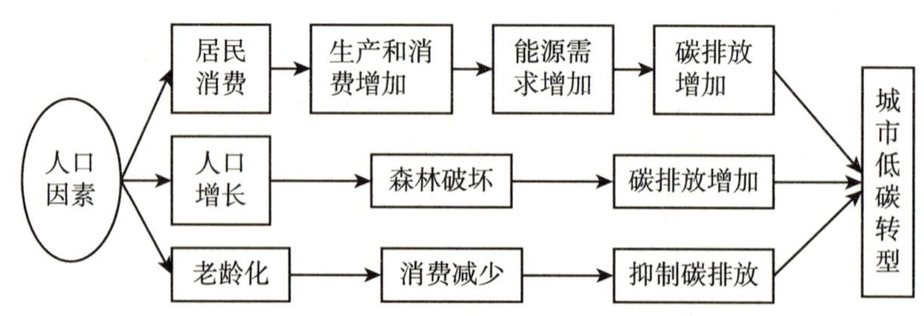

图 3 – 13　人口因素对资源型城市低碳转型的影响机制

人口的年龄结构对碳排放也有一定影响。Michael 等采用能源—经济增长模型对美国人口年龄结构对能源消费及碳排放的影响进行了研究。结果发现，在人口压力不大的前提下，人口老龄化对长期碳排放有一定程度的抑制作用，这种作用在某种条件下甚至可能会高于技术进步因素的影响。

居民消费对能源消费及碳排放可以产生直接影响和间接影响。学者大多采用投入产出模型，分析人们行为方式对碳排放的影响，例如，Schipper 等研究发现，消费者的行为（如私人汽车、家庭、服务等）对全部能源消费的影响占到45% ~55%；Lenzen 和 Weber 等分别建立了评估模型，定量分析了澳大利亚、德国、法国和荷兰等国的消费者行为与生活方式因素对能源消费和温室气体排放量的影响；Kim 研究了 1985 ~1995 年韩国居民消费模式的变化对二氧化碳与二氧化硫排放的影响，结果显示，居民生活的直接能源消费以及对强排放消费品的需求，是影响温室气体排放的最主要因素。潘家华等则从人文发展的角度出发，对居民生活的基本需要进行了量化界定，并在此基础上对满足我国人民生活水平基本需要的能源和碳排放进行了案例研究。魏一鸣等对1999 ~2002 年我国城镇和农村居民消费行为变化对终端能源消费和碳排放的影响，结果发现，居民的消费行为每年直接造成30%的碳排放，间接能源消费量大约是直接能源消费量的2. 44 倍。

另外，影响碳排放变化的还有城市化率。城市化和碳排放的关系是一个具有争议的问题。有的研究认为城市化导致了碳排放的增加（彭希哲、朱勤，2010），有的研究则得出不同结论（Jones，1989，2004；Parikh and Shukla，1995）。这种争议的根源在于城市化对碳排放可能存在两种不同的效应。一方面，城市化通过高度集中的人口和经济活动形成能源消费规模效应（Gottdiener and Budd，2005），降低人口出生率（Martine，2009），促进环保技术创新（Brown and Southworth，2008），增加土地使用强度（蒋耒文和考斯顿，2001）等，抑制或者减少碳排放；另一方面，城市化通过工业化带来的生产和生活性能源消费的增加，以及土地利用方式的改变等导致碳排放增加。考虑以上两种效应，在城市化初始时期，城市化通过能源消费的规模效应有助于提高能源利用效率；随着城市化水平提高，城市化通过工业化和生活方式改变导致碳排放的增加；当经济发展达到较高水平时，城市发展模式改变和技术进步使得其有助于减少碳排放。关于城市化率变化对碳排放速度的影响，有些学者发现存在城市化对产业结构变化的影响，但影响的不确定性因子很多，目前还没有明显的规律。鉴于对城市化与碳排放之间的关系争议较大，本书不对城市化率对资源型城市低碳转型的影响进行考察。

第四节

影响因素对资源型城市低碳转型的综合作用

前面分析了各因素对资源型城市低碳转型的影响，下面利用自组织理论探讨影响因素对资源型城市的低碳转型综合作用机制。

一、自组织理论的基本思想

自组织原本是生物学概念。20 世纪 50 年代，控制论学者把它引入系统科学，试图仿造生物机体的自组织机理研制具有某些自组织功能（如自寻最优点、自镇定、自修复、自复制等）的控制器。著名的有维纳在《控制论》第二版（1961）中增加的第 9 章《关于学习和自生殖机》和艾什比的《自组织原理》（1962）。但这都属于技术层次的自组织理论，相对比较肤浅，但是为把自组织理论引入系统科学奠定了基础。

20 世纪 60 年代末期，自组织理论和系统科学结合起来，成为一种科学的复杂性理论。1969 年，普里高津在研究耗散结构理论时首次提出了“自组织”的概念。德国理论物理学家 H. Haken 认为，如果一个系统不存在外部指令，系统只是按照某种相互默契的规则，各尽其责协调地自动形成有序结构，那么该结构就是自组织，其研究对象主要是复杂自组织系统（生命系统、社会系统）的形成及发展机制等问题，换言之，在一定条件下，系统是如何实现由无序发展到有序，又由低级有序发展到高级有序的。

自组织理论由耗散结构理论、协同学、突变论（Catastrophe Theory）和超循环理论组成，其中耗散结构理论和协同学体现了其基本思想和理论内核。根据自组织理论的耗散结构原理，形成完善的自组织机制，要满足开放性、远离平衡、非线性作用及涨落这 4 个必要条件。开放性是系统自组织的首要条件。系统只有充分开放，才能与环境进行物质、能量和信息的充分交换，产业生态系统开放表现在对内开放和对外开放。非平衡是有序之源，是系统自组织演化的稳定态条件。自组织系统的平衡指的是系统与环境之间没有任何能量、物质和信息的交换，各组成元素处于稳定、固定和均衡的状态，但此时的系统是死寂的。而非线性是指组分之间相互作用的一种数量特征及其不可叠加性。非平衡性和非线性的存在，使得系统的涨落是普遍存在的。涨落就是子系统对系统整体稳态的偏离，如资源的减少和环境污染引起的产业结构变化。微涨落不能打破原有系统存在的秩序，但是当条件具备时，微涨落在系统失稳的临界点上就会被放大，进而转化成为巨涨落，此时系统的原有结构模式无法维持，就诞生出新的有序结构。

二、资源型城市系统的自组织特性

（一）资源型城市系统具有开放性

资源型城市系统是一个开放系统。资源型城市系统始终处在不断与环境发生作用的动态开放状态下，而不是孤立存在的。资源型城市系统所处的环境主要包括自然环境、技术环境、文化环境、经济环境等，是一切与系统有关联的其他因素的集合。为了促使资源型城市系统有序的演进，城市系统就必须不断地与外部环境进行物质、能量和信息的交换，从外部环境中输进各种生产资料、资金、政策、人才、技术等，并向外部环境输出各种产品和服务等。另外，资源型城市系统还与其他系统进行各种自然物质和能量的交换活动，如进行大气、水、风等的交换，并排出大量的生产和生活污染物，没有这些交换活动，资源型城市就无法实现可持续发展。因此，资源型城市系统是一个具有输进输出的内部有多重正负反馈的复杂开放系统，这是其形成耗散结构的必要基础。

（二）资源型城市系统远离平衡态

资源型城市系统是一个非平衡系统。非平衡态一般是指一个系统与外部环境交换大量的物质、信息及能量的交换，通过有机涨落而逐步形成的一种有序结构。为了促使资源型城市系统达到有序的状态，势必需要系统活动破坏原有的平衡态，从而使得系统远离平衡态。资源型城市系统随着时间发展不断向更高层次演化，在演化过程中，为了实现生态化和低碳化的更高层次的目标，资源型城市系统往往随着规制政策、产业结构调整、技术进步等因素的变化而不断地打破原有平衡态，从而表现出远离平衡态的特征。

（三）资源型城市系统具有非线性

资源型城市系统体现非线性的特点，非线性关系是指系统的各种组成要素之间存在的相互作用的一种数量特征及其不可叠加性，具有时空的非均匀性、非独立性、非对称性三方面特点。这是因为资源型城市系统演化过程中受到涨落的随机性和外部因素的影响，而且其子系统的组成要素也存在多层次、多目标的相互作用，导致资源型城市系统与环境的关系呈现非线性关系，并通过组织与自组织不断按照系统的高层次目标产生非线性相干效应和协同效应，从而导致微涨落和微凸出逐步演化为巨涨落。在资源型城市系统不断向更高层次的低碳城市系统演化过程中，非线性效应可以有效地促进城市系统形成有序结构。

因为资源型城市系统具有非线性变化的特征，因此可以借助非线性系统动力学方程组对资源型城市系统进行描述，如式（3-2）所示①。

$$\begin{cases}\frac{dA_1}{dt}=f_1(K,T,A_1,A_2,\cdots,A_n,B_1,B_2,\cdots,B_m)\\ \frac{dA_2}{dt}=f_2(K,T,A_1,A_2,\cdots,A_n,B_1,B_2,\cdots,B_m)\\ \cdots\cdots\cdots\cdots\\ \frac{dA_n}{dt}=f_n(K,T,A_1,A_2,\cdots,A_n,B_1,B_2,\cdots,B_m)\end{cases} \tag{3-2}$$

其中，A_1，A_2，…，A_n 表示资源型城市系统的状态变量，B_1，B_2，…，B_m 表示控制变量，K 表示空间变量，T 表示时间变量。

资源型城市系统状态变量随着时空变化而产生各种复杂的变化，有可能导致分支和混沌现象。其非线性特征会不断发挥作用，促使系统达到有序状态。

（四）资源型城市系统存在随机涨落

资源型城市系统是一个开放的社会经济系统，在远离平衡态的非线性区域可以形成有序的耗散结构，但是耗散结构能否发生，什么时间发生，进入何种途径，则取决于随机涨落。随机涨落能够促进资源型城市系统低碳结构的形成与变化，是重要的系统演化的诱发条件。

---

① 参考：徐君．基于熵理论的资源型城市转型与产业接替机理研究［D］．西南交通大学博士论文，2007.

资源型城市系统由人口、经济、社会、环境和资源五个子系统组成，每个子系统又受到诸多因素的影响，由于资源型城市的子系统以及子系统组成要素的发展是不均匀的，它们之间存在相互影响、相互制约、相互干扰的非线性关系，因此资源型城市系统内部始终存在着各种随机涨落现象。

三、各种因素对资源型城市系统低碳转型的综合影响

在各种影响低碳转型的因素综合作用下，资源型城市系统也逐渐向低碳化演变，可以简单地借助熵理论来解释各种因素对资源型城市系统低碳转型的综合影响。根据耗散结构理论，状态函数熵可以度量系统宏观分布概率与混乱的程度，其总熵 ds 包括熵产生项 dis 和熵流项 des，即：ds = dis + des。其中熵产生项 dis 是系统内部不可逆性所引起，熵流项 des 是由系统与外部环境之间的物质能量交换引起。资源型城市随着时间的变化表现迥然的演化现象：一种情况是当 ds >0 时，资源型城市系统将会单向不可逆地趋向最大熵值的热力学平衡态，系统逐步进入无序状态，系统功能受到破坏；另一种情况是当 ds <0 时，资源型城市系统将会逐步远离热力学平衡态，系统总熵逐步降低，资源型城市系统由高熵无序状态逐步趋向低熵有序状态。

资源型城市系统在低碳化转型进程中，逐步由无序向有序演进，演进主要有两种途径：一种途径是通过提高矿产资源的采收率和其他资源（能量、物质、信息、人才等）的利用率，减少经济发展过程中的“三废”排放量，尽量减少系统内的熵增加 dis，从而提高城市低碳生态经济系统的可持续性，这种方式只能治标，为城市的产业优化和结构调整争取时间；另一种途径是通过负熵流的不断输入，努力争取形成产业耗散结构，使 des <0，且 | des | >dis，系统的总熵 ds 就会不断减少，从而提高了系统整体的有序性和自组织性，这种方法可以治本，能够帮助建立新的有序结构。

在低碳环境下，低碳阈值给资源型城市带来了碳减排的巨大压力，对于产业系统也造成了较大影响，初期阶段，由于经济增长和人口增长的强力影响，资源型城市系统将处于无序状态，转型效率较低，但随着低碳规制、技术创新、结构优化、能源效率对低碳转型的影响加大，资源型城市系统向远离热力学平衡态的方向发展，这时低碳转型效率逐步递增，系统出现涨落，在经济结构不断调整和适应的过程中，资源型城市系统总熵逐步减少，系统由高熵无序

状态走向低熵有序状态，也由传统的高碳城市转向低碳城市，如图 3－14 所示。

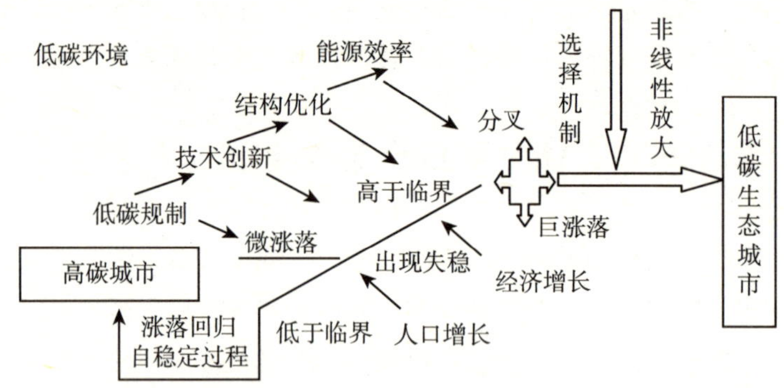

图 3－14　各影响因素对资源型城市低碳转型的综合作用模型

资料来源：黄溶冰．资源型城市产业转型中的熵与自组织［J］．哈尔滨工业大学学报社科版，2006（9）：64－68.

在产业结构调整的过程中，要制定宏观机制从而可以与环境不断进行广义资源（物质、能量、信息等）的交流、生产要素的自由流动和转移。充分利用政府投资、产业政策以及企业内技术、人才的“涨落”，对产业规模和水平重新组合，从而得到新的结构和比例关系。同时，由于存在能量守恒，在结构调整中要特别注重对信息的获取，也就是对知识、技术和人才等信息量的引入。将一种稳定的产业结构转换到另一种新的稳定的产业结构，实现了产业系统的自组织低碳化演进。根据耗散结构理论开放性、远离平衡、非线性和随机涨落的形成机制，在资源型城市的低碳转型中应注重以下几点策略：第一，借助政企合作机制和国家产业政策支持等因素，推动资源型城市远离平衡态；第二，不断投资软环境进行优化，促进城市的全方位开放；第三，凭借技术创新等要素，推动形成非线性高效转换机制；第四，鼓励中小企业的发展，添加“扰动”涨落因素；第五，增加对人力资本的投资，增强系统的自组织驾驭能力。

四、资源型城市低碳转型的动力机制

根据各因素的作用机制分析，技术创新、结构优化、能源效率、低碳规制等因素将有力地促进资源型城市低碳转型进程，因此，考虑上述因素，构建了系统耦合动力机制。

系统耦合是指两个具有相近相通但有所差异的系统，基于两者之间存在的静态相似性和动态互动性，形成耦合关系，应该针对具有耦合关系的系统采取措施进行引导、强化，促进两者正向、良性的相互作用，相互影响，激发两系统的内在潜能，实现两系统的优势互补和协同共生。

根据系统耦合理论，把政治环境、社会文化环境、技术环境、经济环境统称为 PEST 环境，PEST 环境构成了资源型城市低碳转型的外部系统，把产业环境看作资源型城市构建资源型城市低碳转型的内部系统。在转型进程中，内外两个系统之间存在密切的关系，外部系统的政策和观念会影响内部系统的行为变化，但是两个系统间又存在差异，PEST 环境中的政府往往是低碳转型的影响者、协调者，而产业环境内的企业往往是低碳转型的实施者主体，资源型城市低碳转型是一个复杂的巨系统，需要内外两个系统的协调互动和相互作用来推动巨系统的低碳化发展。

PEST 环境系统与产业系统的耦合度作为反映耦合系统的重要指标，产业系统与 PEST 环境协调性强，则耦合度高，低碳转型的绩效就高，因此耦合度在宏观上对判别低碳转型内外部系统耦合作用的协调程度具有十分重要的意义。基于此，可以构建内外两系统的耦合度模型。

借鉴物理学中的容量耦合概念及容量耦合系数模型，可以得到 PEST 系统与产业系统的耦合度函数，函数公式见式（3－3）所示：

$$T=\{(G_1\cdot G_2)/[(G_1+G_2)(G_1+G_2)]\}^{1/2} \qquad (3-3)$$

其中，T 表示耦合系统耦合度，G_1 表示 PEST 环境子系统和产业子系统。对于产业－PEST 环境耦合系统而言，耦合系统协调形态随时间推移而发生的动态变化；反映产业结构与外部环境在一定时间、区域内的数量关系及其调整过程，在微观上为评判产业结构优化与 PEST 环境交互耦合发展的趋势以及影响两者协调性的“瓶颈”因素提供依据。根据耦合度大小可以把两系统的关系划分成四种情况：低水平耦合、抗衡、磨合、高水平耦合。一般两者的关系会逐步由低水平向高水平耦合关系演变。但是在低碳环境下，受碳强度阈值的影响，外部环境系统将会对产业系统的健康发展产生较大的破坏性影响，但随着低碳转型的深入，两系统也将由恶性耦合转向良性耦合，进而促进经济与社会环境的协同发展。

阈值是指任何事物的发展不能超过其所依附的另一事物所能承载的能力。对于产业－PEST环境耦合系统而言，资源型城市的环境容量是有限的，在城市发展初期，环境阈限接近趋于静态最高值，系统耦合度水平较低；随着资源型城市的发展，系统的耦合度也在增加；当发展到一定程度时，环境容量就会逼近阈限值，此时PEST环境子系统中就出现了制约产业协调发展的“瓶颈”元素。系统耦合的协调发展要求不断克服资源型城市环境中的“瓶颈”因素，调整产业结构，从而使产业系统协调性向低碳发展层次发展。系统不断协调的发展曲线就表现为一条Logistic曲线。因此，产业结构优化与PEST环境协调发展过程的实质，就是系统各要素相互作用、相互制约，呈“S”型发展，不断消除“瓶颈”因素，由低水平耦合向高水平耦合发展的螺旋式上升的过程（见图3－15）。

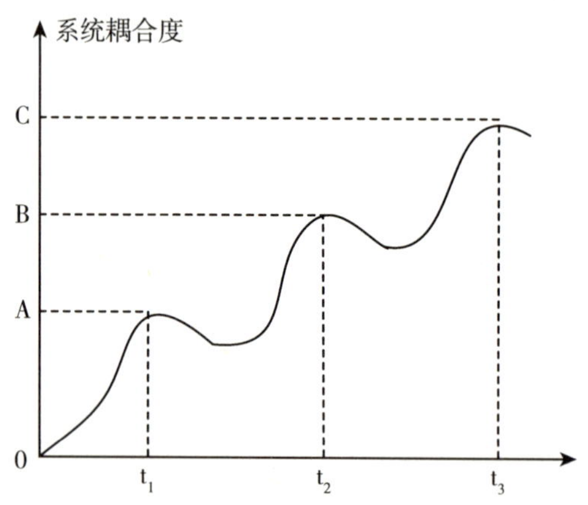

图3－15　资源型城市系统耦合度演变的Logistic曲线

基于以上分析，为了提高低碳阈值下的系统耦合度，需要营造低碳转型的良好环境，构造低碳转型的内外部动力机制。

（一）外部动力机制

在低碳阈值下，外部环境会对产业系统产生影响，构建外部动力机制将有助于推动产业系统的低碳化发展。外部动力因素作为低碳转型的动力条件，是产业结构优化内在动力的原始动因，通过诱导、唤起、驱动或转化低碳转型的内部动力因素，从而实现其对低碳转型的驱动作用。资源型城市低碳转型的外部动力因素主要包括技术创新的推动力、市场竞争的激发力、市场需求的拉引力和政策的支持力等。首先，政府应完善促进低碳经济发展各项法律法规政策，通过碳减排的政策规定引导各产业及企业的低碳转型。其次，应完善碳减排技术创新的激励机制，加大技术投资和环境治理投资力度，实施自主创新战略，建立低碳技术体系，通过创新政策激励和引进国外低碳技术带动企业低碳技术创新，以提升自主创新能力替代资源和能源的投入，减少能源和资源的消耗，逐步实现经济增长方式由要素驱动型增长向创新型增长的方式转变。再次，政府还应制定和完善鼓励低碳发展的市场机制，如制定鼓励低碳技术创新的政策、征收碳税，根据碳减排目标对相应组织进行考核等，通过完善低碳政策体系，促使城市达到节约能耗和减少碳排放的目的。最后，政府应加大宣传低碳观念，引导和影响人们的价值观和生活模式，促使人们形成低碳生活方式，引发对低碳产品的需求，市场需求的改变会转化为一系列的产业需求从而对众多产业的发展形成拉动，从而促使企业加大低碳技术创新，改善产品性能或提供新低碳产品来满足低碳产品需求，最终使资源型城市形成低碳社会。

（二）内部动力机制

低碳转型的绩效还是要取决于产业自身的调整和企业的应对行为。资源型城市低碳转型的内部动力因素是一种对产业转型活动产生内驱力的动力因素。决定和影响资源型城市低碳转型的内部动力因素主要包括：企业低碳技术创新的主体意识、企业家的精神和风格特质、企业员工创新水平和能力、合理资源配置以提高企业竞争力和发展潜力的内在要求等。基于内驱力的原因，企业会主动地提高自身的核心竞争力，从而产生自主的低碳创新行为；基于外部动力因素的影响力，低碳技术创新成为企业生存和发展的必然选择。

如果外部环境有助于产业低碳系统的演变，则企业会努力研发和采用低碳创新技术，开发低碳产品，构建低碳价值链，从而带动产业链上的相关企业协同进化，进而形成新的低碳生态产业链及产业集群。以低碳技术为主要代表的新兴技术产业将逐步取代传统高耗能产业，成为资源型城市未来经济增长的主要推动力，这是城市减缓日趋严重的能源、环境、温室气体排放控制等巨大压力的重要途径，也是实现碳排放强度下降40% ~45%目标的主要手段。尽管低碳阈值对企业的经营活动产生约束性影响，但企业是市场的主体，应具有主观能动性，逐步采用先进技术促进高碳能源低碳化利用，在资源优势降低的情况下，可以进入新兴产业或服务业领域，降低能耗和碳排放，尽早获得低碳市场的先机和竞争优势。总之，资源型城市低碳转型的动力是所有外部动力和内驱动力构成的合力，内部动力因素与外部动力因素具有耦合性、互补性，在转型进程中，将会不断地克服各种瓶颈因素，促进资源型城市产业高碳体系向低碳产业体系的转变。

第五节 小　结

本章首先构建了资源型城市低碳转型影响因素理论模型，指出碳规制、技术创新、能源效率、结构优化是驱动低碳转型的力量，内力是结构优化，外力是碳规制、技术创新、能源效率，在此基础上对各驱动力的作用机理分别进行了剖析。其次，经济发展、人口增长是抑制因素，并分析了两种抑制因素对低碳转型的作用机理。运用 VAR 模型研究了经济发展与碳排放之间的动态关系。最后，指出资源型城市系统具有自组织特性，在产业结构不断调整和适应的过程中，资源型城市产业系统总熵逐步减少，系统由高熵无序状态走向低熵有序状态，也由传统的高碳城市逐步转向低碳城市，进而探讨了资源型城市低碳转型的动力机制。

第四章

资源型城市低碳转型影响因素的实证解析

在第三章资源型城市低碳转型影响因素的理论研究基础上，本章主要运用面板数据模型和 LMDI 分析方法，利用相关数据来验证各因素对资源型城市低碳转型的影响程度，从而挖掘源型城市低碳转型的驱动机制。

第一节 资源型城市低碳转型的演变特征

资源型城市的低碳转型是资源型城市通过低碳经济发展模式，采用各种减碳措施，发展接续型和替代型的低碳产业，逐步摆脱对原矿产资源的依赖，形成低碳产业体系、低碳能源体系、低碳技术体系，促进城市低碳化发展的过程，即资源型城市逐步实现低碳化发展的过程。低碳转型效果主要体现在产业结构的变化与碳排放的变化。资源型城市由于资源禀赋等原因，往往以重工业为主，第二产业所占比重较大，形成了高碳型的产业体系。

一、资源型城市产业结构的变化特征

随着经济发展、资源禀赋、社会环境等条件的变化，资源型城市的产业结构也在不断地调整与演变。2003 年以来，资源型城市进入快速工业化阶段，经济快速发展，也推动了城市化的进程，第二产业的产值比重不断提高，第三产业的发展速度还比较滞缓，第一产业的产值比重有所下降，如图 4－1 所示。

在资源型城市产业结构中，第二产业占据较大比重，2003～2013 年第二

产业结构份额上升了 12.34%，由 2003 年的 50.39% 上升到 2013 年的 56.61%，呈现快速增长的态势。其次是第三产业，其产值比重由 2003 年的 33.25%下降到 2013 年的 31.94%，出现小幅度的下降，下降幅度达 3.94%。第一产业出现了显著的下降，11 年间下降了 30.01%，由 2003 年的 16.36%下降到 2013 年的 11.45%。这说明资源型城市 2003 ~ 2013 年期间的经济快速发展是由于第二产业产值比重的增加，而第二产业的快速发展则有可能导致碳排放的增加，从而使得资源型城市的低碳转型面临巨大的压力。

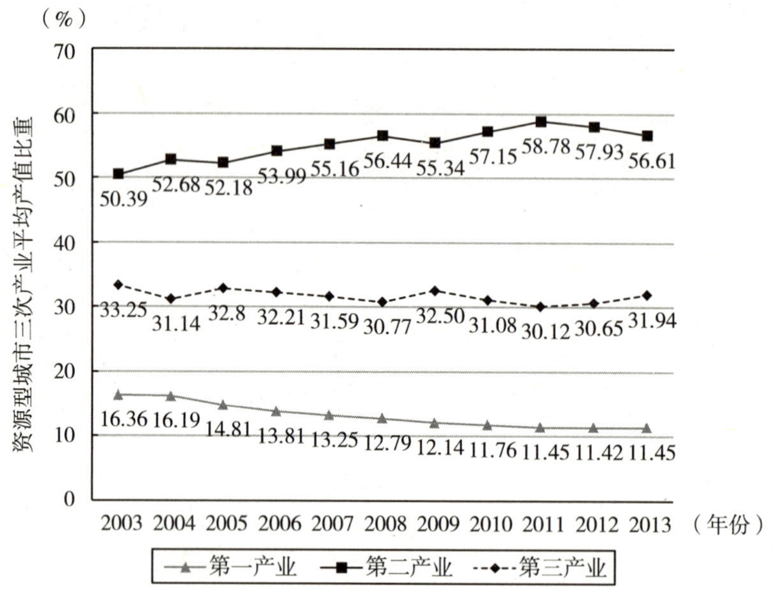

图 4-1　资源型城市产业结构演变轨迹

注：根据 2003 ~ 2013 年《中国城市统计年鉴》整理所得，部分缺失数据根据省市统计年鉴进行修正。

那么资源型城市三次产业变化的程度是一致的吗？变化程度如何？考察资源型城市的产业结构变化程度有助于更好的制定针对性措施。产业结构的变化程度体现了产业演进与优化的效率。产业结构的变化程度通常运用产业结构变化值指标来分析。

产业结构变化值是反映产业结构变化程度的指标，通常用报告期各产业产值比重减去上一期各产业产值比重来表示，其计算公式见式（4-1）：

$$R = M_i^t - M_i^{t-1} \tag{4-1}$$

其中：R 表示产业结构变化值；M_i^t、M_i^{t-1} 分别表示 t 期和 t－1 期第 i 产业产值在国内生产总值中所占的比重。一般而言，R 值的大小表示产业结构变化值的大小，体现了产业结构变化幅度的大小。R 值越大，表示该产业变化幅度越大，产业结构演变的效率越大。为了体现资源型产业低碳化演进的效率，本书采用第二产业和第三产业结构的变化值来进行分析。

按照公式（4－1），根据 2003～2013 年《中国城市统计年鉴》GDP 构成数据，分别对 2004～2013 年 87 个资源型城市的第二产业、第三产业产值比重变化值进行计算，结果见附录所示。

根据计算结果，资源型城市产业结构平均变化值的变化轨迹如图 4－1 所示。从图中可以看出，资源型城市第二产业在十年期间变化值总体呈下降态势，从 2004 年的 2.37% 下降到 2013 年的－1.32%，总变化值达到 6.13%，说明总体上资源型城市产业调整中第二产业变动平均幅度较大，前期快速增长，处于快速工业化的阶段，2011 年后工业化速度减缓。但是，第三产业产值比重变化值呈上升态势，由 2004 年的－2.17% 上升到 2013 年的 1.29%，表明第三产业产值比重有一定程度的上升，尤其 2010 年后呈现持续上升态势，势必会促进资源型城市整体的低碳转型进程。

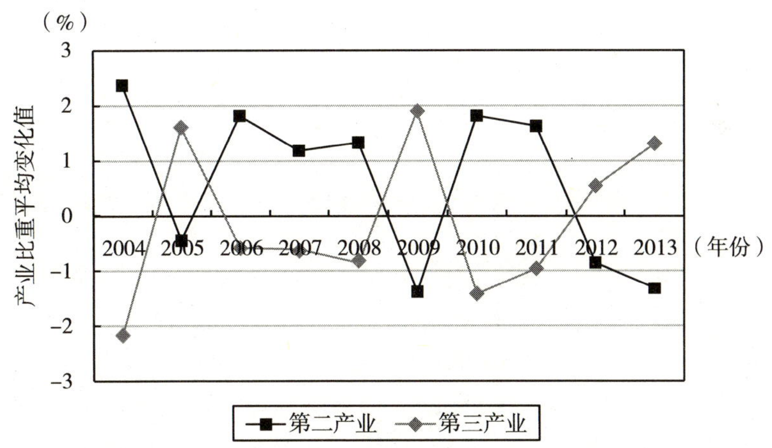

图 4－2　2004～2013 年资源型城市第二产业、第三产业平均变化值的发展轨迹

二、资源型城市碳排放的变化

衡量资源型城市低碳转型效率最主要的指标是碳排放的变化。从 2005 年到2013年我国资源型城市在节能降耗方面取得了显著成效，推动了低碳转型进程。由于各地市能源消费数据在2005年后经国家审定予以公布，因此，本部分仅利用2005～2013年的数据对资源型城市碳排放的变化予以分析。

“十一五”时期以来，尽管随着经济快速增长，资源型城市碳排放总量由2005年的6.29亿吨碳上升到2013年的10.68亿吨碳，整体呈上升态势，但是资源型城市不断采取多种节能减排措施，其年平均单位GDP能耗、人均碳排放量及碳强度等指标虽然远远高于全国平均水平，但都呈现一定幅度的下降，如图4－3所示。

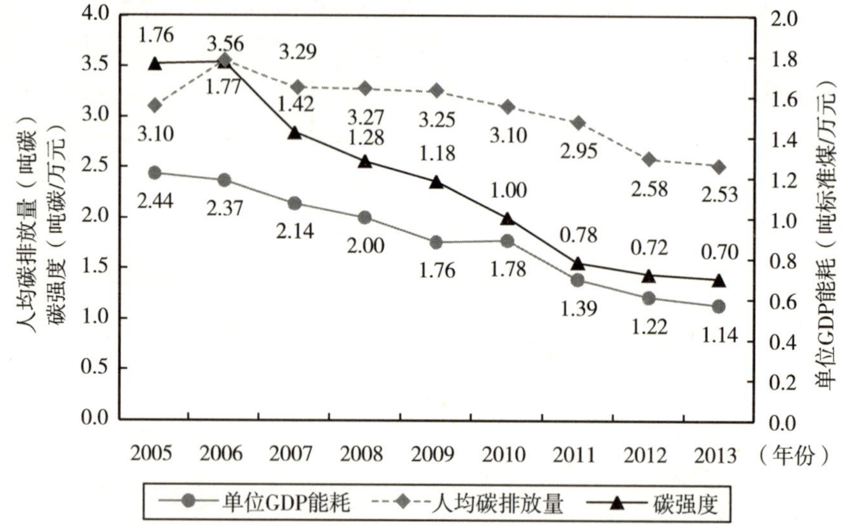

图4－3　资源型城市人均碳排放量、碳强度、单位GDP能耗变化趋势

从图4－3可以看到，资源型城市平均人均碳排放量在2006年达到最高点，人均排放3.56吨碳，但随之呈小幅度持续下降，到2009年下降到人均二氧化碳排放为3.25吨，2013年下降到2.53吨碳。但下降最明显的还是单位GDP能耗水平和碳强度水平。单位GDP能耗由2005年的2.44吨标准煤/万元下降到2013年的1.14吨标准煤/万元，下降率达到53.22%；碳强度由2005年的1.76吨碳/万元下降到2013年的0.70吨碳/万元，降低了58.82%，取得了显著的节能降耗成效。

但是，不同类型的资源型城市碳排放的变化趋势是不同的，如图4－4所示。煤炭城市的碳排放量近五年在持续增长，2008年后增长速度有所下降，其发展轨迹与资源型城市总体碳排放变化轨迹类似，主要原因在于煤炭城市在资源型城市中占据较大比重，因此煤炭城市碳排放量的变化决定了资源型城市碳排放量的变化轨迹。石油城市、黑色冶金城市、有色冶金城市碳排放量有所波动，碳排放整体发展速度较小，由此表明，首先减排压力最大的是煤炭城市，其次是黑色冶金城市，最后是石油城市和有色冶金城市。

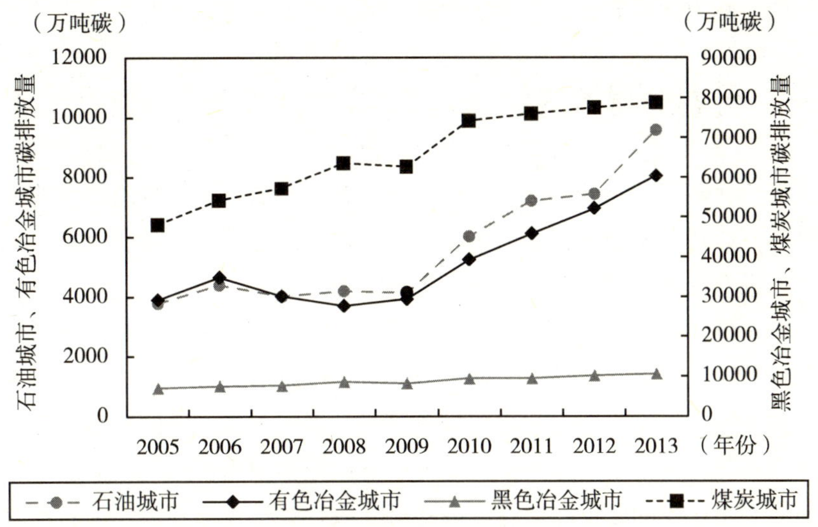

图 4－4　不同类型资源型城市碳排放变化轨迹

通过对资源型城市近年产业结构变化和碳排放变化的分析，我们发现，尽管资源型城市处于快速工业化、城市化阶段，第二产业占据较大比重，而且还呈一定幅度的增长态势，但是单位 GDP 能耗、碳强度和人均碳排放量都呈显著的下降态势，表明促进资源型城市低碳转型不仅仅在于产业结构优化，还需要不断提高能源利用效率，也同时表明各项驱动因素和抑制因素综合作用促进了低碳转型的进程。因此，深层次地分析资源型城市碳排放的影响因素及其效应是制定低碳转型政策的前提和关键。所以接下来，首先运用 LMDI 分析方法对各因素的贡献值进行了研究，然后运用面板数据模型实证检验各因素对不同类型资源型城市低碳转型的影响。

第二节

资源型城市碳排放变化因素的分解方法

资源型城市在经济转型进程中，由于受能源结构、产业结构、技术创新等驱动因素的影响，资源型城市碳排放强度整体呈下降态势，在2005年为1.76吨碳/万元，到2009年下降为1.18吨碳/万元，2013年则为0.70吨碳/万元。那么什么因素会引发碳排放及碳强度多大变化，其影响作用有多少？对二氧化碳排放的影响因素研究也引起了国内外学者的广泛关注。

一、因素分解方法

目前，在对二氧化碳排放变化的影响因素进行的研究中普遍使用的方法主要有描述性统计、回归分析和因素分解法。描述性统计主要是通过对二氧化碳排放数据进行统计分析，通过对各因素和二氧化碳排放的变化趋势进行分析，得出影响二氧化碳排放变化因素的定性结论，此方法比较直观简单且易理解，但其缺点是无法得出定量结论。回归分析方法也是对二氧化碳排放变化进行分析的重要工具，首先构造二氧化碳排放量与其影响因素之间的回归方程，然后进行数据回归分析得出定量结论。此方法可以把多项因素纳入一个统一的框架中，最后得出定量的结论。但是此方法对二氧化碳排放量变化影响的说服力比较弱，通常只能得出各种因素对二氧化碳排放量的影响程度。同前两种方法相比，因素分解法更为直观简洁，直接将二氧化碳排放量的变化进行分解，可以对影响二氧化碳排放量变化的各种因素进行定量分析，其数据操作简单。因此，基于该方法独特的优势，因素分解法成为能源经济领域的重要方法，也是研究二氧化碳排放变化的最主流工具。

因素分解法主要分成两种方法：一种是结构因素分解分析方法（Structrual Decomposition Analysis，SDA），另一种是指数因素分解方法（Index Decomposition Analysis，IDA）。20世纪80年代以来，结构因素分解分析方法开始得到广泛应用，它是把一个目标变量的变化分解成若干个因素的变化，识别各种因素影响程度的大小，从而找出贡献较大的因素，然后根据分析需要逐层进行分解，最终区分各因素对目标变量的影响程度。但是，相比结构因素分解分析方法，指数因素分解方法更为简单易行。因为具有不同假设，指数因素分解方法有不同的表达形式，最为常见的主要包括两类方法：拉氏分解法（Laspeyres Decomposition）和迪氏因素分解法（Divisia Decomposition）。其中拉氏分解法分为：Fisher 理想指数法，Shapley 指数法，Marshall-Edgeworth 法，Laspeyres 完全分解方法。拉氏完全分解方法和迪氏分解法的优点是它们分解后不会出现不可解释的余项，分解公式采用形式非常简单，在国际能源环境问题的研究中得到了广泛应用。最初，拉氏分解是主流的指数分解方法，在20世纪70～80年代得到广泛应用，但90年代以来，迪氏分解方法更多地受到国内外学者的青睐。而最常见的迪氏因素分解法分为：对数平均迪氏指数法（Logarithmic Mean Divisia Index Method，LMDI），算术平均迪氏指数法（Arithmetic Mean Divisia Index Method，AMD）。

近年来，运用指数分解方法对中国二氧化碳排放影响因素的研究成果逐渐增多，吴巧生和成金华运用Laspeyres完全分解方法，对我国的能源消耗强度进行分解，并对其影响因素进行分析。研究发现，自1980年以来，尽管我国的能源使用效率已经有了很大提高，但与发达国家相比，降低能源消耗强度仍然有巨大潜力。目前，我国能源消耗强度的下降主要是各产业能源使用效率提高的结果，结构份额比效率份额对能源消耗强度的影响少很多，除少数年份外，产业结构调整对降低能源消耗强度的作用是负面的。Zhang（2003）利用没有残差的Laspeyres方法对1990～1997年我国工业部门的能源消费变化进行了分析，结果发现这段时期内工业部门所节约能源中有87.8%是由实际能源强度下降引起的，其中能源强度的下降主要在黑色金属、化学、非金属矿物、机械制造部门四个部门中有所体现。

但是，目前在我国二氧化碳排放影响因素的研究方法中占据主导地位的是LMDI分析方法，通过对年度时间序列数据进行分析，探讨各因素对二氧化碳排放的影响。其中较为具有代表性的研究成果有：Fan等采用适应性加权迪氏分解法（Adaptive Weighting Divisia，AWD）分解了1980～2003年碳排放强度（Carbon Intensity）的影响因素，发现尽管我国的碳排放总量在上升，但是碳排放强度在下降；通过对一次能源和终端能源消费中碳排放强度的影响因素进行区分，结果发现，一次能源的碳排放强度对能源强度变化有显著影响，因此制定碳减排政策时不能只关注能源强度这一个因素，能源结构的变化也有很重要的影响。Wang等（2005）利用LMDI方法研究了1957～2000年我国的二氧化碳排放变化，结果表明：能源强度是降低碳排放的最重要因素，而能源结构对减少碳排放也起到一定程度的影响，经济增长导致碳排放的增加，1957～2000年我国二氧化碳排放减少了2466Mt，其中95%是由能源强度下降引起的，分别只有1.6%和3.2%是由化石能源的结构调整和对可再生能源的利用引发的。FisherVanden等（2004）基于我国2582个大中型能源密集型企业的情况，借助 Divisia 方法分析了能源价格、R&D 投入、所有制形式和产业结构变化对 1997 ~ 1999 年能源消费的影响，研究认为，能源消费和强度变化的一半来源于企业能源效率的提高，而相对价格变化以及 R&D 投入则是企业能源强度下降的重要因素。Fan 等（2007）分析了 1980 ~ 2003 年一次能源利用和物质生产部门终端能源利用的碳排放强度变化情况，研究发现能源强度下降是中国碳排放强度下降的主要原因。宋德勇、卢忠宝（2009）基于我国 1990 ~ 2005 年时间序列数据，采用“两阶段”LMDI 方法，先将能源消费产生的二氧化碳排放相关影响因素分解为产出规模、能源结构、排放强度和能源强度四个方面；再引入产出结构效应，对减少碳排放起关键作用的变量——能源强度进行再次分解。在此基础上，以产出规模和能源效率这两个对碳排放的增加和减少起关键作用的变量为依据，界定“高增长、高效率”、“低增长、低效率”、“低增长、高效率”和“高增长、低效率”四种不同的经济增长方式，划分出不同的时期，分析我国碳排放周期性波动的特征。研究表明，自 20 世纪 90 年代以来，我国四个阶段不同经济增长方式的差异是碳排放波动的重要原因，特别是其中 2000 ~ 2004 年“高投入、高排放、低效率”的经济增长方式直接导致了碳排放的显著增加。因此，有效控制和减少碳排放的根本途径在于切实转变增长方式。

Ang（2004）指出 Laspeyres 分解方法是容易理解的，而 Divisia 分解方法更为科学。因此，本书采用 LMDI 方法分析研究资源型城市二氧化碳排放及碳排放强度变化。

二、LMDI 分析方法

本书借鉴 Chunbo Ma 和 David Stern 的 LMDI（对数平均的 Divisia 指数）分解方法，这种方法是一种完全分解法，不存在分解剩余无法解释的问题。

Ang（2004）提出 LMDI 方法具有以下优势：

（1）LMDI 能够给出较为合理的因素分解，结果不包括不能解释的残差项，使模型更有说服力。

（2）利用乘法分解的结果有如下加法特性：

$$\ln(D_{tot}) = \ln(D_{x_1}) + \ln(D_{x_2}) + \cdots + \ln(D_{x_n}) \tag{4-2}$$

（3）加法分解和乘法分解之间存在一个简单的对应关系：对于所有的 k，

有 $\Delta V_{tot}/\ln(D_{tot})=\Delta V_{x_k}/\ln(D_{x_k})$，这样两种方法得到的结果能够相互转化，而不必非要选择其中之一。

（4）在 LMDI 方法中，分部门效应加总与总效应保持一致，即不同的分部门效应总和与各个部门作用于总体水平上获得的总效应相一致，这一点在多层次分析中十分有用，如总体的产业活动能够分为次产业活动，国家能够分为区域等，这就提供了分析资源型城市各因素效应对比的依据，因此更适合于碳强度变动的区域因素分析。LMDI 方法具体实现步骤如下：

设 V 为由能源表达的总量，在一个时间跨度内有 n 个因素对 V 的变化起作用，每一个 n 对应一个变量，即有 n 个变量，x_1，x_2，…，x_n。下标 i 表示总量指标的次级分类，用于进行结构变化的分析。在次级分类的水平上，存在关系：$V_i=x_1$，ix_2，i，…，ix_n。一般地，指数分解定义为：

$$V=\sum_i V_i=\sum_i x_1,ix_2,\cdots,ix_n,i \tag{4-3}$$

0 时期总量的变化为：$V^0=\sum_i X_1^0,iX_2^0,\cdots,iX_n^0,i$，时期 T 为：$V^T=\sum_i X_1^T,iX_2^T,\cdots,iX_n^T,i$。运用乘法分解，把变化率分解为：

$$D_{tot}=V^T/V^0=D_{X_1}D_{X_2}\cdots D_{X_n} \tag{4-4}$$

运用加法分解，将差分可以分解为：

$$\Delta V_{tot}=V^T-V^0=\Delta V_{X_1}+\Delta V_{X_2}+\cdots+\Delta V_{X_n} \tag{4-5}$$

下标 tot 表示总的变化，式（4-4）右边表示每个因素的效应。

在对数平均 D 氏指数（LMDI）中，式（4-3）及式（4-4）右边对应的第 K 个因素的效应表示为：

$$\begin{aligned}D_{X_K}&=\exp\left[\frac{L(V_i^T,V_i^0)}{L(V^T,V^0)}\ln\left(\frac{X_{K,i}^T}{X_{K,i}^0}\right)\right]\\&=\exp\left[\frac{(V_i^T-V_i^0)/(\ln V_i^T-\ln V_i^0)}{(V^T-V^0)/(\ln V^T-\ln V^0)}\times\ln\left(\frac{X_{K,i}^T}{X_{K,i}^0}\right)\right]\end{aligned} \tag{4-6}$$

$$\Delta V_{X_K}=\sum_i L(V_i^T,V_i^0)\ln\left(\frac{X_{K,i}^T}{X_{K,i}^0}\right)=\sum_i\frac{(V_i^T-V_i^0)}{(\ln V^T-\ln V^0)}\ln\left(\frac{X_{K,i}^T}{X_{K,i}^0}\right) \tag{4-7}$$

其中，$L(a,b)=(a-b)/(\ln a-\ln b)$［Ang（2004）定义］。

三、资源型城市碳强度变化的模型构建

（一）基于能源结构视角的资源型城市碳强度变化的分解公式

按照上述LMDI分解方法，如果从能源消费结构角度来考察资源型城市碳强度，那么资源型城市的碳强度模型可以分解为不同能源排放强度、能源消费结构、能源强度，如式（4－8）所示。

$$A_i = C_i/Y_i = \sum_i \sum_j \frac{C_{ij}}{E_{ij}} \frac{E_{ij}}{E_i} \frac{E_i}{Y_i} = \sum_i \sum_j F_{ij} D_i G_i \tag{4-8}$$

为了便于计算，把资源型城市先看作一个整体，数据取地级市资源型城市总值。其中，A_i表示资源型城市的碳强度；C_i表示资源型城市的碳排放量；Y_i表示资源型城市生产总值；C_{ij}表示资源型城市第j种能源的碳排放量；E_{ij}表示资源型城市第j种能源的能源消费总量；E_i表示资源型城市的能源消费总量；Y_i表示资源型城市的国内生产总值；F_{ij}代表能源排放强度；D_i体现资源型城市的能源消费结构，表示资源型城市第j种能源消费比重；G_i体现能源技术利用水平，表示资源型城市的能源强度。

将式（4－8）取时间t的导数，得到资源型城市碳强度的瞬时增长率，然后，求时间t－1期到t期的积分，可以得到资源型城市碳强度的年度变化为：

$$\Delta A_{tot} = A^t - A^0 = = \Delta A_{fij} + \Delta A_{di} + \Delta A_{gi} \tag{4-9}$$

式（4－8）用指数的形式可以表达为下列公式：

$$\frac{\Delta A_{fij}}{\Delta A_{tot}} + \frac{\Delta A_{di}}{\Delta A_{tot}} + \frac{\Delta A_{gi}}{\Delta A_{tot}} = 1 \tag{4-10}$$

其中，ΔA表示资源型城市碳强度的年度变化产值，ΔA_{fij}，ΔA_{di}，ΔA_{gi}表示各种因素对资源型城市碳强度变化的贡献值，ΔA_{fij}是能源排放强度因素，表示不同能源的排放强度变动；ΔA_{di}是能源结构因素，表示能源消费结构的变化，体现的是结构效应；ΔA_{gi}为能源强度因素，表示能源技术利用水平的变化，体现的是强度效应。

按照Ang（1997）提出的LMDI分解方法，各因素对资源型城市碳强度变

化的贡献值分别为：

$$\Delta A_{fij}=\sum_i \ln\frac{F_{ij}^t}{F_{ij}^0}L(A_i^t-A_i^0)=\sum_i \ln\frac{F_{ij}^t}{F_{ij}^0}\frac{A_i^t-A_i^0}{\ln A_i^t-\ln A_i^0}$$

$$\Delta A_{di}=\sum_i \ln\frac{D_i^t}{D_i^0}L(A_i^t-A_i^0)=\sum_i \ln\frac{D_i^t}{D_i^0}\frac{A_i^t-A_i^0}{\ln A_i^t-\ln A_i^0}$$

$$\Delta A_{gi}=\sum_i \ln\frac{G_i^t}{G_i^0}L(A_i^t-A_i^0)=\sum_i \ln\frac{G_i^t}{G_i^0}\frac{A_i^t-A_i^0}{\ln A_i^t-\ln A_i^0} \tag{4-11}$$

假设 N 代表所有因素的总贡献率，N_{fij}，N_{di}，N_{gi}分别表示能源排放强度因素、能源结构因素、能源强度因素、产业结构因素、城市结构因素对资源型城市碳强度的贡献率。那么有：

$$N=\frac{A^t}{A^0}=N_{fij}N_{di}N_{gi} \tag{4-12}$$

对式（4－12）两边取对数，可以得到：

$$\ln N=\ln N_{fij}+\ln N_{di}+\ln N_{gi} \tag{4-13}$$

根据式（4－8）和式（4－13），可以得到各项的比例：

$$\frac{\ln N}{\Delta A}=\frac{\ln N_{fij}}{\Delta A_{fij}}=\frac{\ln N_{di}}{\Delta A_{di}}=\frac{\ln N_{gi}}{\Delta A_{gi}} \tag{4-14}$$

又因为$\frac{\ln N}{\Delta A}=\frac{\ln A^t}{A^t-A^0}$，所以各因素对资源型城市碳强度变化的贡献率分别为：

$$N_{fij}=\exp\left(\frac{\ln A^t}{A^t-A^0}\Delta A_{fij}\right)$$

$$N_{di}=\exp\left(\frac{\ln A^t}{A^t-A^0}\Delta A_{di}\right)$$

$$N_{gi}=\exp\left(\frac{\ln A^t}{A^t-A^0}\Delta A_{gi}\right) \tag{4-15}$$

（二）基于产业结构视角的资源型城市碳强度变化的分解公式

参照前面基于能源结构视角的分解公式，考虑产业结构因素对资源型城市碳强度变化的影响，把资源型城市碳强度变化分解为能源排放强度、产业能源强度和产业结构因素，分解公式如下：

$$A_i = C_i/Y_i = \sum_i \sum_j \frac{C_{ij}}{E_{ij}} \frac{E_{ij}}{Y_{ij}} \frac{Y_{ij}}{Y_i} = \sum_i \sum_j F_{ij} G_{ij} M_j \quad (4-16)$$

其中，A_i表示资源型城市的碳强度；C_i表示资源型城市的碳排放量；Y_i表示资源型城市生产总值；C_{ij}表示资源型城市第j产业的碳排放量；E_{ij}表示资源型城市第j产业的能源消费总量；Y_{ij}表示资源型城市第j产业的国内生产总值；F_{ij}代表能源排放强度；G_{ij}表示资源型城市不同产业的能源强度；M_j则代表资源型城市不同产业所占的产值比重，体现资源型城市的产业结构状况。

各因素对资源型城市碳强度变化的贡献值分别为：

$$\Delta A_{fij} = \sum_i \ln \frac{F_{ij}^t}{F_{ij}^0} L(A_i^t - A_i^0) = \sum_i \ln \frac{F_{ij}^t}{F_{ij}^0} \frac{A_i^t - A_i^0}{\ln A_i^t - \ln A_i^0}$$

$$\Delta A_{gi} = \sum_i \ln \frac{G_i^t}{G_i^0} L(A_i^t - A_i^0) = \sum_i \ln \frac{G_i^t}{G_i^0} \frac{A_i^t - A_i^0}{\ln A_i^t - \ln A_i^0}$$

$$\Delta A_{mi} = \sum_i \ln \frac{M_i^t}{M_i^0} L(A_i^t - A_i^0) = \sum_i \ln \frac{M_i^t}{M_i^0} \frac{A_i^t - A_i^0}{\ln A_i^t - \ln A_i^0} \quad (4-17)$$

四、资源型城市碳排放变化的结构分解公式

资源型城市二氧化碳排放可以分解为能源排放强度、能源消费结构、能源强度、人均国内生产总值、人口。

$$C_i = \sum_i C_{ij} = \sum_i \sum_j \frac{C_{ij}}{E_{ij}} \frac{E_{ij}}{E_i} \frac{E_i}{Y_i} \frac{Y_i}{P_i} P_i = \sum_i \sum_j F_{ij} D_i G_i M_i P_i \quad (4-18)$$

其中，与前面碳强度分解式（4-17）一样，C_i、Y_i、E_i分别表示资源型城市的碳排放量、国内生产总值、能源消费总量；C_{ij}、E_{ij}分别表示资源型城市第j种能源的碳排放量和能源消费总量；E_i、Y_i分别表示资源型城市的能源消费总量与国内生产总值；F_{ij}代表能源排放强度；D_i体现资源型城市的能源消费结构，表示资源型城市第j种能源消费比重；G_i体现能源技术利用水平，表示资源型城市的能源强度。另外，P_i表示资源型城市的人口，M_i表示资源型城市的人均国内生产总值。

同理，按照 Ang（1997）提出的 LMDI 分解方法，可以得到资源型城市碳排放的年度变化及贡献值分别为：

$$\Delta C_{tot} = A^t - A^0 = = \Delta C_{fij} + \Delta C_{di} + \Delta C_{gi} + \Delta C_{mi} + \Delta C_{pi} \tag{4-19}$$

$$\Delta C_{fij} = \sum_i \ln \frac{F_{ij}^t}{F_{ij}^{t-1}} L(A_i^t - A_i^0) = \sum_i \ln \frac{F_{ij}^t}{F_{ij}^{t-1}} \frac{A_i^t - A_i^0}{\ln A_i^t - \ln A_i^0}$$

$$\Delta C_{di} = \sum_i \ln \frac{D_i^t}{D_i^{t-1}} L(A_i^t - A_i^0) = \sum_i \ln \frac{D_i^t}{D_i^{t-1}} \frac{A_i^t - A_i^0}{\ln A_i^t - \ln A_i^0}$$

$$\Delta C_{gi} = \sum_i \ln \frac{G_i^t}{G_i^{t-1}} L(A_i^t - A_i^0) = \sum_i \ln \frac{G_i^t}{G_i^{t-1}} \frac{A_i^t - A_i^0}{\ln A_i^t - \ln A_i^0}$$

$$\Delta C_{mi} = \sum_i \ln \frac{M_i^t}{M_i^{t-1}} L(A_i^t - A_i^0) = \sum_i \ln \frac{M_i^t}{M_i^{t-1}} \frac{A_i^t - A_i^0}{\ln A_i^t - \ln A_i^0}$$

$$\Delta C_{pi} = \sum_i \ln \frac{P_i^t}{P_i^{t-1}} L(A_i^t - A_i^0) = \sum_i \ln \frac{P_i^t}{P_i^{t-1}} \frac{A_i^t - A_i^0}{\ln A_i^t - \ln A_i^0} \tag{4-20}$$

其中，ΔC_{tot}表示资源型城市碳排放量的年度变化产值，ΔC_{fij}，ΔC_{di}，ΔC_{gi}表示各种因素对资源型城市碳排放量变化的贡献值，ΔC_{fij}是能源排放强度因素，表示不同能源的排放强度变动；ΔC_{di}是能源结构因素，表示能源消费结构的变化，体现的是结构效应；ΔC_{gi}为能源强度因素，表示能源技术利用水平的变化，体现的是强度效应；ΔC_{pi}为人口因素，表示人口变化，体现的是人口效应。

五、数据来源

为便于分析资源型城市的碳排放变化，把所有资源型城市视为一个整体，进行统计分析。考虑到县级城市和地市级城市的数据有重复，县级城市的碳强度等数据也无法取得，所以本书资源型城市数据取自 87 个地级资源型城市数据。因为城市的能源消费数据自 2005 年开始正式审定公布，相比较而言，2005 年后的数据虽然短，但具有可比性，且数据较为权威，所以本书采用 2005～2009 年 87 个地级资源型城市的消费结构、产业结构、能源强度数据，进行碳强度因素分解。

假设不同种类能源的碳排放强度是基本不变的，也就是说 $\Delta A_{fij}=0$。因此对碳强度变化的分解主要分析能源结构、能源强度两因素对碳强度的影响。影响碳排放量变化的主要考察因素是能源强度、能源结构、人均碳排放、人口等四个因素。为了考察能源消费结构变化的影响，参照中国统计年鉴关于能源消费总量的构成，把终端消费能源分为煤炭、石油、天然气、电力（包括水、核电和风电）四大类，其中，煤炭主要包括原煤、洗精煤和其他洗煤；石油包括原油、汽油、煤油、柴油、燃料油、液化石油气、炼厂干气以及其他石油制品；电力主要指水电、核电和风电等。对于产业结构的变化，由于所有资源型城市具体产业的数据难以获得，只把产业层次划分为第一产业、第二产业和第三产业，标准参照2003年国家统计局公布的《三次产业划分规定》，其中，第一产业是指农、林、牧、渔业；第二产业是指采资源型产业，制造业，电力、燃气及水的生产和供应业，建筑业；第三产业是指除第一、第二产业以外的其他行业，包括：交通运输、仓储和邮政业，信息传输、计算机服务和软件业，批发和零售业，住宿和餐饮业，金融业，房地产业，租赁和商务服务业，科学研究、技术服务和地质勘查业，水利、环境和公共设施管理业，居民服务和其他服务业，教育，卫生、社会保障和社会福利业，文化、体育和娱乐业，公共管理和社会组织，国际组织。本书采用的具体数据来源于历年中国统计年鉴、中国能源统计年鉴、各省统计年鉴、各资源型城市统计年鉴。

另外，碳强度 A_i 的数据是采用碳排放量除以国内生产总值计算所得，碳排放量计算采用第二章中的公式计算，在此不再赘述。2005～2009 年的国内生产总值数据以 2005 年不变价格来表示。消费结构数据来自各地市统计年鉴，能源强度数据根据各省市关于单位国内生产总值能耗的统计公报所得。产业结构采用三次产业产值比重，即三次产业生产总值与城市国内生产总值之比。个别缺失数据采用插值法加入。

第三节

资源型城市碳排放变化的因素分解分析

一、资源型城市碳强度变化的结构分解分析

本书采用 LMDI 方法，按照式（4－11），首先考虑能源消费结构因素，对资源型城市碳强度的变化进行了分解分析，分解结果如图 4－5、图 4－6、图 4－7所示。图 4－5 体现了两因素对资源型城市碳强度的贡献值变化趋势。从

图 4－5 中可以看到资源型城市碳强度总体在不断下降，特别是 2006 年以来，碳强度快速下降，2007 年年变动率接近 20%，而 2008 年和 2009 年的年变动率都超过了 25%。正是能源消费结构变动、能源强度变动等因素共同影响了碳强度的变化。

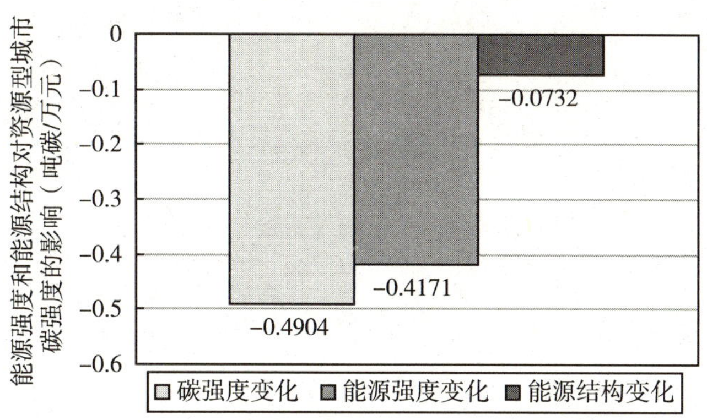

图 4－5　能源强度和能源结构因素对资源型城市碳强度的总体影响（2005～2009 年）

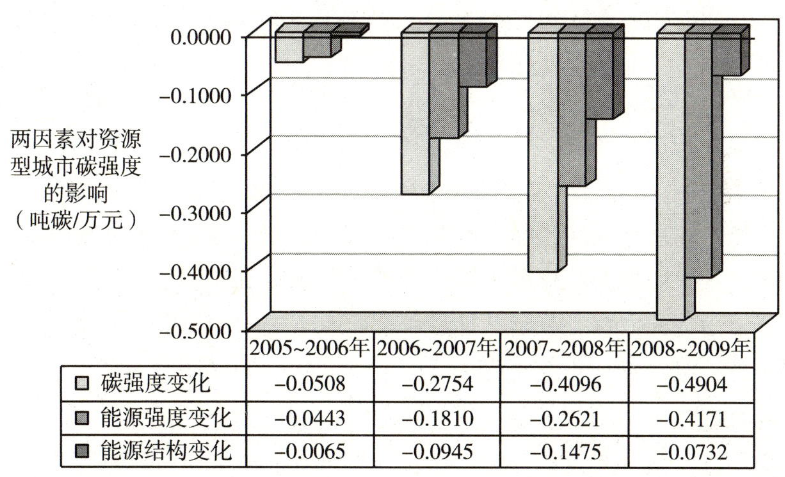

	2005~2006年	2006~2007年	2007~2008年	2008~2009年
碳强度变化	-0.0508	-0.2754	-0.4096	-0.4904
能源强度变化	-0.0443	-0.1810	-0.2621	-0.4171
能源结构变化	-0.0065	-0.0945	-0.1475	-0.0732

图 4－6　2005～2009 年各年度能源强度和能源结构因素对资源型城市碳强度的影响

2005～2009 年，资源型城市碳强度总体下降了 0.4904 吨碳/万元，其中资源型城市能源强度由 2005 年的 2.439 吨标准煤/万元下降到 2009 年的 1.763 吨标准煤/万元，总体下降了 27.72%，能源强度因素使得资源型城市碳强度下降了 0.4171 吨碳/万元。能源消费结构因素则促使资源型城市碳强度下降了

0.0732 吨碳/万元。资源型城市能源消费结构变化主要体现为煤炭和水电、核电能源消费比重的变动，煤炭消费比重由 2005 年的 77.88% 下降为 2009 年的 76.69%，水电、核电等低碳能源比重由 0.38% 提高到 1.58%，因此，能源消费结构变化在一定程度上也驱动了资源型城市碳强度的下降，但是其贡献率较低，尤其是 2008 ~ 2009 年，能源消费结构的贡献值又出现一定程度的下降。

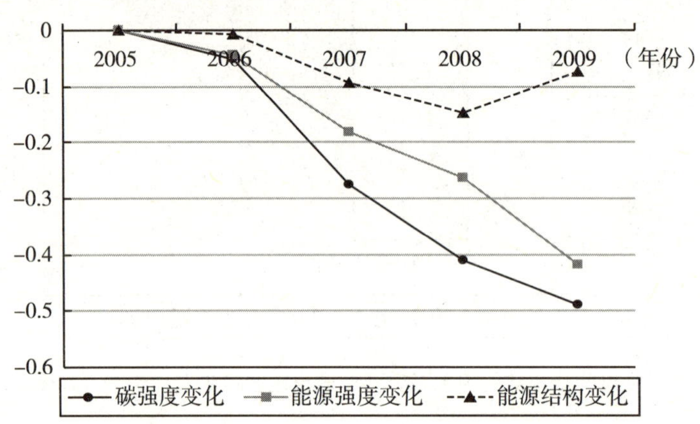

图 4 - 7　2005 ~ 2009 年能源强度和能源结构因素对资源型城市碳强度的贡献值趋势图

为了进一步了解各因素对资源型城市的碳强度变化情况，我们分析得出了各因素对资源型城市碳强度变化的贡献率趋势图，如图 4 - 7 所示。能源强度和能源消费结构因素对资源型城市碳强度的贡献率整体呈指数下降，但是能源强度的贡献率远高于能源消费结构因素，说明 2005 ~ 2009 年资源型城市碳强度的下降主要是由能源强度的下降引起的，我国近五年各地区采取节能减排政策取得了显著成效，促使各地区能源强度都有大幅度的下降，也进而推动了碳强度的下降。资源型城市能源强度下降和能源结构调整的空间还很大，所以其碳排放强度在未来很有可能继续下降。但随着城市经济的快速发展，需要深化节能减排措施，进一步发挥能源结构和能源强度的改变对资源型城市碳强度的影响作用，充分地挖掘资源型城市碳强度的下降潜力。

分解结果总体表明，资源型城市碳强度的降低正是因为资源型城市能源利用水平的不断提高和能源消费结构向低碳能源方向发展所驱动的，其中降低能源强度是促进资源型城市低碳转型和降低碳强度的关键，而调整以煤炭为主的传统能源消费结构也是必需的。

假如考虑产业结构因素的影响，各因素对资源型城市碳强度的变化具有多大贡献？由于资源型城市不同产业的能源强度数据难以获取，因此本书选择山西省 10 个资源型城市的整体数据进行计算各产业的能源强度（山西省共有 11 个地级市，只有运城市不是资源型城市，根据山西省总体数据去掉运城市数据处理获得 10 个资源型城市各产业的能源强度）。按照式（4－17）进行分解分析，结果如图 4－8 所示。碳强度的下降主要来源于能源强度因素的变化，由于节能减排措施的实施，能源强度下降促使资源型城市碳强度下降了 1.1236 吨碳/万元，但是由于资源型城市正处于快速工业化阶段，因此产业结构的变化促使资源型城市碳强度增加了 0.6332 吨碳/万元。由于能源强度对碳强度降低产生的影响超过了产业结构变化对碳强度增加所产生的影响，因此 5 年间资源型城市碳强度呈下降态势，强有力地推动了低碳转型进程。

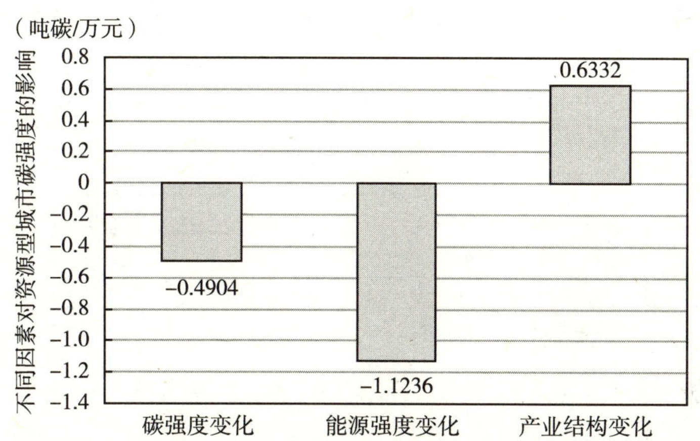

图 4－8　产业结构、能源强度变化对资源型城市碳强度的影响

二、资源型城市碳排放量变化的因素分解分析

随着经济快速增长，资源型城市碳排放总量由 2005 年的 59863.444 吨碳上升到 76542.63 吨碳，整体呈上升态势，如图 4－9 所示。资源型城市碳强度的主要影响因素是能源强度和能源消费结构，影响其碳排放总量变化的各项因素影响有多大？借助 LMDI 分析，本节对资源型城市碳排放量的影响因素进行分解分析。

2005～2009 年我国资源型城市二氧化碳排放总量增加了 5.0781 亿吨碳，如图 4－9 所示。期间资源型城市的能源强度由 2005 年的 2.439 吨碳/万元降低到2009年的1.763吨碳/万元，促进二氧化碳排放降低了4.5552亿吨碳。资源型城市能源结构变化促使其二氧化碳排放降低了1.5997亿吨碳。能源强度和能源结构因素抑制了碳排放量的增长，能源强度是对二氧化碳排放减缓影响最大的因素。但是总体来看，碳排放量是呈持续上升态势，原因在于人均国内生产总值、人口因素的强力驱动。其中，资源型城市人均国内生产总值对二氧化碳排放增加的影响最大，它由2005年的1.37万元/人提升到2.46万元/人，使得资源型城市二氧化碳排放增加了10.5182亿吨碳。人口的变化也促进了资源型城市二氧化碳排放量的增加，但远远小于人均国内生产总值的影响，能源消费结构对二氧化碳排放的影响可以抵消人口增长对二氧化碳排放的影响。尽管近五年由于各资源型城市为建设资源节约型、环境友好型社会付出了巨大努力，但能源强度对二氧化碳排放的作用还是无法抵消人均GDP增长对二氧化碳排放的影响，这主要原因是我国处于快速工业化阶段，资源型城市也大多处于城市化、工业化的中期加速阶段，从而促使碳排放量居高不下。

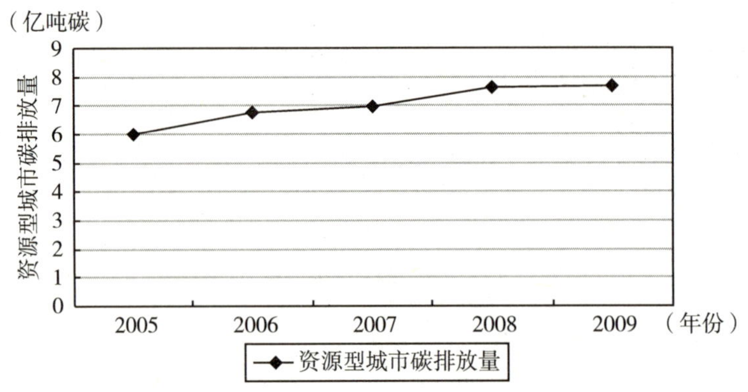

图4－9　2005～2009年资源型城市碳排放量变化趋势图

总体上，2005～2009年能源结构和能源强度对资源型城市二氧化碳排放有减缓作用，人口和人均国内生产总值则对资源型城市二氧化碳排放增加有推动作用，但各因素对资源型城市二氧化碳排放的贡献值有无变化？图4－10反映了2005～2009年各项因素对资源型城市二氧化碳排放的影响变化轨迹。从图4－10中可以看出，能源强度因素的持续降低使得碳排放量呈缓慢增长，起到较强的抑制效果。尽管2008～2009年能源消费结构因素对资源型城市二氧化碳排放的变化有所反弹，但总体对资源型城市碳排放变化的抑制作用在不断增加，但因为资源型城市一般煤炭资源储量丰富，消费结构还是以煤炭为主，新能源所占比重还比较小，所以能源结构效应对二氧化碳排放的抑制作用是较为有限的。之所以碳排放量呈上升态势，原因还是在于经济发展因素的驱动，人均国内生产总值的贡献值变化趋势是持续上升的（见图4－11），由于我国诸多资源型城市经济快速增长，对二氧化碳排放起到了较大的拉动效果。

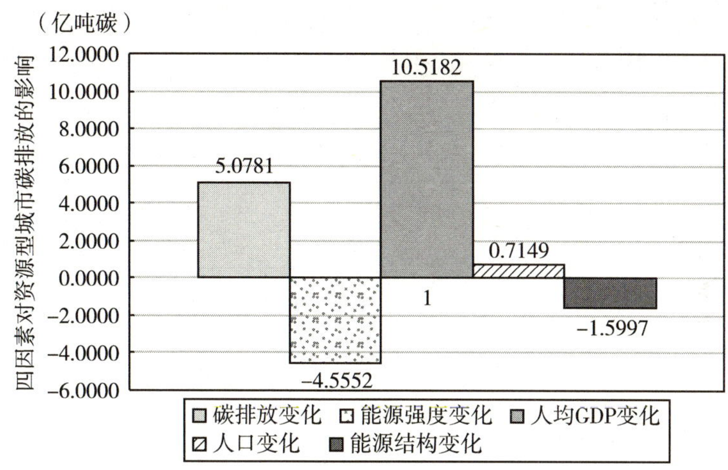

图4－10　2005～2009年各因素对资源型城市碳排放的总体影响

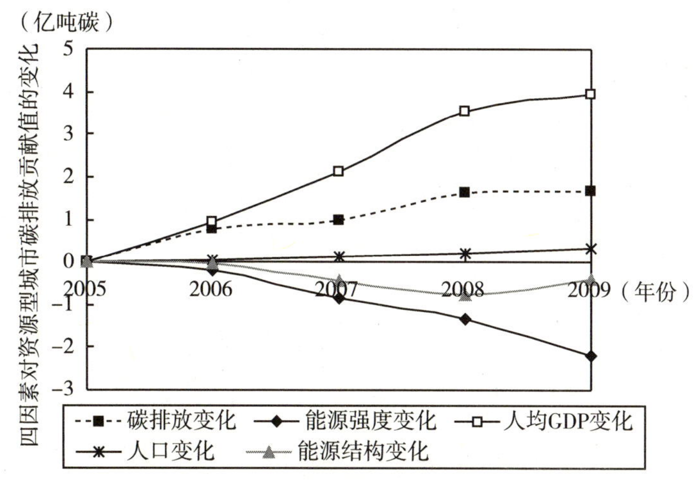

图4－11　2005～2009年各因素对资源型城市碳排放的贡献值趋势

上述分析结论表明，人口增长、人均GDP增加，即经济发展是资源型城市二氧化碳排放增加的最主要决定因素，而能源强度下降和能源消费结构优化在一定程度上能减缓其增长速度。因此，对于资源型城市来说，减缓二氧化碳排放不能通过减缓经济增长来实现，只能通过控制人口数量、调整经济结构、促进技术进步、提高能源利用效率等来进一步降低能源强度，以及调整能源消费结构来实现。

综合资源型城市碳强度和碳排放变化的分解分析，可以看出，2005～2009年资源型城市碳强度呈下降态势，主要是由于能源强度下降引起的；碳排放量呈现增长的趋势，主要是由于人均国内生产总值增加、人口增长所引起的，但能源强度降低减缓了二氧化碳排放的增长速度。因此，尽管未来资源型城市碳强度仍存在一定的下降空间，但是经济的发展必然伴随着二氧化碳排放量的增加，所以减缓二氧化碳排放增长的重点应为降低能源强度、降低能源消费结构中高碳能源比例、增加低碳能源消费，以及控制人口数量来实现。

第四节

不同类型资源型城市低碳转型因素的实证检验

总体来看，能源强度因素是影响资源型城市低碳转型的主要驱动因素。但是不同资源型城市碳排放变化有所差异，影响各类资源型城市低碳转型的影响因素有哪些？本部分采用多维面板数据模型来进行实证检验。在实际研究中仅仅利用截面数据和时间序列数据常常不能满足经济分析的需要，而采用面板数据对资源型城市碳排放的影响因素进行研究，具有以下优点：一是各组间影响因素在所考察的时期内是固定的，因此各种类型资源型城市的影响因素值在考察期内具有可比性；二是面板数据能够构造更为复杂的行为模型，可以直接区分各种类型的资源型城市或每个时期的影响因素；三是利用面板数据可以增加自由度，有利于消除解释变量间的共线性，从而能提高经济计量估计值的效率。

一、面板数据模型构建

面板数据，主要有三种模型可供选择，即 OLS 模型、固定效应（Fixed Effects，FE）模型和随机效应（Random Effects，FE）模型。利用 F 检验识别使用 OLS 模型还是 FE 模型，再利用 LM 检验（lagrangian multiplier test）识别使用 OLS 模型还是 RE 模型，最后用 Hausman 检验使用 RE 模型还是 FE 模型。本书所有的模型全部过程用 EViews 6.0 软件完成。

由第三章资源型城市低碳转型的影响因素理论模型得出，经济发展与人口因素抑制低碳转型的进程，对碳排放增长有促进作用；技术创新、低碳规制、能源效率、结构优化有驱动低碳转型的作用，对碳排放增长有负向作用，所以可以构建资源型城市低碳转型影响因素的回归模型为：

$$TPF_{it} = \alpha_i + \beta_1 PGDP_{it} + \beta_2 POP_{it} + \beta_3 TEC_{it} + \beta_4 ECO_{it} + \beta_5 SCO_{it} + \beta_6 ENE_{it} + \varepsilon_{it} \quad (4-21)$$

其中，TPF_{it}表示资源型城市碳排放量；$PGDP_{it}$表示人均国内生产总值指标，代表经济发展因素；POP_{it}表示人口；TEC_{it}表示科技支出；ECO_{it}表示环境治理投资额，代表低碳规制因素；SCO_{it}表示第二产业所占比重，代表产业结构的变化；ENE_{it}表示能源效率。α_i 表示个体效应，ε_{it}为随机扰动项，反映了除上述变量外其他影响因素对碳排放量的影响。

资源型城市按资源种类不同可以划分为煤炭城市、黑色冶金城市、有色冶金城市和石油城市。本部分针对四种类型的资源型城市分别构建了碳排放的面板数据模型进行实证分析。根据 F 检验和 Hausman 检验结果，本书选择个体固定效应变截距模型来进行研究。但根据本书的研究目的，暂时不对个体效应进行讨论。

二、面板数据的单位根检验

面板数据的单位根检验是在对时间序列单位根检验的基础上发展起来的，主要用来检测面板数据的稳定性。类似于时间序列，在对面板数据的分析中，如果用一组非平稳的面板数据对另一组非平稳的面板数据进行回归，那么很容易出现“伪回归”的现象，当然标准的 T 检验和 F 检验也就是无效的，所以在对面板数据进行分析时，首先要检验其数据的稳定性，也就是需要对面板数据进行单位根检验。目前对面板数据单位根检验的主要方法有 LLC、IPS、Hadri 和 Fisher－ADF 等。其中，LLC 检验的条件比较宽松，考虑到各截面间较大的异质性，允许各个截面的固定影响效应和时间趋势项存在差异，但是样本容量有限，因此，不能完全消除序列相关性。对于 Breitun 检验构造的渐进正态分布的面板数据统计量，其前提要求该数据截面数较多且时间维度较短。

IPS 检验、Fisher - ADF 检验和 Fisher - PP 检验分别对面板数据的不同界面进行单位根检验，其最终的检验是在综合各个界面的检验结果的基础上，构造出一个统计量，从而判断对整个时间序列/截面数据是否含有单位根。一个合适的 ADF 回归可以对序列相关问题进行纠正，因此，基于个体单位根构造的统计量更具一般性，在考虑到截面的异质性及消除序列相关等问题，与其他方法相比较可以得知，这些方法的检验能力更强。由于本书中的四组面板数据均有较多的截面数，且时间维度为 2005 ~ 2009 年，因此本书使用 LLC 检验和 Fisher - PP 检验方法进行分析。检验结果如表 4 - 1 所示。

表 4 - 1　　面板数据单位根检验结果

	黑色冶金城市		有色冶金城市	
检验方法	LLC	Fisher - PP	LLC	Fisher - PP
碳排放	-6.8265**	22.476	-11.1479**	84.1184**
人均 GDP	-2.5657**	29.4782**	-7.4268**	56.9746**
人口	-3.3766**	33.0870**	-18.0074**	64.1750**
科技支出	-2.9975**	10.256	-4.5375**	18.9528
环境治理	-3.0902**	18.9378	-226.571**	45.3284*
产业结构	-2.1211*	24.5608*	-12.1425**	71.9556**
能源效率	-20.4254**	34.4772**	-27.2521**	83.4262**
	煤炭城市		石油城市	
检验方法	LLC	Fisher - PP	LLC	Fisher - PP
碳排放	-9.2802**	209.542**	-7.9851**	27.7628**
人均 GDP	-35.8659**	200.8360**	-31.7270**	55.7595**
人口	-33.9314**	234.1980**	-10.3401**	44.5733**
科技支出	-16.1328**	55.5363	-11.3078**	10.0877
环境治理	-18.9953**	176.9560**	-9.6490**	26.7041**
产业结构	-10.4286**	174.4060**	-2.2397*	11.5073
能源效率	-1341.99**	232.603**	-20.4875**	42.7817**

注：* 表示在 5% 显著水平下拒绝原假设，** 表示在 1% 显著水平下拒绝原假设。

对四组面板数据通过 LLC 检验和 Fisher - PP 检验方法进行单位根检验，

结果显示，各变量的水平值在5%显著水平下都是平稳的，因此可以对这些变量直接进行回归分析。

三、协方差检验和回归方程建立

面板数据建模面临的主要问题是选择固定影响模型还是随机影响模型。本书对四种类型的资源型城市碳排放进行了协方差检验和 Hausman 检验，以期选择合适的模型，结果如表 4 –2 所示。

表 4 –2　　协方差检验和 Hausman 检验结果

检验方法		黑色冶金城市	有色冶金城市	煤炭城市	石油城市
协方差检验	F	2.676*	6.6113**	10.0491**	5.7483**
	χ^2	19.181**	65.1528**	378.7071**	24.2918**
Hausman 检验		16.0561*	24.584**	12.4916*	22.99**

注：* 表示在5%显著水平下拒绝原假设，** 表示在1%显著水平下拒绝原假设。

由检验结果可知，本书宜选择个体固定影响变截距模型。因此可以分别构建四种类型的资源型城市碳排放回归方程，汇总结果如表 4 –3 所示。

表 4 –3　　不同类型资源型城市碳排放回归方程

城市	资源型城市碳排放回归方程
黑色冶金	$TPF_{it} = 1.2251PGDP_{it} - 8.7792POP_{it} + 0.0141TEC_{it} + 0.0087ECO_{it}$ (3.5133) (−1.2453) (0.3869) (0.2895) $+ 0.3009SCO_{it} - 0.9206ENE_{it} + 21.1897 + \alpha_i$ (0.3688) (−5.4266) (1.3153)
	Adj − R^2 = 0.9187　F 值 = 32.9971　P = 0.0000
煤炭城市	$TPF_{it} = 0.9588PGDP_{it} + 1.0798POP_{it} - 0.0151TEC_{it} + 0.0058ECO_{it}$ (29.8282) (3.3747) (−2.2048) (0.8451) $- 0.1407SCO_{it} - 0.9374ENE_{it} - 0.0675 + \alpha_i$ (−2.1787) (−55.7088) (−0.0825)
	Adj − R^2 = 0.9971　F 值 = 1602.1170　P = 0.0000

续表

城市	资源型城市碳排放回归方程		
有色冶金	$TPF_{it}=0.6575PGDP_{it}+1.0704POP_{it}+0.0342TEC_{it}-0.0006ECO_{it}$ (5.6949)　(0.7018)　(1.4129)　(−0.0450) $+0.1863SCO_{it}-0.9688ENE_{it}-0.7967+\alpha_i$ (1.5906)　(−44.9612)　(−0.2175)		
	$Adj-R^2=0.9952$	F 值 =740.4168	P=0.0000
石油城市	$TPF_{it}=0.7451PGDP_{it}-2.0610POP_{it}+0.0024TEC_{it}-0.0066ECO_{it}$ (4.7273)　(−2.1850)　(0.1271)　(−0.1756) $-0.8983SCO_{it}-0.9271ENE_{it}+8.4241+\alpha_i$ (−1.8726)　(−7.6812)　(3.8889)		
	$Adj-R^2=0.9392$	F 值 =38.0670	P=0.0000

注：括号内为每个变量的 t 检验值。

由表 4－3 可以看出，四组面板数据均通过了 F 值检验，而且修正后的 R^2 值都在 0.91 以上，说明拟合优度较好，可以用来解释各因素对不同类型资源型城市的影响。

四、实证结果分析

根据表 4－3 中四种类型资源型城市碳排放的固定影响变截距模型的回归方程结果，对各种类型资源型城市碳排放的主要影响因素进行比较分析，可以得到以下结论：

（1）从纵向比较来看，各种类型的资源型城市在碳排放方面表现了鲜明的特点。从回归方程和表 4－4 中可以看到，不同类型资源型城市碳排放的显著影响因素各不相同。其中，在 5% 显著性水平下，在黑色冶金城市中，仅有人均 GDP、能源效率两个变量通过了显著性检验，其他变量均未通过。表明黑色冶金城市碳排放主要受到经济发展因素和能源效率因素的显著影响，说明提升能源利用水平促进经济增长是降低黑色冶金城市碳排放的关键手段。在煤炭城市中，除环境治理投资外，其他因素全部通过显著性检验，说明煤炭城市碳排放受到科技支出、能源效率、经济发展、低碳规制等多种因素的显著影响。在有色冶金城市中，仅有人均 GDP、能源效率两个变量通过了显著性检验，在石油城市中，5%显著性水平下，科技支出和环境治理投资、产业结构外另外三个变量全部通过显著性检验；在10%显著性水平下，科技支出和环境治理投资未通过显著性检验，而产业结构则通过了显著性检验，表明在此情况下调整工业结构、降低高能耗重工业的比重，对减少碳排放有一定作用。

表4-4　　不同种类资源型城市的显著影响因素及减碳措施

城市类型	显著影响因素	碳减排措施
黑色冶金城市	人均GDP（3.5133）；能源效率（-5.4266）	提高能源利用水平，促进经济增长
煤炭城市	人均GDP（29.8282）；人口（3.3747）；科技支出（-2.2048）；产业结构（-2.1787）；能源效率（-55.7078）	增加科技支出、调整产业结构、提升能源效率，人口稳定发展，促进经济增长
有色冶金城市	人均GDP（5.6949）；能源效率（-44.9612）	提高能源利用水平，人口稳定发展，促进经济增长
石油城市	人均GDP（4.7273）；能源效率（-7.6812）；人口（-2.1850）	提高能源利用水平，促进经济增长

（2）从横向比较来看，同一因素对不同资源型城市的影响程度有所差异。经济发展因素在四组城市中均有明显正向作用，人均GDP作用从大到小依次为黑色冶金城市、煤炭城市、石油城市，有色冶金城市；能源效率在四组城市中均有明显负向作用，能源效率作用从大到小依次为有色冶金、煤炭城市、石油城市、黑色冶金城市；环境治理投资在四组城市中均不起作用，原因是环境治理投资是污染后再治理行为，对碳减排起不到显著作用，低碳转型更需要的是污染前治理；产业结构对煤炭城市和石油城市中的碳排放存在一定的负作用，表明在加大第二产业的投资比重的同时，两类城市的产业结构得到了优化升级，由高耗能产业体系逐步向低耗能产业体系转变；而科技支出仅对减少煤炭城市碳排放起到抑制作用，说明煤炭城市加大科技支出已经取得了良好的减排效果，但黑色冶金城市、有色冶金城市和石油城市的科技支出力度不足，尚没有对碳排放的减少起到明显的作用，亟须进一步提高科技支持力度。

通过面板数据模型分析，研究发现，不同类型资源型城市碳排放的显著影响因素有所差异，同一因素对不同资源型城市的影响程度也有所不同。因此，在促进资源型城市低碳转型进程中，应该针对不同资源型城市采取不同的针对性调控对策和措施，才能取得更好的转型效果。

对比 LMDI 与面板数据模型分析的结果，可以看出，能源效率因素是减缓资源型城市碳排放和促进低碳转型的主要驱动因素，经济发展是抑制低碳转型和驱动资源型城市碳排放增长的主要因素，表明资源型城市亟须提高能源利用水平，实现高碳能源低碳化利用，同时要注意碳减排目标与经济增长目标之间的合理协调。

第五节 小 结

本章首先分析了资源型城市低碳转型的演变特征，分析了近年来资源型城市的产业结构演变和碳排放演变趋势，发现第二产业占据较大比重，呈持续上升态势，但是第三产业发展比较滞缓，与一般城市不同，第三产业比重还呈轻微下滑趋势，说明资源型城市处于快速工业化阶段，高耗能产业未有效带动生产服务业的协调发展，亟须积极发展第三产业，降低能源消耗。基于演变特征的统计分析，运用 LMDI 分解方法对资源型城市低碳转型各因素对碳强度变化的效应进行了分析。分析表明，由于节能减排政策和措施的影响，资源型城市碳强度 2005 ~2009 年开始呈下降态势，其主要驱动因素是能源强度因素，即能源利用水平的显著提高促进了碳强度的下降，能源消费结构的影响微乎其微。从产业结构角度来看，产业结构中第二产业的增长态势制约了碳强度的下降，但是被能源强度对碳强度的贡献所抵消，但也由此表明，通过产业结构优化升级来促进碳减排的潜力巨大，低碳转型是资源型城市可持续发展的必然选择。同样，运用 LMDI 分解方法对资源型城市低碳转型各因素对碳排放变化的效应也进行了分析。分析表明，碳排放量的增长态势主要源于经济发展因素的驱动。其次，人口因素也在一定程度上促进了碳排放量的增长，但能源强度因素减缓了资源型城市二氧化碳排放增长的速度。通过对四种类型的资源型城市碳排放面板数据模型进行分析，发现能源效率因素是促进低碳转型的最主要驱动因素，经济发展都是抑制低碳转型的主要因素，而其他因素影响不大，但是不同类型的资源型城市碳排放的显著影响因素有所差异，应注意针对不同类型的资源型城市采取具体的调控对策。

第五章

资源型城市低碳转型影响因素的系统动力学仿真

第四章中的LMDI分解和面板数据模型实证解析了各因素对资源型城市低碳转型的影响程度。但是，这种影响程度是否稳定或者是否可预期，还需要选择一个合理的视角作进一步的实证推演。为此，本章运用系统动力学原理的趋势仿真技术对资源型城市低碳转型趋势进行拟合分析，并据此给出促进的资源型城市低碳转型的对策建议。

第一节

系统动力学研究方法

系统动力学（SD）是一门认识、解决系统问题具有交叉性质的综合性学科，也是一门分析研究信息反馈系统的学科，它是系统工程和现代管理科学的一个重要分支，是沟通自然科学、社会科学等领域的横向学科。1956年由美国麻省理工学院Jay W. Forrester教授最早提出并运用了系统动力学研究方法，但直到20世纪80年代，系统动力学理论才被引入中国，许多学者将其广泛应用于各个行业和领域，尤其在可持续发展战略的研究中发挥了极其重要的作用。

系统动力学的独特性在于它能够用系统、完整的观点及联系、发展、运动的观点看待事物，基于因果关系和结构决定行为的思想，从系统内部的微观结构入手进行建模，同时借助计算机仿真技术来分析研究系统结构功能与动态行为的内在关系，从而找出解决问题的对策。它是以控制论为基础，以计算机仿真技术为手段，对研究对象进行定量化处理分析的一种方法。由于其擅长处理非线性、多变量、多重反馈问题，因此常被用于复杂的多层次多部门的工程系统，设计面之广。系统动力学采用的是定性与定量相结合的方法，主要是运用已知的数据、资料、知识、经验等对系统各结构和功能进行模拟，以达到研究的目的。系统动力学模型是运用系统及研究对象的因果关系及反馈机制来构建模型，这可避免因个人因素造成研究的局限性，使模型更加真实可信。而资源型城市是一个复杂的巨系统，其可持续发展依赖于各子系统间的协调发展，因此，系统动力学仿真对资源型城市低碳转型研究具备适用性。

一、系统动力学模型常用术语

系统动力学模型常用术语包括因果反馈、流、累积、延迟及仿真语言等。

（1）因果反馈。如果事件 A 的发生会影响事件 B 发生，那么事件 A 就是事件 B 的产生原因，事件 B 则为事件 A 的结果，事件 A 和事件 B 就形成了因果关系。如果事件 A 增加会导致事件 B 的增加，称事件 AB 构成了正向的因果关系，反之则构成负向的因果关系。由因果关系链接就构成了反馈回路，反馈回路也有正负之分，对应前面的因果关系。

（2）流。流是系统动力学中的活动和行为，动力学中流可以是物流、资金流、信息流、人流等，用各种有符号的有向边表示，通常为了简便起见，只区分实体流（实线）和信息流（虚线），这可以形象地反映系统结构和动态特征。

（3）累积。系统中累积是对流的动态描述，它是流量某个阶段的结果，在系统中流量的输入输出之差被称为累积流量。

（4）延迟。由于物质和信息的传递都需要一个过程，这就造成了延迟，它是造成社会系统非线性的一个原因，系统中会根据其性质分为物质滞后和信息滞后两种，本书研究的闭环供应链中就有这方面的设计。

（5）仿真语言。为了研究方便，系统动力学设计专门的 DYNAMO 语言，备有 20 多种函数，只要系统动力学方程及结构正确，便可向用户提供结果。随着系统逐渐升级，出现了多种面向对象的仿真软件，如 MATLAB 仿真工具包，STELLLA，VENSIM 及 POWERSIM 等，本书研究采用的是 VENSIM PLE 版本。

二、系统的数学描述

系统动力学强调的是系统的整体性和非线性的描述，为了能够比较清晰地描述系统，一般会把系统分为若干个相互关联的子系统，在其基础上通过一定的因果关系把这些子系统链接起来组成整体的系统，其模型关系如下：

$$\begin{cases} S = (P, R_{jk}) \\ P = \{P_i \mid i \in I\} \\ R_{jk} = \{r_{jk} \mid j \in J, k \in K \text{ 且 } J + K = I\} \end{cases} \tag{5-1}$$

其中，S 表示整个系统，P 表示系统整系统 S 中的子系统，它们可能属于同一层次也可能是不同层次，各子系统至少应含有一个状态变量，R_{jk}则表示为关系矩阵，描述各子系统间的关系，一般是非线性的。在这些子系统中，它们的作用往往只有一部分是相对重要的。

子系统一般可以根据结构的不同被划分为良性结构和非良性结构。良性结构子系统一般可以直接用辅助变量、速度变量、状态变量及相关函数如数学函数、逻辑函数、延迟函数等表示。我们可以用数学模型来描述：

$$\begin{gathered} \dot{L} = TR \\ \begin{pmatrix} R \\ A \end{pmatrix} = W \begin{pmatrix} L \\ A \end{pmatrix} \end{gathered} \tag{5-2}$$

其中，L 表示的是水平变量，T 表示的是速率变量，A 表示的是辅助标量，$\dot{L}$ 表示的是纯速率变量，P 表示的转移矩阵，W 表示的是关系矩阵，反映的是变量 R 和 L 之间及 A 本身在同一时刻上的各种非线性关系。

前面涉及的主要是良性定量中的部分，系统中还有一些不能采用数学函数精确地加以描述的结构，就是非良性结构，它们往往用半定量、定性或半定性的方法来处理。

三、系统动力学仿真模型建立的一般过程

一般而言，系统动力学仿真模型的建立过程如图 5－1 所示。

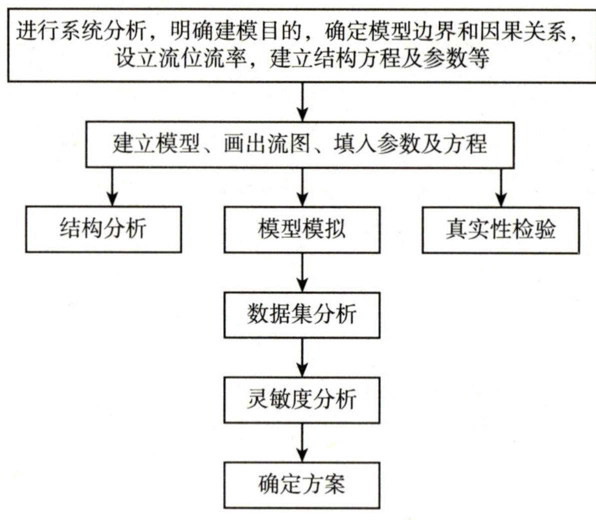

图 5－1　系统动力学仿真过程

第二节

资源型城市低碳转型的 SD 模型

一、模型的目的及边界确定

本书 SD 建模的目的在于通过模型了解资源型城市的经济、能源、环境的协调，实现资源型城市的低碳转型，具体是控制煤炭工业链的高碳排放、石油工业链的高碳排放、天然气的高碳排放、人均 GDP 适度增长及增加环保投资和环保管制加以实现。

资源型城市低碳转型边界确定主要是对资源型城市低碳转型系统中要素的确定，模型中所选择的要素能够反映资源型城市的特点，这些要素主要有四大能源的储量、开采量（供给量）及由此产生的风电产量，“三废”的排放量，资源型城市的 GDP，人口数量，环境的投资，第一、第二、第三产业的产值，工业用水量及水的供给量等。

二、资源型城市低碳转型SD模型的因果关系

因果关系的确立就是对系统中主要因素关系的分析过程，对这些主要因素关系的分析有利于我们了解系统的整体结构，同时为模型分析、计算提供方便。本书结合前面研究的资源型城市内容及SD模型的特点，对资源型城市低碳转型进行SD模型的因果分析，资源型城市低碳转型的因果关系图如图5－2所示。

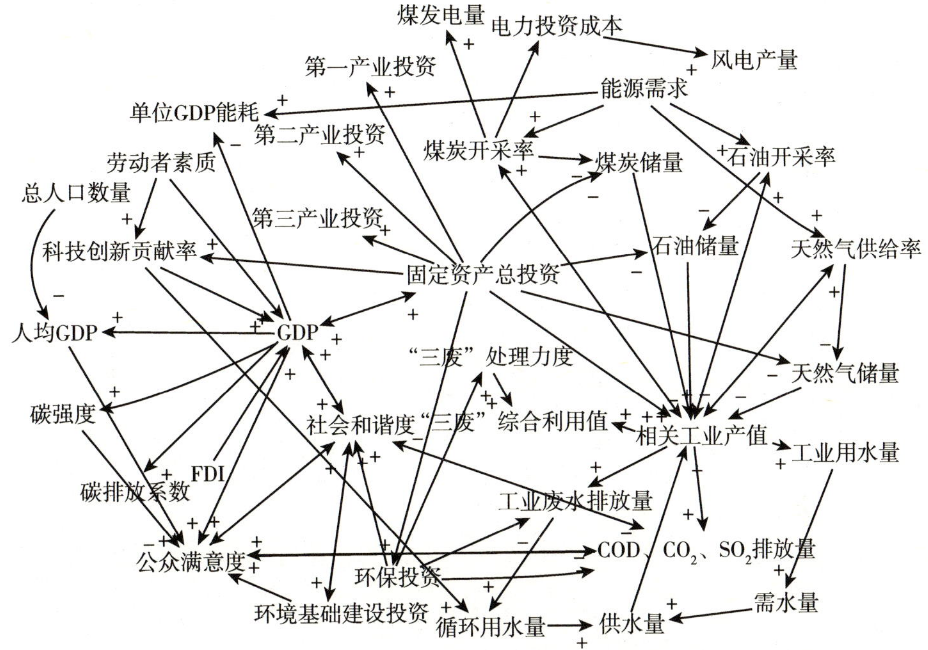

图5－2　资源型城市低碳转型的SD因果关系

从图5－2可以清晰地看出资源型城市低碳转型的SD因果关系链主要有以下这些：

（1）由GDP到社会和谐度的关系链。

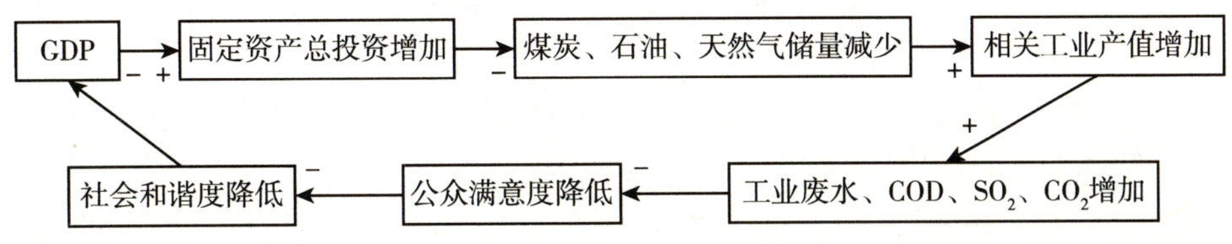

（2）固定资产投资到环保投资关系链。

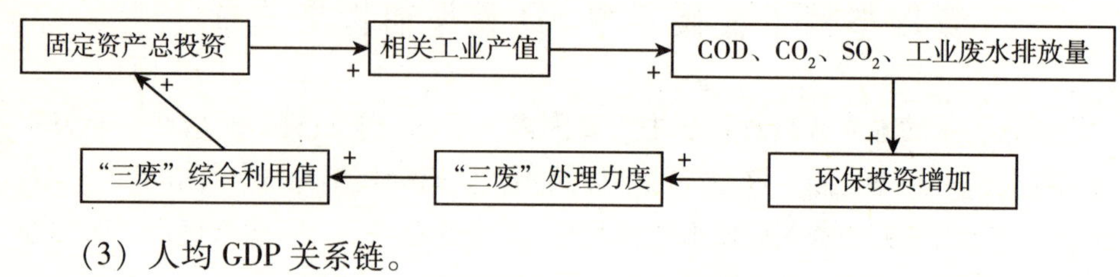

（3）人均 GDP 关系链。

人口净增长率增加 →(+) 总人口数量增加 →(+) 劳动力数量增加 →(+) 劳动者素质增加 → GDP净增长率增加 →(+) GDP增加 →(+) 人均GDP增加

（4）能源产量关系链。

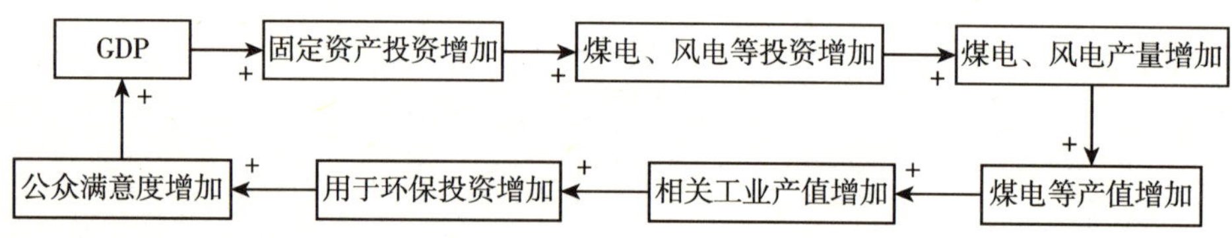

三、资源型城市低碳转型 SD 模型的模块分析

在因果关系分析的基础上，对资源型城市低碳转型的 SD 模型进行模块分析，模块包括人均 GDP 系统，第一、第二、第三产业产值系统，环境模块子系统，水利用子系统，能源子系统模块等。

（一）人均 GDP 系统模块

人均 GDP 系统模块主要由资源型城市的人口数量、人口净增长率、国内生产总值 GDP、GDP 净增长率、FDI、科技创新贡献率、科技创新支出、劳动力数量、劳动者素质、大中专以上人数，具体如图 5－3 所示。

人均 GDP 模块子系统的主要方程有：

总人口数量＝INTEG（人口净增长量）；

人口净增长量＝总人口数量×人口净增长率；

GDP＝INTEG（GDP 净增长量）；

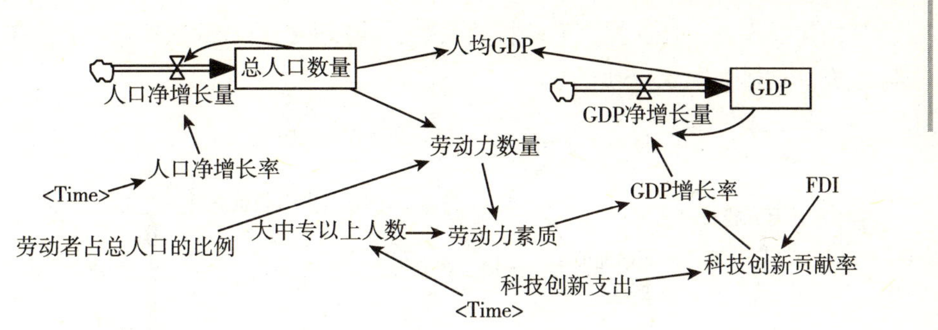

图 5－3 GDP 子系统模块

GDP 净增长量 = GDP × GDP 增长率；

GDP 增长率 =（FDI + 科技创新支出）/固定资产总投资；

劳动者素质 = 大中专以上人数/劳动者数量。

（二）各产业产值子系统

第一、第二、第三产值系统主要包括的要素有固定资产总投资，GDP，第一、第二、第三产业的投资，第一、第二、第三产业的投资比例，第一、第二、第三产业的增加值，第一、第二、第三产业的万元投资产出率等，具体的如图 5－4 所示。其中此子系统的主要方程有：

固定资产总投资 = GDP × 固定资产总投资的比例；

第一产业投资 = 固定资产总投资 × 第一产业投资比例；

第二产业投资 = 固定资产总投资 × 第二产业投资比例；

第三产业投资 = 固定资产总投资 × 第三产业投资比例；

第一产业增加值 = 第一产业投资 × 第一产业万元投资产出率；

第二产业增加值 = 第二产业投资 × 第二产业万元投资产出率；

第三产业增加值 = 第三产业投资 × 第三产业万元投资产出率；

第一、第二、第三产业的万元投资产出率 = 第一、第二、第三产业的万元投资产出率对时间 TIME 的 LOOKUP 函数。

（三）环境模块子系统

资源型城市低碳转型中环境模块子系统的主要要素有四大能源所形成的相关工业产值，由此而产生的二氧化硫、二氧化碳、COD 的排放量，工业污水等，以及单位 GDP 所产生的二氧化碳量、资源型城市人口的二氧化碳量、环境基础建设投资、环保投资、碳排放系数、碳强度、公众满意度及社会和谐度等组成。具体如图5－5所示。

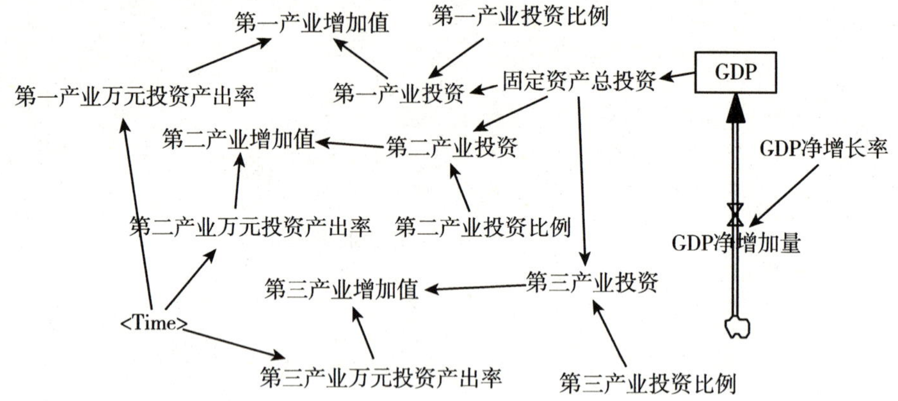

图5－4　第一、第二、第三产业子系统的模块

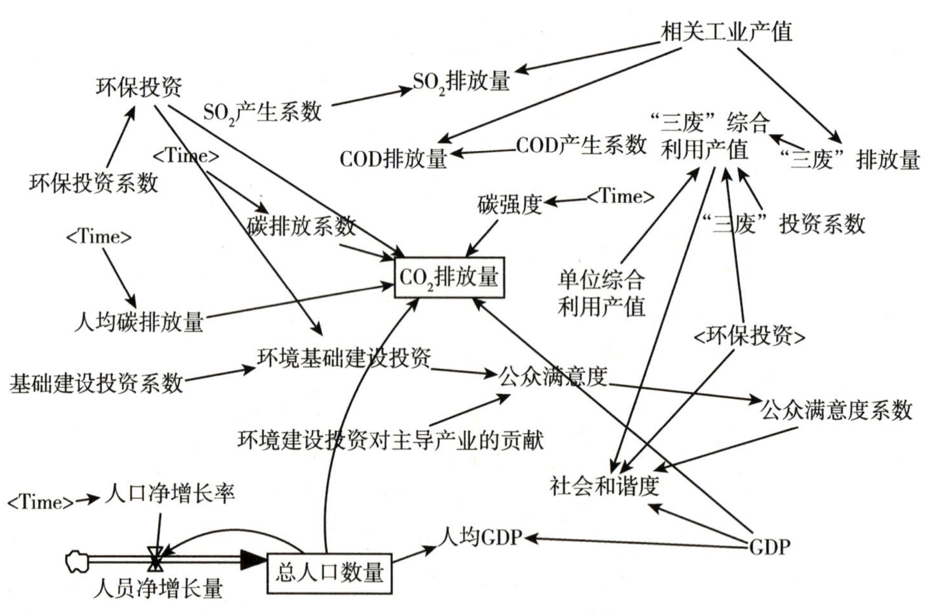

图5－5　环境子系统模块

图5－5中的主要方程有：

二氧化碳排放量＝工业总产值×二氧化碳排放系数×万元产值的排放量；

SO_2排放量 = 工业总产值 × SO_2排放系数 × 万元产值的排放量；

环境基础建设投资 = 环保投资 × 基础建设投资系数；

"三废" 排放量 = 相关工业产值 × 单位产值的 "三废" 排放量；

社会和谐度 = SIN[（GDP + "三废"综合利用产值）/环保投资 × 公众满意度系数]；

碳排放系数 = LOOKUP（TIME）；

碳强度 = LOOKUP（TIME）。

（四）水利用子系统

水利用子系统的主要要素包括为工业废水排放量、工业废水循环利用量、工业需水量、工业用水系数、工业用水占整个需水的比重、供需水差额、"三废" 综合利用产值等，具体如图 5 –6 所示。

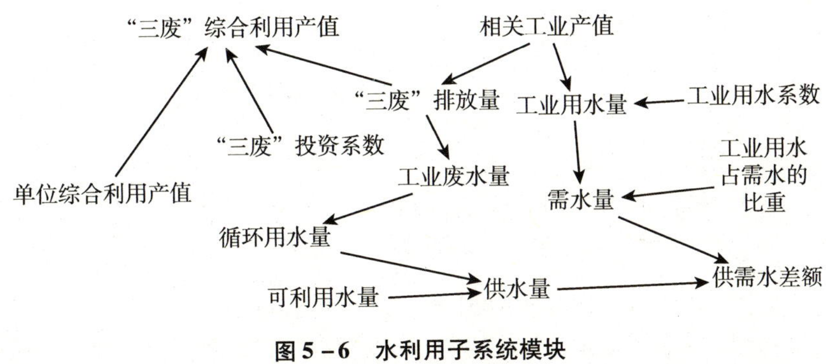

图 5 –6　水利用子系统模块

图 5 –6 中主要方程有：

工业用水量 = 相关工业产值 × 工业用水系数 × 单位产值的用水量；

需水量 = 工业用水量/工业用水比例；

供需水差额 = 供水量 – 需水量；

工业废水量 = "三废" 排放量 × 工业废水排放比例；

循环用水量 = 工业废水量 × 可循环加工废水的比例。

（五）能源子系统

能源子系统主要是指资源型城市的能源需求所形成的系统，主要包括的要素有煤炭储量、天然气储量、石油储量、原煤的价格、石油价格、天然气价格、各能源的开采（供给）量及对各能源的投资比例等，如图5－7所示。

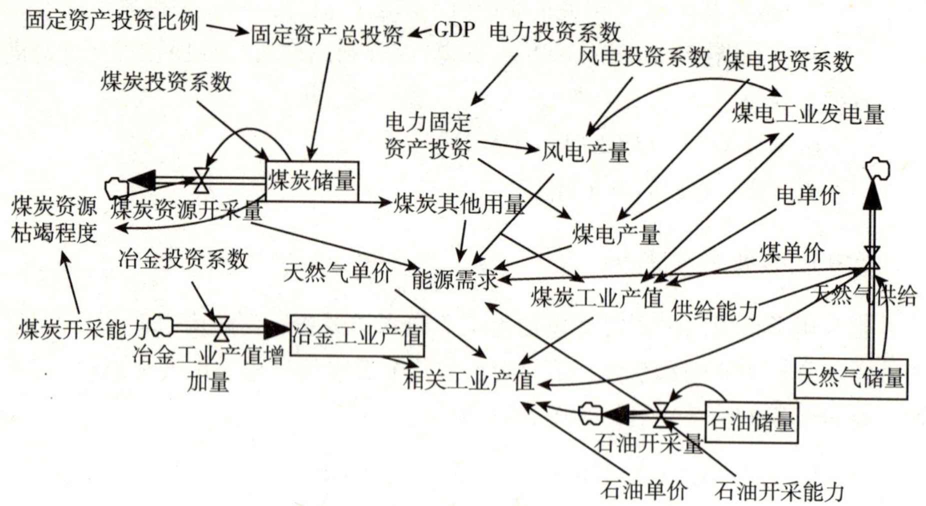

图5－7　能源子系统模块

能源子系统的主要方程关系有：

煤炭储量＝INTEG（－煤炭开采量）；

天然气储量＝INTEG（－天然气供给量）；

石油储量＝INTEG（石油开采量）；

风电产量＝电力固定投资额×电力投资系数×万元电力风电产生量；

煤电产生量＝电力固定投资额×煤电投资系数×万元煤电产生量；

煤炭资源开采量＝煤炭储量×煤炭资源枯竭程度；

相关工业产值＝煤炭工业产值＋天然气工业产值＋石油工业产值＋其他产值。

由以上这几大子系统经过有机组合就可以得到资源型城市低碳转型的SD模型整个系统，如图5－8所示。

SD模型的变量主要分为状态变量、速率变量、辅助变量和常量等，图5－8中的状态变量有煤炭储量、天然气储量、石油储量、冶金工业产值、总人口数量、GDP、二氧化碳排放量，速率变量有人口净增长量、GDP净增长量、煤炭开采量、石油开采量、天然气供给量、冶金工业产值增加量，剩下的即辅助变量和常量。

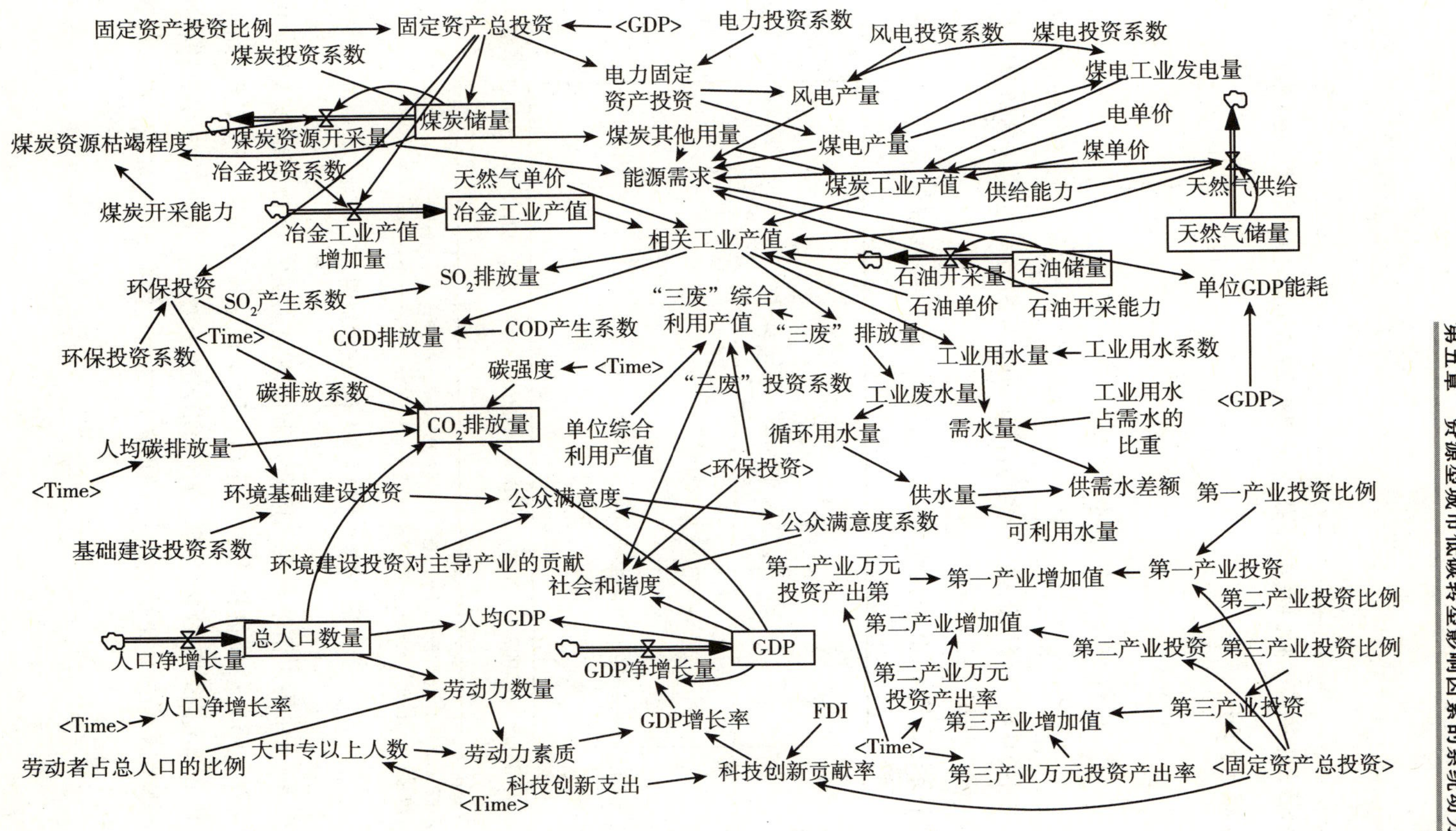

图5-8　资源型城市低碳转型SD流程图

第三节

资源型城市低碳转型SD模型的真实性检验及结果分析

一、真实性检验及结果分析

本书中SD模型分析的是资源型城市从2005~2020年低碳转型情况，下面就具体的模拟结果予以展示。

首先分析人均GDP子系统模块的模拟图，如图5-9所示。

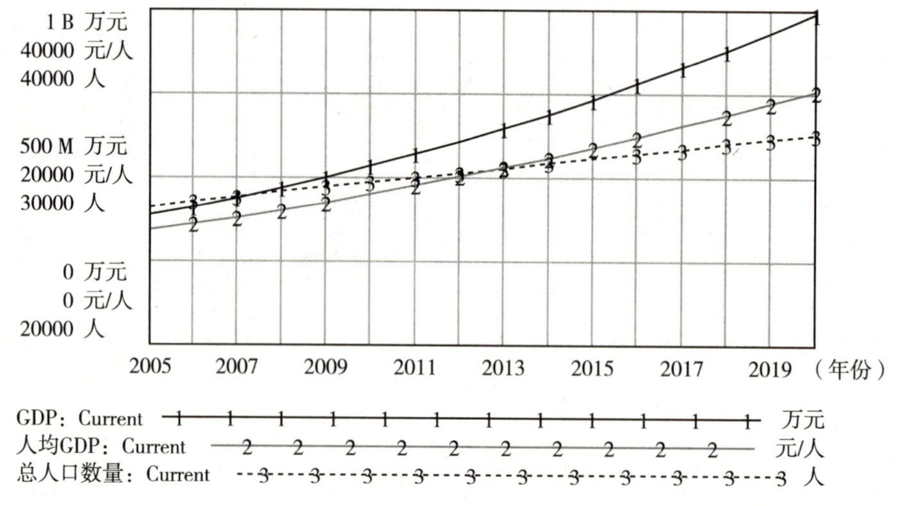

图5-9 人均GDP子系统模拟图

从图5-9中可以清晰地看出近期资源型城市GDP、人口数量及人均GDP的变化情况，随着科技创新力度的提高、劳动者素质的增强、国家政策的扶持，GDP呈现出强劲的增长趋势，人均GDP稳步增加。GDP的持续增长必然会带来能源需求增加，下面就单位GDP的能源消耗进行SD的模拟，模拟结果如图5-10所示。

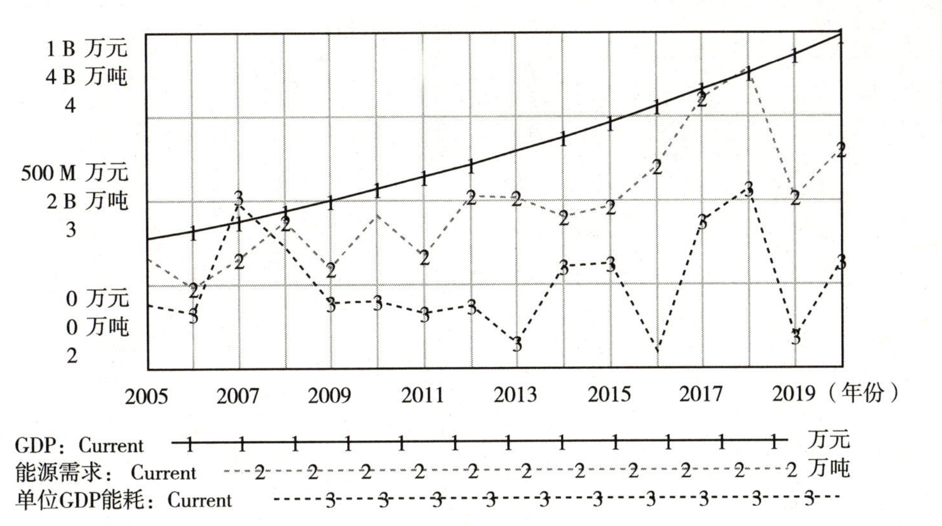

图 5－10　单位 GDP 能耗趋势情况

模拟结果正确与否关键在于模拟值与真实值的拟合程度，如果模拟值与真实值在一定的误差范围内则可以认为模拟结果是有效的，即通过了真实性检验，就可以以此作为未来预测，是发展趋势的一种形式，下面就人均 GDP 子系统及能源消耗的真实值与模拟值进行拟合度的分析，如果拟合通过，则可表示整个 SD 模型的正确。具体的拟合结果如表 5－1～表 5－4 所示。

表 5－1　　GDP 拟合程度分析

年限/GDP	真实值	模拟值	拟合误差
2005	387233487	3.8723×10^{8}	－9.0049E－04
2006	453654995	4.1009×10^{8}	－1.9%
2007	547477376	5.3672×10^{8}	－1.34%
2008	671516197	6.6636×10^{8}	－0.76%

表 5 -2　　人口数量拟合程度分析

年限	人口数量		
	真实值	模拟值	拟合误差
2005	28187.47	28187.47	0
2006	28474.16	28525.76	0.18%
2007	28778.26	28815.9	0.13%
2008	29048.35	29123.6	0.25%

表 5 -3　　人均 GDP 拟合程度分析

年限	人均 GDP		
	真实值	模拟值	拟合误差
2005	13737.79	13737.84	0
2006	15932.16	15306.58	-3.93%
2007	17023.99	16445.32	-3.4%
2008	19117.19	18717.14	-2.1%

表 5 -4　　单位 GDP 能耗拟合程度分析

年限	单位 GDP 消耗		
	真实值	模拟值	拟合误差
2005	2.439	2.3753	-2.61%
2006	2.369	2.3424	-1.12%
2007	2.344	2.3746	1.31%
2008	2.603	2.7186	4.44%
2009	2.463	2.3862	-3.12%

从表 5 -1 ~ 表 5 -4 可以明确看出 GDP、人均 GDP、人口数量、单位能耗的拟合程度在一定的误差范围之内（-5% ~5%），故可以认为模型通过了真实性检验，可以作为未来预测的依据，在此基础上对资源型城市其他方面进行模拟，模拟的结果如图 5 -11 ~ 图 5 -16 所示。

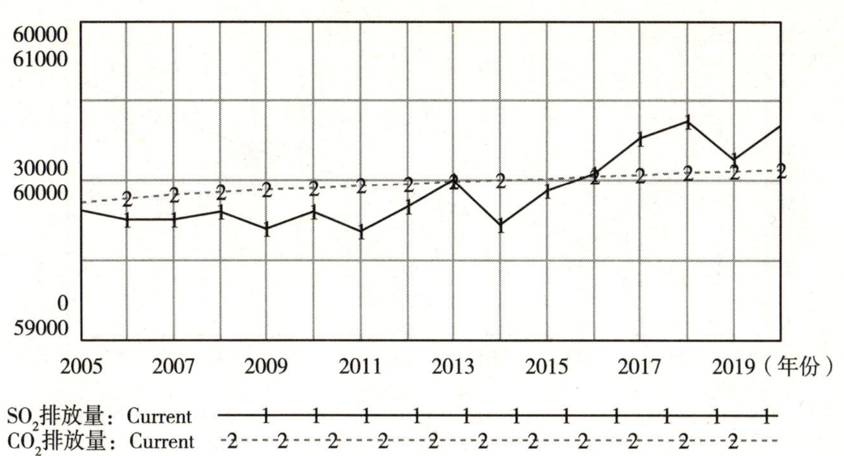

图 5-11　废气排放量的模拟结果图

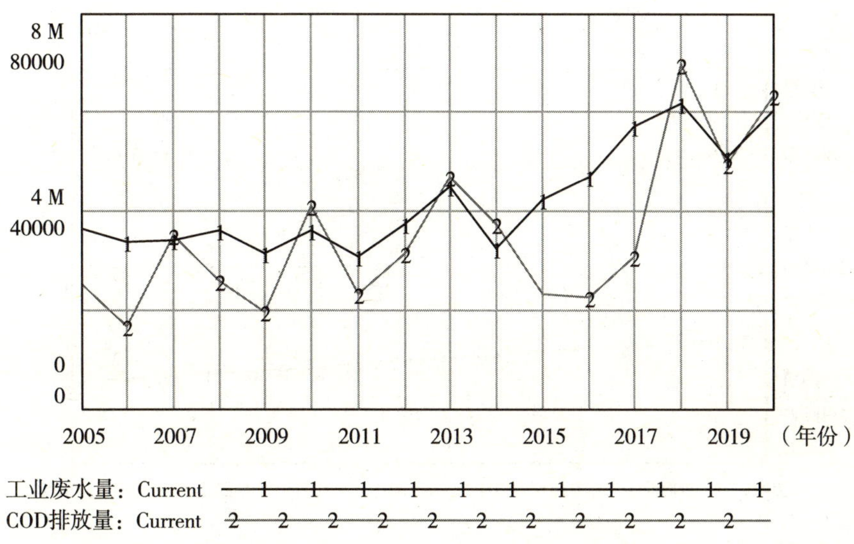

图 5-12　工业废水及 COD 排放量的模拟图

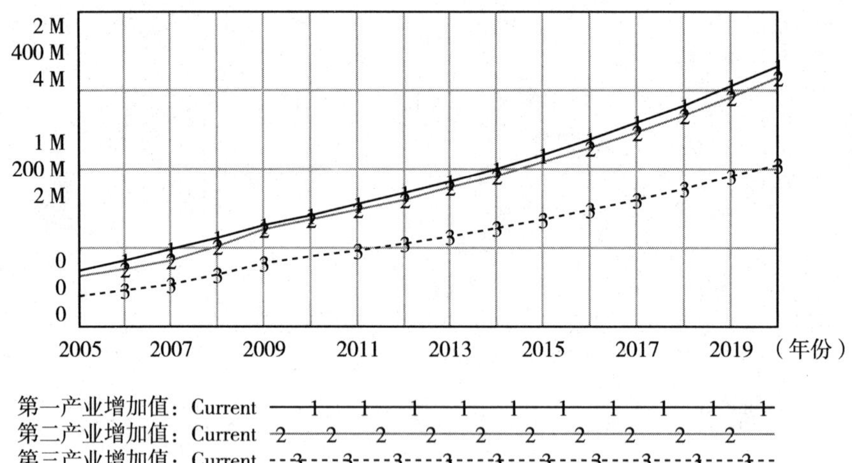

图 5－13　第一、第二、第三产业增加值的模拟图

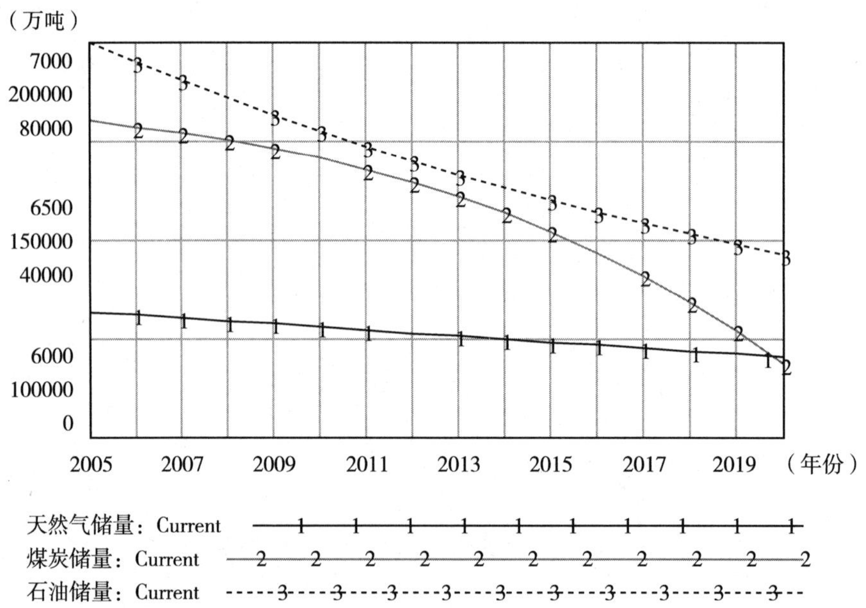

图 5－14　三大能源储量的模拟图

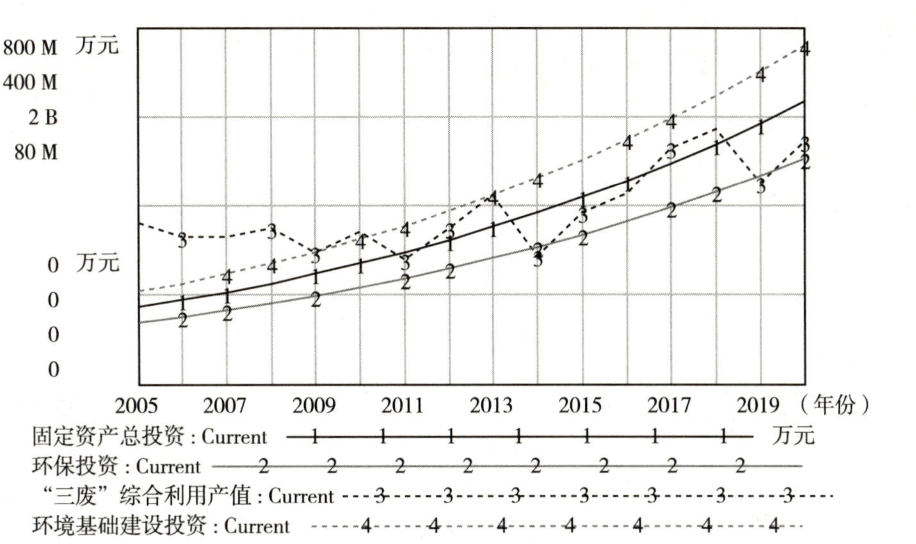

图 5 - 15　环境投资及三废综合利用产值的时间模拟图

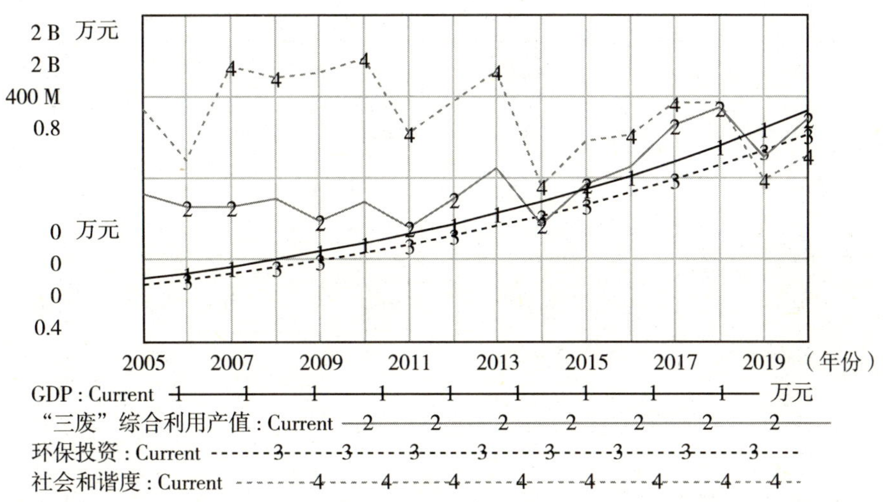

图 5 - 16　社会和谐度的分析模拟图

图 5 - 11 ~ 图 5 - 16 简单地模拟了资源型城市主要要素未来趋势，这些模拟图及相互变量关系是基于历史数据及政策影响下建立的，政策的变化、参数的改变都会对模型产生一定的影响。

二、SD模型的灵敏度分析

灵敏度分析是指研究与分析一个系统的状态或输出变化对系统参数或周围条件变化的敏感程度的方法，多用于最优化方案的选择、评价等，其分析公式可以表示为：

$$S(t)=\frac{\Delta Y(t)/Y(t)}{\Delta X(t)/X(t)} \tag{5-3}$$

本书是从改变参数角度进行灵敏度分析的，在调试模型过程中，发现有一些参数对模型影响程度较大，这些参数有“三废”投资系数、工业用水占需水的比重、煤炭投资系数、天然气供给能力、石油开采能力、劳动者占总人口的比重、碳强度、碳排放系数等，根据参数设置了四个方案。下面就改变这些参数值具体分析，参数改变值如表5－5所示。

表5－5　　灵敏度参数分析

相关参数	方案1	方案2	方案3	方案4
“三废”投资系数	0.3	0.2	0.4	0.45
工业用水的比重	0.4	0.2	0.3	0.5
煤炭投资系数	0.4	0.3	0.2	0.25
天然气供给能力	0.0012	0.002	0.0009	0.0025
石油开采能力	0.05	0.1	0.04	0.08
劳动者比重	0.582	0.6	0.65	0.5
碳强度	1.18	1.2	1.3	1
碳排放系数	2.4	2.76	2.1	1.9
环保投资系数	0.4	0.3	0.5	0.45

在这些参数的基础上进行灵敏度分析，如图5－17～图5－21所示。

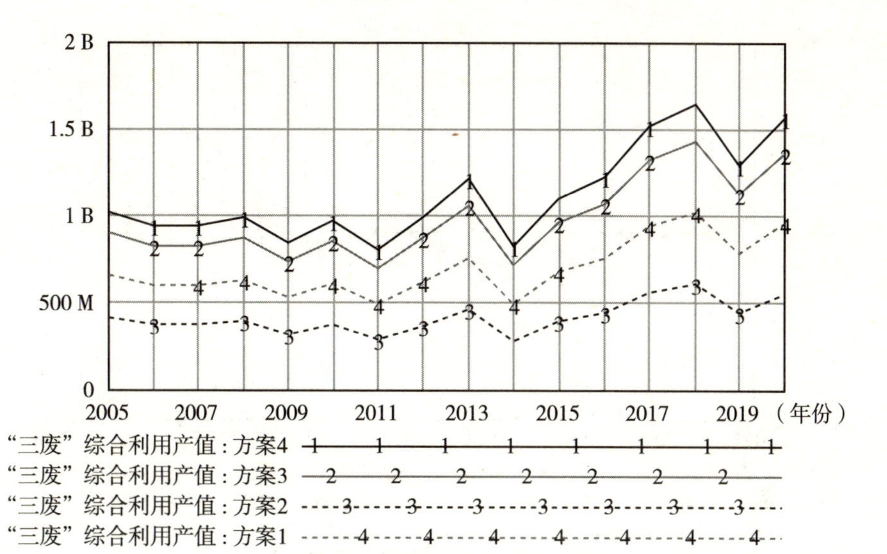

图 5 – 17　“三废”综合利用产值灵敏度分析

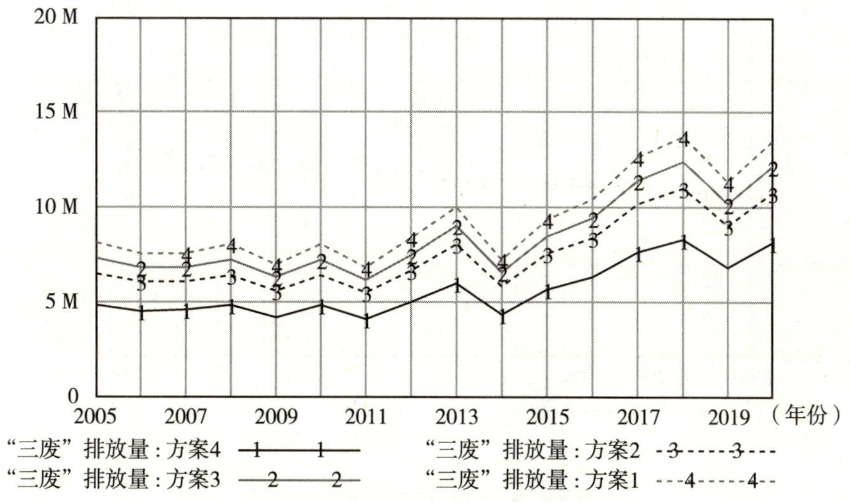

图 5 – 18　“三废”排放量灵敏度分析

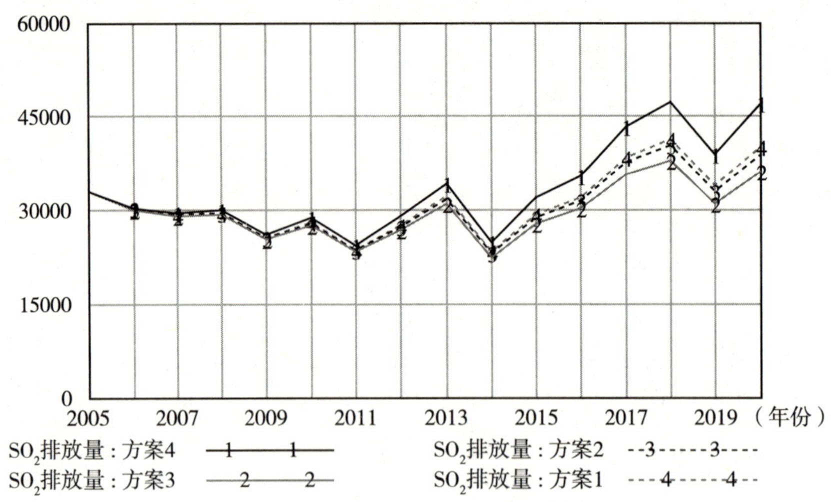

图 5－19　SO_2排放量灵敏度分析

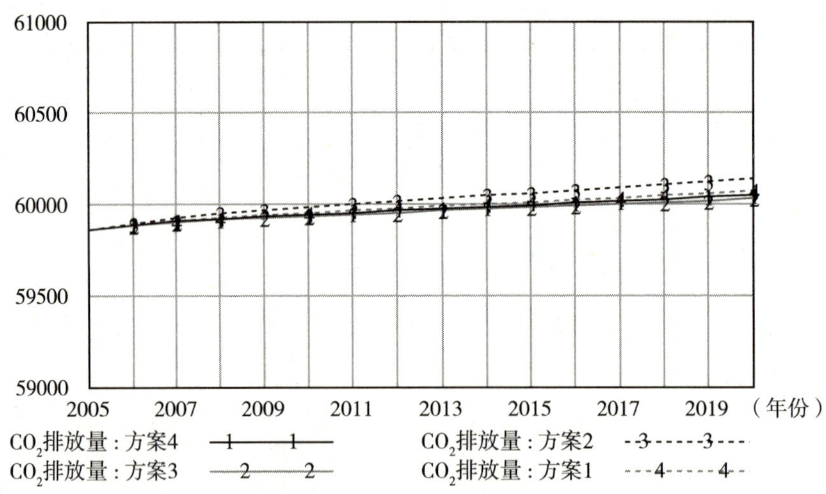

图 5－20　CO_2 排放量灵敏度分析

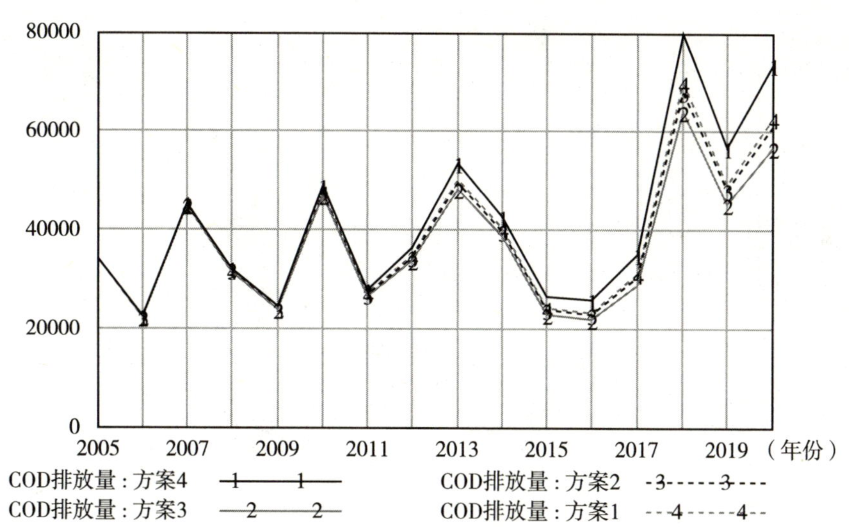

图 5－21　COD 排放量灵敏度分析

从图 5－17～图 5－21 的模拟结果图中可以清晰地看出，不同参数下的方案将会产生不同的模拟情形，通过参数确定来选择最佳的结果。在图 5－17、图 5－19 及图 5－21 中，方案 4 是这四种方案的最佳方案，通过方案 4 可以有效地提高“三废”综合利用产值的同时，降低“三废”的排放量、二氧化硫的排放量及 COD 的排放量，实现经济效益的同时保护了环境，而图 5－20 显示，在二氧化碳排放量的控制中，方案 3 则为最佳方案。在方案 3 中，环保投资系数赋予了四种方案的最高值，“三废”投资系数的参数估计值仅小于方案 4 中的估值，煤炭投资系数估值是四方案中最低值，由此表明，环保投资和“三废”投资比重大，对二氧化碳排放的控制效果就好，煤炭投资大，则影响二氧化碳排放控制的效果。下面对天然气、石油、煤炭等各种能源的储量等进行模拟，模拟结果如图 5－22、图 5－23、图 5－24 所示。

从图 5－22 可以看出，在天然气储量模拟中方案 4 为最佳的方案，方案 4 中天然气的供给能力最高；但是，从图 5－23 可以看到，在石油储量及煤炭储量的模拟结果中，方案 3 为最佳的方案，在此方案中，煤炭投资系数最小，石油开采能力最低，灵敏度最好。能源储量通过方案的设计可以在保护能源的前提下实现需求，实现经济发展。

接下来，对 GDP、社会和谐度进行了灵敏度分析，如图 5－25 和图 5－26 所示。

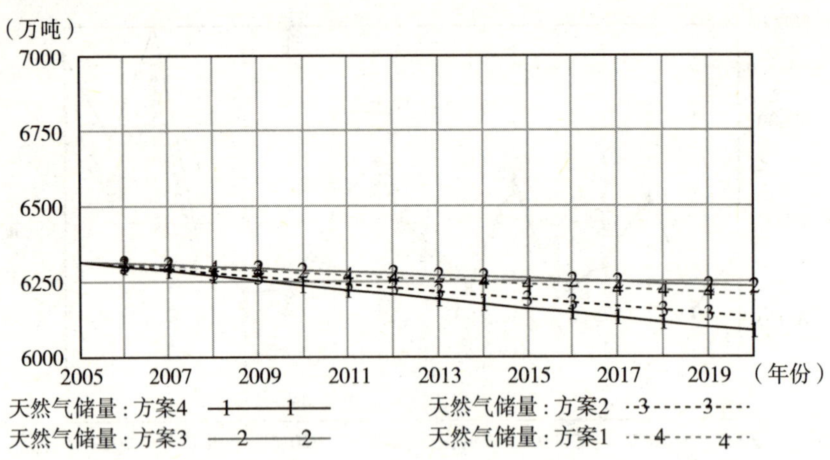

图 5－22　天然气储量灵敏度分析

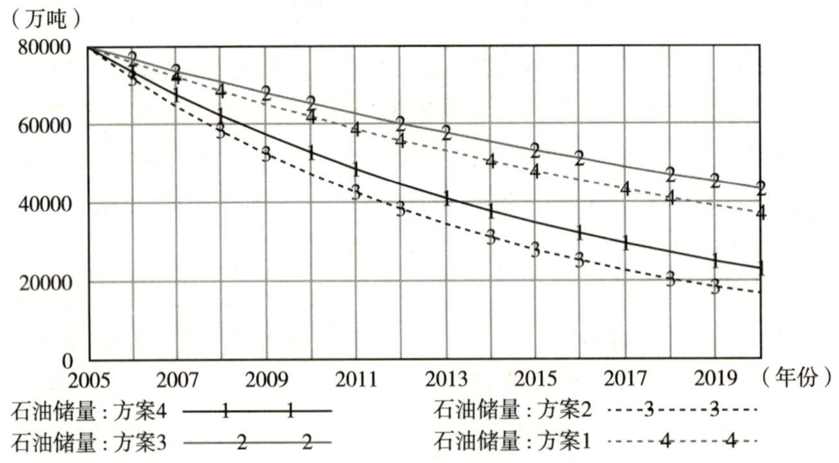

图 5－23　石油储量灵敏度分析

在 GDP 模拟结果中可以看出方案 4 是最佳的处理方案，方案 4 中体现的各指标参数显示，“三废”投资和环境治理投资系数是最高的，但是煤炭投资系数相比其他方案是最小的，由此表明高环境投资、低能源投资的方案是最佳方案，在方案 4 的参数下，GDP 进入高速发展状态，从社会和谐度的模拟结果图中可以得到在方案 1、方案 3 及方案 4 交错抉择，但是在 2013 年之后方案 4 则处于主导地位，从上述四种方案下的灵敏度分析结果分析中可以得到，总体情形下方案 4 是最佳的选择，但是在实际运作过程应该四种方案协调实施。这四种方案选择只是众多方案的一个缩影，这也是以后研究的一个方向，旨在通过方案选择找到最佳的资源型城市发展道路。

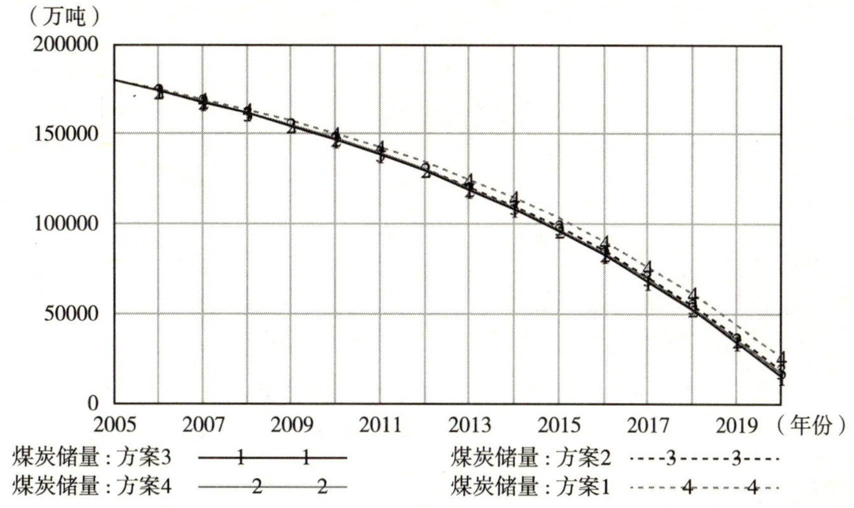

图 5－24　煤炭储量灵敏度分析

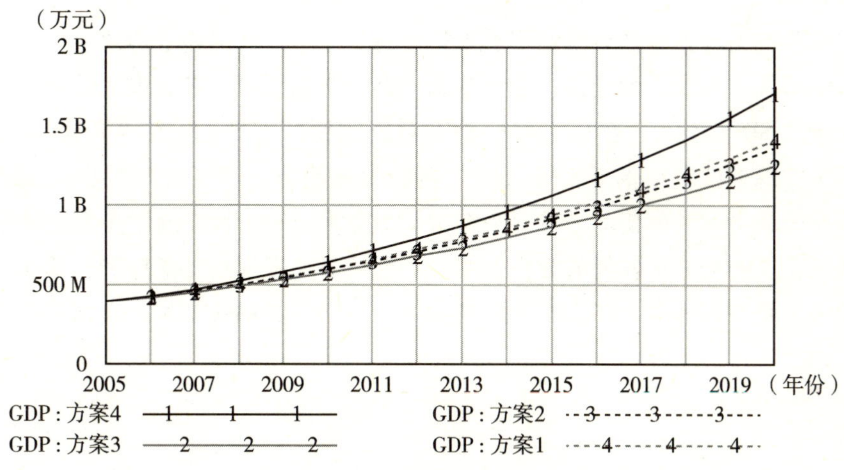

图 5－25　GDP 灵敏度分析

上述结果表明，在灵敏度分析中参数选择是关键，不同的参数将会对系统造成不同程度的影响，这些参数既受当前政策的影响，又与历史数据联系紧密，是两者共同作用的结果，因此，所选择的参数要能够起到承前启后的作用，对未来具有前瞻、领导、控制的作用。

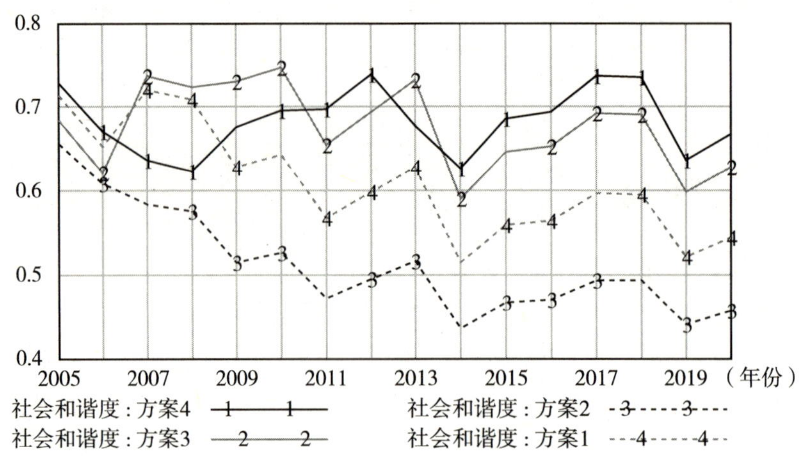

图 5－26　社会和谐度灵敏度分析

第四节　小　结

本章首先对系统动力学的基本理论进行了介绍，并阐述了构建系统动力学模型的基本方法及一般过程，在此基础上结合资源型城市发展现状设计了资源型城市的 SD 模型，并在真实性检验下对资源型城市 SD 模型结果进行分析，预测了资源型城市在未来发展过程中能源变化趋势，产生废气多少，GDP 增长情况及社会和谐度情况，并对系统进行灵敏度分析，旨在通过参数的确定选择最适合资源型城市发展的方案及路径，最后研究发现高环境投资、低能源投资的方案是最佳方案，在方案 4 的参数下，GDP 保持高速增长，碳强度降低到较低水平。

第六章

资源型城市低碳转型的绩效评价与效率测度

资源型城市低碳转型是一个复杂的巨系统，政府必然要对实施低碳转型前后的城市发展状况进行考核和对比，以便及时掌握低碳转型对于城市、产业及企业的作用和效果，以及是否达到预期目标，据此调整低碳转型的具体细节和方法。因此，本章首先综合运用 AHP－模糊综合评判方法构建低碳转型绩效评价体系，然后运用数据包络分析工具进行不同类型资源型城市的低碳转型效率测度。

第一节 资源型城市低碳转型绩效评价

一、资源型城市低碳转型绩效评价的特征

资源型城市低碳转型绩效是指资源型城市在产业发展、生态环境和社会环境影响等方面所达到的现实状态，一方面使各类产业协调发展，另一方面有益于社会、有益于生态环境，是创造一个双赢的环境。低碳转型绩效就是指在低碳转型生态化的整个过程中所全部获得的有形收获（如利润的增加）、无形收益（如城市形象的提高、生态环境的改善等）同全部支出（如政府或企业对转型的投入等）的对比关系。可见，资源型城市低碳转型绩效表现为众多因素的集成。但是其绩效评价系统也不是一成不变的，它会随着低碳转型战略的调整而进行相应的调整，因此是一个动态的绩效评价系统。

资源型城市低碳转型绩效评价具有特殊性（见图6-1），主要体现在以下几个方面。

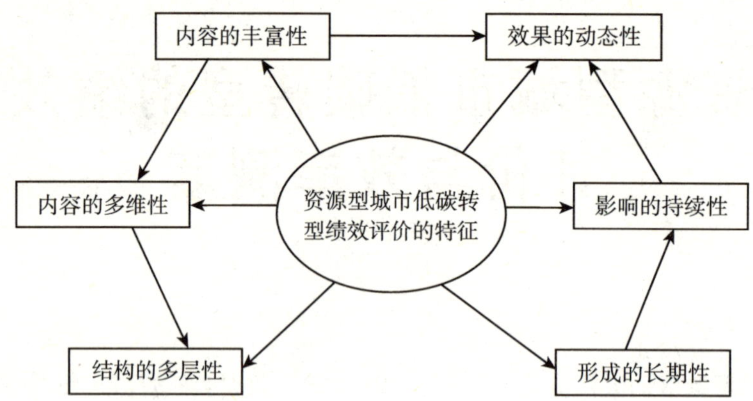

图6-1 资源型城市低碳转型绩效评价的特征模型

（1）内容的丰富性。

资源型城市低碳转型绩效表示某一时段，低碳转型活动在社会环境、生态环境和产业发展等方面的状态；描述和表示某一时段资源型城市低碳转型绩效各个方面的变化趋势；描述和表示资源型城市低碳转型绩效的各个方面的协调程度等。

（2）内容的多维性。

内容的丰富性决定其内涵的多维性，资源型城市低碳转型绩效既取决于管理资源的配置效率、效果，又取决于当地企业或居民对低碳转型活动的认可程度和支持程度；既表现为资源型城市自身的发展潜力、可持续发展能力，也反映在对社会、自然环境的影响效果上。

（3）结构的多层性。

内容的丰富性及内涵的多维性决定了结构的多层性，如资源型城市低碳转型绩效可分为经济环境绩效、社会环境绩效和生态环境绩效，而生态环境和社会环境绩效又可进一步细化和分层等。

（4）形成的长期性。

资源型城市低碳转型绩效不可能在短期内形成，而是取决于资源型城市低碳转型活动的强度和广泛性，也取决于资源型城市低碳转型的生态环境和社会环境。

（5）影响的持续性。

资源型城市低碳转型活动一旦形成良好的绩效，就能对一个城市的产业发展、生态环境、社会环境产生持续久远的影响。在政府的引导下，最终向帕累托状态发展，随着产业生态化的发展、完善，资源型城市低碳转型绩效将得到不断的提高和强化。

（6）效果的动态性。

资源型城市低碳转型是一个持续改进的动态过程，因此其绩效评价是一个动态的系统，所构建的指标体系应能充分反映这一过程，以便于预测和管理。指标体系本身必须具有一定的弹性，这样才能够反映出不同发展阶段条件下的特征。

二、资源型城市低碳转型绩效模型

资源型城市低碳转型的根本目的在于协调经济发展与促进生态环境保护和改善社会环境之间的关系，促进经济、环境、社会环境的和谐与可持续发展，实现资源型城市的经济效益、环境效益和社会效益的共赢。

（一）绩效模型构建

图6-2构建了资源型城市低碳转型绩效模型，资源型城市低碳转型绩效受政治和法律环境、经济环境、社会环境和技术环境的影响，并且各种环境要素之间又存在一定的相互作用，其绩效实际上表现为各种环境要素驱动机制之下的总体绩效评价，通过绩效评价，掌握低碳转型的运行状态，判断和测度低碳转型的发展水平、有利条件和不利条件，及时扭转不利的变化趋势，使其回归到良性发展的轨道，为各级政府、有关部门、企业和公众了解资源型城市产业生态化现状提供科学的判断依据。

（二）低碳转型绩效的函数表达形式和帕累托最优条件

资源型城市低碳转型的实质是从传统产业模式向生态产业模式转型，实现城市产业和谐的生态化。因此资源型城市低碳转型绩效可用以下函数形式表达：

$$P = F(EISD, EB, EB, SB) \tag{6-1}$$

其中，S—资源型城市低碳转型效益；

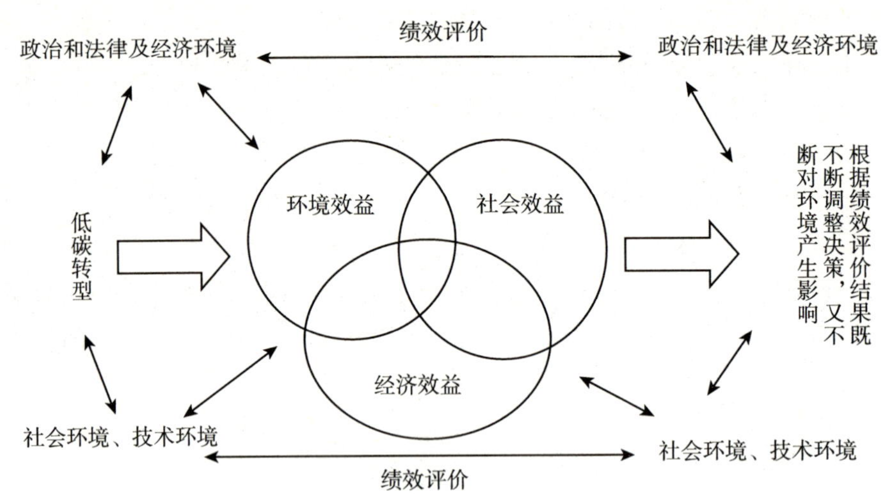

图6－2　资源型城市低碳转型绩效模型

EISD—城市可持续发展；

EB—经济效益；

GB—环境效益；

SB—社会效益。

经济效益、环境效益、社会效益增长率等指标决定了资源型城市低碳转型的动态性，即资源型城市低碳转型是一个不断追求经济增长与环境保护的帕累托最优（见图6－3），不断追求经济效益、环境效益和社会效益共赢状态的过程，最终目标是实现经济、环境和社会可持续发展。经济增长的最优只是说明产业发展是最有效率的；环境保护的最优只是说明环境是最优效率的，因此，只有让两者综合起来看时，低碳转型才达到了帕累托最优。图6－3中横轴表示最优转型中经济增长（EG）的数量，纵轴表示最优转型中环境保护（GE）的数量。GE_1和EG_1分别表示两种方式带来的效益数量，那么矩形中任意一点表示既定转型效益在经济增长与环境保护之间的一种分配。

于是根据下列图形，可以看出点E满足经济增长与环境保护的帕累托最优条件，点e仅表示两者交换的帕累托最优状态，而非生产和交换的帕累托最优状态。低碳转型的帕累托最优条件即经济增长与环境保护的帕累托最优条件是：

$$MRS_{EG} = MR_{TG} \qquad (6-2)$$

也就是说，低碳转型的绩效评价目标是经济效益和环境效益的均衡，如果低碳转型单纯以经济效益来衡量，就丧失了环境效益；如果单纯以环境效益来衡量，则损失了经济增长。低碳转型不能以破坏环境为代价一味追求经济效益，也不能只为了环境效益而忽视了经济增长。

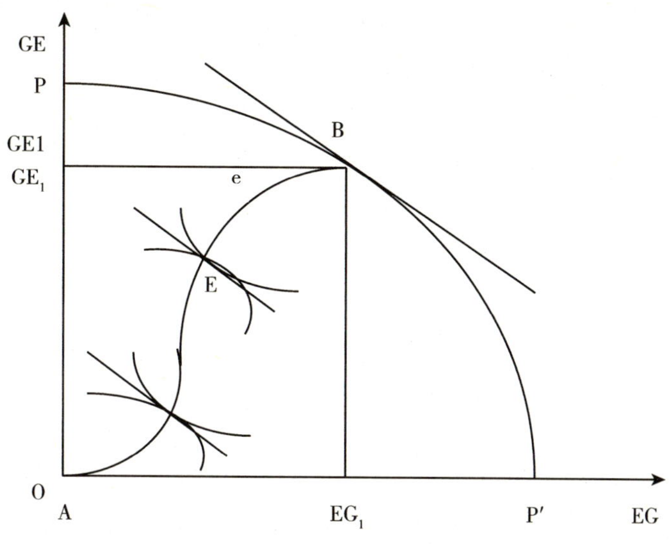

图6－3　低碳转型的帕累托最优

三、绩效评价指标体系的构建原则

资源型城市低碳转型效益评价指标体系应遵循以下原则进行构建：

（1）科学性原则。

指标体系必须建立在科学的基础上，能够充分反映资源型城市低碳转型的主要特征、发展水平和内在机制，体现资源型城市低碳转型的内涵。本身有合理的层次结构，指标的物理意义明确，测算统计方法科学规范以保证评价结果的真实性和客观性。

（2）相对完备性原则。

相对完备性要求指标体系覆盖面广。既有效率指标、总量指标，又有资源型城市低碳转型的过程指标。既有资源型城市低碳转型的现状指标、潜力指标，也有相应的管理指标。指标体系能较全面而综合地反映资源型城市低碳转型状态、程度和趋势。

（3）相对独立性原则。

指标体系是一个层次分明的各要素之间相互联系的有机整体，此体系内不同属性的指标具有相对独立性，每个指标可以独立反映循环经济某一方面的属性和状态，具有一定的代表性，因此应当避免选择意义相近或相关性太高的指标。

（4）动态性原则。

资源型城市低碳转型是一个持续改进的动态过程。因此所构建的指标体系应当能够充分反映这一过程，从而便于预测和管理。指标体系本身应当有一定的弹性，可以反映出不同发展阶段的特征。

（5）可操作性原则。

考虑到指标的定量化、建模的复杂性以及数据的可靠性和可获得性等问题，建立指标体系时应尽可能简明清晰、容易操作且易于理解。利用现有资料，在尽可能简明的前提下，挑选一些容易计算、数据容易获取且能够在一定水平上较好反映资源型城市低碳转型实际情况的指标，从而使得所构建的指标体系具有较强的可操作性，从而在信息不完备的情况下对资源型城市低碳转型绩效水平做出最真实客观的衡量和评价。

四、基于AHP—模糊综合评判的低碳转型绩效评价体系

目前，对于低碳转型效益评价方法主要有能值分析和物质流分析，但两者在应用中均存在优势和不足。资源型城市低碳转型效益的评价指标应是一个建立在科学理论基础上的有机整体，而不是一些指标的简单组合。因此在构建低碳转型效益评价指标体系时应综合考虑其科学性、相对完备性、定量性构建的原则以及数据的可靠性和可获得性。

根据以上设计原则，结合资源型城市低碳转型的实际情况，综合考虑资源型城市低碳转型的重要影响因素，运用AHP－模糊综合评判方法进行评价。层次分析法是一种可以对定性问题进行定量分析的简便、灵活又实用的多准则决策方法。此方法可以把复杂问题中的各种因素通过有序划分为相互联系的层次，通过使之条理化，从而更加合理地确定权重。模糊综合评判则是通过利用模糊数学的办法将模糊的信息定量化，从而能够对多因素进行定量评价与决策。模糊综合评判以层次分析法为基础进行，AHP中的权重系数是联系两者

的桥梁，两者相辅相成，可以共同提高评价的有效性和可靠性。资源型城市低碳转型是一个复杂的巨系统，对低碳转型效益评价涉及许多因素，因此本书通过 AHP 方法确定各目标权重，用模糊综合评价方法进行评判，既体现决策者的主观意向，又反映客观的信息，为低碳转型提供了一种综合评价方法，并对晋城市低碳转型效益进行了初期评价。

（一）绩效评价指标体系构建

采用 AHP 模型，制定了一套适合资源型城市低碳转型的三级评价指标体系，将指标体系分为目标层、准则层、指标层三层（即三级指标，分别用 A 级、B 级、C 级表示），从资源型城市低碳转型目标出发设计城市产业生态化评价指标体系（见图 6－4）。总体层综合表达资源型城市低碳转型绩效水平，代表资源型城市低碳转型总体运行情况和效果。准则层将资源型城市低碳转型效益水平指标体系解析为若干个相互联系的子系统评价指标，主要分为经济效益指标、环境效益指标和社会效益指标。变量层用来表述资源型城市低碳转型状态的具体变量，对其状态的数量、强度等进行度量。这样建立的指标体系，能够保持严格的内部逻辑统一性。同时，在指标的选取上，充分吸收其他学者关于城市低碳转型指标体系的研究成果，进行总结归纳，筛选有代表性的指标，使所构建的指标体系更具有科学性。

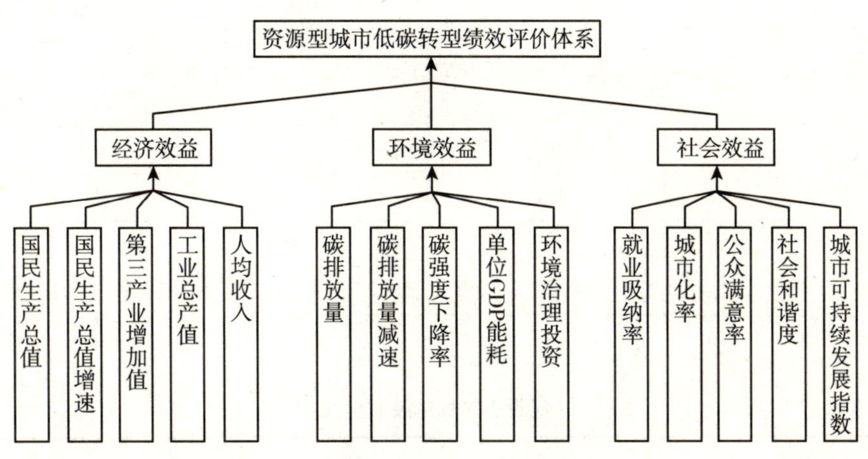

图 6－4 资源型城市低碳转型绩效评价指标体系

（二）评价指标权重确定

为了获得评价指标的合理权重系数，本书运用层次分析法设计了获取构成判断矩阵的专家调查表，并结合德尔菲法确定了资源型城市低碳转型效益层次指标的权重。为了获得反映客观实际数据，尽量避免评价结果的主观性，选择了20名调查专家，并考虑了以下问题：第一，专家组成要具有代表性，包括技术专家，管理专家、情报专家等。其人数为技术专家12个，管理专家5个，其他专家共3个。第二，专家要对调查的问题比较熟悉，有较丰富的知识经验，有较高的权威性。第三，对调查的问题感兴趣，并且有时间参加调查的全过程。

1. 建立判断矩阵

采取对因子进行两两比较的办法建立判断矩阵（见表6－1）。假设现在要比较m个因子$B=\{b_1, b_2, \cdots, b_m\}$对某因素A的影响大小，则每次取两个因子$B_i$和$B_j$，以$b_{ij}$表示$B_i$和$B_j$对A的影响大小之比，全部比较结果用矩阵$X=(b_{ij})_{m\times m}$表示，称X为A—B之间的判断矩阵，其值采用专家评分得到。

表6－1　　判断矩阵

A	B_1	……	B_m
B_1	b_{11}	……	b_{1m}
……	……		
	……		
B_m	b_{m1}	……	b_{mm}

引用数字1～9及其倒数作为标度来确定bij的值。表6－2列出了1～9标度的含义：

表6－2　　判断矩阵标度及其含义

标度值	含义
1	表示两个因素相比，具有同样重要性
3	表示两个因素相比，一个因素比另一个因素稍微重要

续表

标度值	含义
5	表示两个因素相比，一个因素比另一个因素明显重要
7	表示两个因素相比，一个因素比另一个因素强烈重要
9	表示两个因素相比，一个因素比另一个因素极端重要
2，4，6，8	上述两相邻判断的中值
倒数	两个因素相比，后者比前者的重要性程度

2. 层次单排序及其一致性检验

判断矩阵 X 对应于最大特征值 λmax 的特征向量 $W=(w_1, w_2, \cdots, w_m)$，经归一化后即同一层次相应因素对于上一层次某因素相对重要性的排序权值，这一过程即层次单排序。

$$\text{判断矩阵 } X=(b_{ij})m\times m\begin{bmatrix} \frac{w_1}{w_1} & \frac{w_1}{w_2} & \cdots & \frac{w_1}{w_m} \\ \frac{w_2}{w_1} & \frac{w_2}{w_2} & \cdots & \frac{w_2}{w_m} \\ \cdots & & & \\ \frac{w_m}{w_1} & \frac{w_m}{w_2} & \cdots & \frac{w_m}{w_m} \end{bmatrix}\left(b_{ij}=\frac{w_i}{w_j}, i, j, =1, 2, \cdots, m\right) \tag{6-3}$$

（1）计算判断矩阵每一行元素的乘积。

$$M_i = \prod_{j=1}^{m} b_{ij}\ i, =1, 2, \cdots, m \tag{6-4}$$

（2）计算 Mi 的 m 次方根。

$$\bar{w}_i = \sqrt[m]{M_i} \quad i, =1, 2, \cdots, m \tag{6-5}$$

（3）对向量 $\bar{w}=[\bar{w}_1, \bar{w}_2, \cdots, \bar{w}_m]$ 进行规范化，即：

$$w_i = \frac{\bar{w}_i}{\sum_{j=1}^{m}\bar{w}_j} \tag{6-6}$$

则 $W=(w_1, w_2, \cdots, w_m)$ 即所求的特征向量。

(4) 计算判断矩阵的最大特征值 λ_{max}。

$$\lambda_{max} = \sum_{j=1}^{m} \frac{(BW)_i}{nw_i} \tag{6-7}$$

(5) 一致性检验。

$$CI = \frac{\lambda_{max} - n}{n-1} \tag{6-8}$$

平均随机一致性指标 RI 通过表 6-3 得出。

表 6-3　　平均随机一致性指标 RI 取值

n	1	2	3	4	5	6	7	8	9
RI	0	0	0.58	0.90	1.12	1.2	1.32	1.41	1.45

一致性比率:

$$CR = \frac{CI}{IR} \tag{6-9}$$

当 $CR<0.10$ 时，可认为判断矩阵具有满意的一致性，否则需调整判断矩阵，使之具有满意的一致性。

3. 层次总排序及其一致性检验

通过计算某一层次各因素相对上一层次所有因素的相对重要性，得到的排序值称为层次总排序。由于层次总排序过程是从最高层到最低层逐层进行的，而最高层是总目标，因此，层次总排序也是计算某一层次各因素相对最高层（总目标）的相对重要性的排序权值。

设上一层次 B 包含 m 个因素 $B_1, B_2, \cdots, B_m$，其层次总排序的权值分别为 $b_1, b_2, \cdots, b_m$；下一层次 C 包含 n 个因素 $C_1, C_2, \cdots, C_n$，它们对于因素 Bj（$j=1, 2, \cdots, m$）的层次单排序权值分别为 $C_{1j}, C_{2j}, \cdots, C_{nj}$（当 C_k 与 B_j 无联系时，$C_{kj}=0$），则 C 层次总排序权值可按表 6-4 计算。

表 6-4　　层次总排序权值计算

层次 C	B_1	…	B_m	C 层次总排序权值
	b_1		B_m	
C_1	C_{11}	…	C_{1m}	$\sum_{j=1}^{m} b_j C_{1j}$
C_2	…	…	…	
…	…	…	…	
…	…	…	…	$\sum_{j=1}^{m} b_j C_{nj}$
C_n	C_{n1}	…	C_{mm}	

对层次总排序也需作一致性检验，检验仍像层次总排序那样由高层到低层逐层进行。如果 C 层次若干因素对于上一层次某一因素 B_j 的单排序一致性检验指标为 C_{ij}，相应的平均随机一致性指标为 R_{ij}，则 C 层次总排序随机一致性比率为：

$$CR = \frac{\sum_{j=1}^{m} b_j CI_j}{\sum_{j=1}^{m} b_j RI_j} \tag{6-10}$$

类似的，当 $CR < 0.10$ 时，就认为层次总排序的结果具有满意的一致性，否则就需要重新调整判断矩阵。

通过 AHP 法求得的层次总排序结果即各评价指标权重。

（三）模糊综合评价

模糊综合评价是指运用模糊数学中模糊统计的方法，通过综合考虑并分析影响某事物的各个因素，从而对该事物的优劣做出科学的评价。对于物流网络结构评价来说，一般都是采用多层模糊综合评价法。

1. 建立模糊评价矩阵 R

首先构造评语集 $V = \{v_1, v_2, \cdots, v_m\}$，然后对被评价项目从每个因素 u_i（$i = 1, 2, \cdots, n$）的角度进行量化，即确定从单因素的角度得到的被评价项目对各评语集的隶属度 $R(ui) = (r_{i1}, r_{i2}, \cdots, r_{im})$，进而得到模糊关系矩阵 R，其中 r_{ij} 表示指标 u_i 对评价集 v_j 的隶属程度。

$$R=\begin{bmatrix}R(u_1)\\R(u_2)\\\cdots\\R(u_n)\end{bmatrix}=\begin{bmatrix}r_{11}&r_{12}&\cdots&r_{1m}\\r_{21}&r_{22}&\cdots&r_{2m}\\\cdots&&&\\r_{n1}&r_{n2}&\cdots&r_{nm}\end{bmatrix}\tag{6-11}$$

发放印有评价指标与评价等级的表格给评价团成员，回收表格并进行整理。评判集 $V=\{v_1, v_2, \cdots, v_m\}$ 由优、良、中、差四个评价等级构成，收回评价表格整理后，可以得到各个评价指标相应各等级评语的个数，例如，得到对第 i 个评价指标有 r_{i1} 个 v_1 级评语，r_{i2} 个 v_2 级评语，…，r_{im} 个 v_m 级评语，那么式中 r_{ij} 表示对第 i 个评语指标作出的第 j 级评语的隶属度。

$$r_{ij}=v_{ij}\div\sum_{j=1}^{m}v_{ij}(i=1,2,\cdots,n)\tag{6-12}$$

2. 进行综合评价

综合评价就是通过利用合适的模糊合成算子将 X 与 R 合成，从而得到被评价事物的模糊综合评价结果向量 B。其中，R 中不同的行反映的是从不同的单因素角度下看某个被评价事物对各个等级模糊子集的隶属程度，用层次分析法求得的模糊权向量 X 通过将不同的行进行综合，就可以得到总体上该被评价事物对各等级模糊子集的隶属程度，即模糊综合评价结果向量 B。模糊综合评价的模型为：

$$B=XR=(a_1,a_2,\cdots,a_n)\begin{bmatrix}r_{11}&r_{12}&\cdots&r_{1m}\\r_{21}&r_{22}&\cdots&r_{2m}\\\cdots&&&\\r_{n1}&r_{n2}&\cdots&r_{nm}\end{bmatrix}=(b_1,b_2,\cdots,b_m)\tag{6-13}$$

其中 b_j 是由 X 与 R 的第 j 列运算得到的，它表示被评价事物从整体上看对 v_j 等级模糊子集的隶属程度。

由此得到被评价事物的综合得分 C = BV。

五、实证研究

本书以晋城市为例，进行了资源型城市低碳转型绩效评价的实证研究。根据专家评分，利用 Yaahp0. 5.1 软件计算得到资源型城市低碳转型绩效各评价指标权重情况如表 6－5 所示。

表 6－5　　　　评价指标权重

目标	准则	指标	权重
资源型城市低碳转型绩效评价指标体系	经济效益	国民生产总值	0. 1151
		国民生产总值增速	0. 0836
		第三产业增加值	0. 0441
		工业总产值	0. 0347
		人均收入	0. 0560
	环境效益	碳排放量	0. 0430
		碳排放量减速	0. 0642
		碳强度下降率	0. 0569
		单位 GDP 能耗	0. 0997
		环境治理投资	0. 0695
	社会效益	就业吸纳率	0. 0773
		城市化率	0. 0608
		公众满意率	0. 0498
		社会和谐度	0. 0713
		城市可持续发展指数	0. 0742

确定各影响因素评语等级论域：$V = \{v_1, v_2, \cdots, v_m\}$ 即等级集合，其中，v_1 = 优 = 1，v_2 = 良 = 0.9，v_3 = 中 = 0.7，v_4 = 差 = 0.5。将印有评价指标与评价等级的表格发放给评价团成员，收回评价表格并进行整理后，可以得到各个评价指标所对应的各等级评语的个数，即模糊关系矩阵 R。

$$R_1 = \begin{bmatrix} R|u_{11} \\ R|u_{12} \\ R|u_{13} \\ R|u_{14} \\ R|u_{15} \end{bmatrix} = \begin{bmatrix} 0.6 & 0.33 & 0.07 & 0 \\ 0.24 & 0.46 & 0.2 & 0.10 \\ 0.52 & 0.33 & 0.15 & 0 \\ 0.41 & 0.33 & 0.14 & 0.12 \\ 0.15 & 0.20 & 0.45 & 0.20 \end{bmatrix}$$

$$R_2 = \begin{bmatrix} R|u_{21} \\ R|u_{22} \\ R|u_{23} \\ R|u_{24} \\ R|u_{15} \end{bmatrix} = \begin{bmatrix} 0.73 & 0.37 & 0 & 0 \\ 0.17 & 0.23 & 0.45 & 0.15 \\ 0.32 & 0.46 & 0.18 & 0.04 \\ 0.11 & 0.25 & 0.58 & 0.06 \\ 0.25 & 0.40 & 0.27 & 0.08 \end{bmatrix}$$

$$R_3 = \begin{bmatrix} R|u_{31} \\ R|u_{32} \\ R|u_{33} \\ R|u_{34} \\ R|u_{35} \end{bmatrix} = \begin{bmatrix} 0.42 & 0.33 & 0.25 & 0 \\ 0.23 & 0.51 & 0.20 & 0.06 \\ 0.32 & 0.43 & 0.15 & 0.10 \\ 0.12 & 0.30 & 0.42 & 0.16 \\ 0.37 & 0.30 & 0.23 & 0.10 \end{bmatrix}$$

在已知各模糊向量权重 X 的情况下，由模糊综合评价公式 $B = X \times R$ 得一级模糊评价结果向量：

$B1 = X1 \times R1 =$ （0.134683，0.113643，0.06145，0.02372）

$B2 = X2 \times R2 =$ （0.266681，0.328823，0.347156，0.07035）

$B3 = X3 \times R3 =$ （0.29514，0.364676，0.257906，0.082378）

根据一级模糊评价结果，进行二级评判，得二级模糊综合评判结果为：

$B = X \times R =$ （0.229846，0.266357，0.219949，0.058229）

最终可得晋城市低碳转型绩效的综合得分：$C = B \times V = 0.652646$。

通过对晋城市低碳转型绩效调查的结果统计，采用模糊综合评价方法，计算出晋城市低碳转型绩效的综合得分是 0.652646。根据低碳转型绩效综合评价得分数划分为优（≥80）、良（≥70，<80）、一般（≥60，<70）、较差（<60）等 4 个档次，测评结果表明对晋城市低碳转型的绩效评价为“一般”，说明晋城市低碳转型取得了一定的绩效，但绩效水平还急需进一步提高。原因在于晋城市低碳转型时间较短，高耗能产业依然为主导产业，低碳转型工作任重而道远。低碳转型与产业重构是一个动态发展和不断提高的过程，同样晋城市低碳转型绩效的综合评价也必须是一个持续开展的活动。通过定期对晋城市低碳转型绩效进行综合评价，建立合理的激励机制与动力机制，可以进一步促进晋城市的低碳转型。目前，虽然各级政府及相关企业已逐渐深刻认识到低碳转型的必要性与紧迫性，必须在获取经济效益的同时，合理使用自然资源、保护环境、实现对资源与环境的代际间的公平分配，以及加强自主创新能力建

设，以尽量实现晋城市的可持续发展。但是由于受纯经济利益动机的驱使或思想意识的禁锢，企业往往难以避免内部一些组织和个人的短期行为对资源型城市低碳转型工作的破坏。建立晋城市低碳转型绩效综合评价体系，对资源型城市低碳转型进行阶段性效益的综合评价，可以及时为政府和相关企业及时揭示资源型城市在低碳转型、环境保护以及创造经济效益等方面的可持续发展现状和发展趋势，为政府制定低碳转型决策等提供科学依据，引导产业结构调整和实施可持续发展战略。

第二节

不同类型资源型城市低碳转型的效率测度

根据第二章的分类，在地域空间上把 87 个地级市资源型城市划分为东部地区、中部地区、西部地区；按资源类型，把资源型城市划分为有色冶金城市、黑色冶金城市、石油型城市、煤炭型城市，本节试图分析不同类型资源型城市低碳转型效率是否存在差异，因此，利用 DEA 分析方法，分别计算出 2005 年和 2009 年中国 87 个资源型城市的碳排放综合效率、纯技术效率和规模效率，然后进行比较分析。

一、模型的构建

假设有 n 个不同类型地区，每个地区都有 m 个投入变量和 k 个产出变量。$X_j=(x_{1j},x_{2j},\cdots,x_{mj})^T$和 $Y_j=(y_{1j},y_{2j},\cdots,y_{mj})^T$分别为第 i 个地区的投入向量和产出向量，$v=(v_1,v_2,\cdots,v_m)^T$和 $u=(u_1,u_2,\cdots,u_k)^T$分别为投入变量和产出变量的权重向量，则第 j 个地区碳排放效率评价指数为：

$$Ej=\frac{u^TY_j}{v^TX_J}\quad j=1,2,\cdots,n \tag{6-14}$$

现对第 i 个地区的碳排放量进行效率评价，建立如下的 C^2R 模型（P）：

$$\begin{cases} \max \dfrac{u^T Y_0}{v^T X_0} \\ \text{s.t.} \ \dfrac{u^T Y_j}{v^T X_j} \leqslant 1, j = 1, 2, 3, \cdots, n \\ u \geqslant 0 \\ v \geqslant 0 \end{cases} \tag{6-15}$$

利用 Charnes-Cooper 变换，可以得到如下的对偶规划模型（D_1）：

$$\begin{cases} \min\theta = \theta^* \\ \text{s.t.} \ \sum_{j=1}^{n} \lambda_j X_j + K^- = \theta X_0 \\ \quad \sum_{j=1}^{n} \lambda_j Y_j - K^+ = Y_0 \\ \lambda_j \geqslant 0, j = 1, 2, \cdots, n \\ K^- \geqslant 0, K^+ \geqslant 0 \end{cases} \tag{6-16}$$

本书的输入指标选取科技支出、能源效率、环境污染治理投资额三个指标，输出指标为碳排放量。

二、DEA 评价准则

设（D_1）的最优解为 λ^*、θ^*、K^{*-} 和 K^{*+}，θ^* 即为第 i 个地区的碳排放量的相对效率评价值。

（1）若 $\theta^* = 1$，并且对所有的最优解，均有 $K^{*-} = K^{*+} = 0$，则称该地区的碳排放量为 DEA 有效，其对应的点 X_0、Y_0 位于有效边界上。这也表明，该部门在输出水平不变的情况下，投入已达到最低，不可能再减少投入，即达到最优。

（2）若 $\theta^* < 1$ 时，表明 DMU 投入要素还有减少的余地，没有达到最优状态，可作全面等比压缩，θ 越小，压缩余地越大。

模型（D_1）没有对 λ 的取值进行上限约束，默认了 DMU 具有不变规模效益的特殊性，用来衡量 DMU 的综合有效性，不能区分规模非有效还是技术非有效。

在模型（D_1）中加入约束条件 $\sum_{j=1}^{n} \lambda_j = 1$（该约束条件允许了规模收益变化的

出现）得到的 C^2GS^2 模型，该模型的最优值即为纯技术效率，记为 σ^*。纯技术效率可以在综合有效性非有效时，进一步比较出决策单元间相对技术有效 σ^* 性。如果 $\sigma=1$，则 DUM 技术有效性最佳，否则为非技术有效性。通过其投影值：

$$\begin{cases} \hat{X}_0 = \theta^* X_0 - S^{*-} = \sum_{j=1}^{n} \lambda_j^* X_j \\ \hat{Y}_0 = Y_0 + S^{*+} = \sum_{j=1}^{n} \lambda_j^* Y_j \end{cases} \tag{6-17}$$

得到要实现技术有效在输入或输出方面所需要调整的目标。调整比例大的指标表示与有效的决策单元相比其输入过大或输出过小。

规模有效性效率 $\rho^* = \frac{\theta^*}{\sigma^*}$，若 $\theta^*=1$，表示规模收益不变，为规模有效阶段，此时投入产出达到最优，DUM 达到最大产出规模点；若 $\theta^*<1$，且规模收益递减（$\sigma^*>1$），此时决策者应该考虑减少投入规模，增加投入不会带来更高比例产出；若 $\theta^*>1$，且规模收入递增（$\sigma^*<1$），此时决策者应该考虑增加投入规模。当投入量扩大 W 倍时，可以获得大于 W 倍的产出量。

三、结果评价

（一）不同资源种类资源型城市低碳转型效率对比分析

运用 DEA 分析方法，首先对不同资源种类的资源型城市低碳转型效率进行分析，结果如表 6－6 所示。

表 6－6　不同资源种类资源型城市低碳转型效率比较

	综合效应评价 θ^*		技术效率评价 σ^*		规模效应评价 ρ^*	
	2005 年	2009 年	2005 年	2009 年	2005 年	2009 年
有色冶金城市	1	1	1	1	1	1
黑色冶金城市	0.931	1	1	1	0.931	1
石油型城市	0.613	0.866	0.849	1	0.722	0.866
煤炭型城市	1	1	1	1	1	1

从表 6－6 可以看出四种类型资源型城市的综合效率情况，在 2005 年有两

种类型城市，即有色冶金和煤炭型城市达到了综合效率最优，而在2009年，有三种类型城市达到了综合最优；2005年的技术效率有三个达到最优，而2009年，四个类型城市都达到了最优；2005年有两种类型城市达到最优，而2009年有三个类型地区达到了规模最优。从表6-6可以看出，2009年与2005年相比，在各方面都有了很大提高，直至2009年技术效率都达到最优。即在减少碳排放的投入方向上是正确的，但是黑色冶金型城市和石油型城市在资金投入上还需要加大。

（二）不同地区资源型城市低碳转型效率对比分析

把资源型城市划分为东部、中部、西部三个区域，由此，可以测算出不同区域的资源型城市的低碳转型效率情况，结果如表6-7所示。

表6-7　不同地区资源型城市低碳转型效率比较

	综合效应评价 θ^*		技术效率评价 σ^*		规模效应评价 ρ^*	
	2005年	2009年	2005年	2009年	2005年	2009年
中部	1	1	1	1	1	1
东部	1	0.949	1	1	1	0.949
西部	0.795	1	1	1	0.795	1

从表6-7可以看出，中东西部地区在技术效率上都达到了最优；2005年中部和东部地区都达到了综合地区，西部地区综合效率只有0.795，但是在2009年的时候，西部综合效应评价达到最优，而东部的综合效应减少到0.949。从表6-7可以看出，不同地区的碳排放减少效率是不一样的，西部是最差的，所以需要在西部加强资金的投入来提升低碳转型效率。

第三节

不同类型资源型城市的碳排放效率

资源型城市是能源资源保障的基地，也是保持经济健康稳定发展的支撑，其经济的发展主要依托资源的开发利用，而高碳密集型产业的发展造成温室气体的大量排放，形成了其显著的高能耗高排放的特点。促进资源型城市的可持续发展，对于加快转变经济发展方式，以及实现全面建成小康社会的奋斗目标均有重要意义，也是促进区域协调发展和推进新型工业化的必然要求。在推进经济持续发展的同时提高碳排放效率，对于实现资源型城市的可持续发展具有至关重要的作用。目前，学者们对资源型城市的研究主要集中在探究其低碳转型的效率评价。白雪洁等基于非期望产出动态 SBM 模型研究了 2005~2012 年我国衰退型资源型城市的转型效率及其节能潜力和减排空间。段永峰和罗海霞则以内蒙古地级资源型城市为例，运用 DEA 模型对内蒙古自治区的 10 个资源型城市进行了综合评价和技术、规模有效性评价。但资源型城市碳排放效率的研究缺乏，在对碳排放效率的研究中，目前主流方法仍然以 DEA 模型为主，在对无效率的决策单元进行分析时，DEA 模型可以更具体，但在对有效率的决策单元进行分析时，DEA 模型具有局限性，而 SE-SBM 模型分析更为准确，因此本书综合运用 DEA 模型及改进的 SE-SBM 模型系统地对我国资源型城市目前的碳排放效率进行研究，希望对资源型城市可持续发展战略的制定起到科学的指导作用。

由于我国资源型城市数量众多，且不同城市的资源开发处于不同阶段，其经济水平存在较大差异，所面临的问题更是不尽相同。因此，对资源型城市进行分类研究，可以有针对性地发现并解决问题。2013 年，国务院印发了《全国资源型城市可持续发展规划（2013~2020 年）》（以下简称《规划》），《规划》范围包括 262 个资源型城市，其中地级行政区（包括地级市、地区、自治州、盟等）126 个，县级市 62 个，县（包括自治县、林区等）58 个，市辖区（开发区、管理区）16 个，《规划》将资源型城市分为成长型、成熟型、衰退型和再生型四种类型。本部分以资源型城市地级市为研究对象，按照资源型城市的不同类型分别对其进行研究。

一、研究方法

（一）DEA 模型

DEA 模型是一种利用数学规划模型对相同类型的多投入、多产出的决策单元的相对有效性进行评价的非参数统计方法。此模型的思路是通过把每一个待评价的个体作为一个决策单元，那么所有的决策单元就构成了待评价群体，然后对各个决策单元的投入与产出比率进行综合分析，最后根据决策单元的投入与产出权重进行评价，从而判断决策单元是否达到 DEA 有效。此模型的效率值分布区间为（0，1），当效率值为 1 时，意味着该决策单元处于效率前沿面。

（二）超效率 SBM 模型

相对于传统的 DEA 模型，超效率 SBM 模型做出了很大的改进。超效率 DEA 模型比 DEA 模型可以更进一步区分有效率的决策单元，而超效率 SBM 模型又比超效率 DEA 模型更恰当地处理了非期望产出。

假设有 n 个决策单元，每个决策单元由投入 m，期望产出 r_1 和非期望产出 r_2 三个部分构成。用向量表示为 $x \in R^m$，$y^d \in R^{r_1}$，$y^u \in R^{r_2}$；X、Y^d 和 Y^u 是矩阵，$X = [x_1 \quad \cdots\cdots \quad x_n] \in R^{m \times n}$，$Y^d = [y_2^d \quad \cdots\cdots \quad y_n^d] \in R^{r_1 \times n}$ 和 $Y^u = [y_1^u \quad \cdots\cdots \quad y_n^u] \in R^{r_2 \times n}$。本书在讨论超效率 SBM 时，定义决策单元是 SBM 有效的，因此，含有非期望产出的超效率 SBM 模型如下：

$$
\min = \frac{\frac{1}{m} \times \sum_{i=1}^{m}\left(\frac{\bar{x}}{x_{ik}}\right)}{\frac{1}{(r_1 + r_2)} \times \left(\sum_{s=1}^{r_1}\frac{\overline{y^d}}{y_{sk}^d} + \sum_{q=1}^{r_2}\frac{\overline{y^u}}{y_{qk}^u}\right)}
$$

$$
\begin{cases}
\bar{x} \geqslant \sum_{j=1,\neq k}^{n} x_{ij}\lambda_i \quad i = 1,\cdots,m \\
\overline{y^d} \leqslant \sum_{j=1,\neq k}^{n} y_{sj}^d\lambda_j \quad s = 1,\cdots,r_1 \\
\overline{y^d} \geqslant \sum_{j=1,\neq k}^{n} y_{qi}^u\lambda_j \quad q = 1,\cdots,r_2 \\
\lambda_j \geqslant 0 \quad j = 1,\cdots,n \quad j \neq 0 \\
\bar{x} \geqslant x_k \quad i = 1,\cdots,m \\
\overline{y^d} \leqslant y_k^d \quad s = 1,\cdots,r_1 \\
\overline{y^u} \geqslant y_k^u \quad q = 1,\cdots,r_2
\end{cases}
\tag{6-18}
$$

在对无效率的决策单元进行分析时，DEA 模型可以更具体，在对有效率的决策单元进行分析时，SE－SBM 模型可以更准确，因此，本书在研究过程中将 DEA 模型和 SE－SBM 模型进行结合，可以更详尽地对不同类型的资源型城市碳排放效率进行分析研究。

二、数据处理

鉴于《规划》的规划期为2013～2020年，且考虑到数据获取的全面性，本书选择基于2013年的资源型城市数据进行研究。在本书中，地区生产总值和就业人员的数据来自2014年《中国城市统计年鉴》，能源消费量数据来自各个省市的统计年鉴以及各地区的统计信息网，碳排放量的数据则是通过对上述能源消费量进行核算得到。在具体分析时，由于搜集全部126个资源型城市地级行政区的多指标数据存在较大困难，因此，本部分实际分析各类资源型城市共106个，其中13个成长型城市，58个成熟型城市，22个衰退型城市和13个再生型城市①。

本书综合考虑多方面因素，在选择投入指标时，分别从人力、物力和财力方面入手，以各个城市的就业人员数代表人力的投入，以能源消费量代表物力的投入，以固定资产投资额代表财力的投入。在确定产出指标时，地区生产总值作为期望产出，碳排放则作为非期望产出。具体地，在DEA模型中，采用"非期望产出作投入法"将碳排放作为投入指标进行处理，而SBM模型可以恰当处理非期望产出，因此不做特别调整。

三、实证分析

（一）成长型资源型城市的碳排放效率

对于成长型城市来说，其资源开发尚处于上升阶段，有巨大的资源保障潜力，不仅可以保障本地经济的稳定发展，更是我国能源资源的供给和后备基

① 由于部分资源型城市的相关研究数据无法取得，所以仅对下列资源型城市进行了研究：成长型城市：朔州、呼伦贝尔、鄂尔多斯、松原、南充、六盘水、毕节、昭通、延安、咸阳、榆林、武威、陇南；成熟型城市：邢台、大同、阳泉、长治、晋城、忻州、晋中、临汾、运城、吕梁、赤峰、本溪、吉林、黑河、大庆、鸡西、牡丹江、湖州、宿州、亳州、淮南、滁州、池州、宣城、南平、三明、龙岩、赣州、宜春、东营、济宁、泰安、莱芜、三门峡、鹤壁、平顶山、鄂州、衡阳、郴州、邵阳、娄底、云浮、河池、广元、广安、自贡、攀枝花、达州、雅安、安顺、曲靖、保山、普洱、临沧、渭南、宝鸡、金昌、克拉玛依；衰退型城市：乌海、阜新、抚顺、辽源、白山、伊春、鹤岗、双鸭山、七台河、淮北、铜陵、景德镇、新余、萍乡、焦作、濮阳、黄石、韶关、泸州、铜川、白银、石嘴山；再生型城市：唐山、包头、鞍山、盘锦、葫芦岛、通化、马鞍山、淄博、临沂、洛阳、南阳、丽江、张掖。

地。借助软件 Deap verson 2.1，本书得出 DEA 模型下的成长型资源型城市碳排放效率的结果，如表 6－8 所示。

表 6－8　　成长型资源型城市的碳排放效率

地级市	综合效率	纯技术效率	规模效率	规模收益	地级市	综合效率	纯技术效率	规模效率	规模收益
朔州市	0.749	0.983	0.762	irs	昭通市	0.667	1.000	0.667	irs
呼伦贝尔	0.751	0.827	0.908	irs	延安市	0.689	0.758	0.910	irs
鄂尔多斯	1.000	1.000	1.000	—	咸阳市	0.560	0.566	0.988	drs
松原市	1.000	1.000	1.000	—	榆林市	1.000	1.000	1.000	-
南充市	0.696	0.778	0.895	irs	武威市	0.775	1.000	0.775	irs
六盘水市	0.485	0.708	0.685	irs	陇南市	1.000	1.000	1.000	-
毕节市	0.432	0.582	0.743	irs	均值	0.754	0.862	0.872	

资料来源：笔者根据2014 年中国城市统计年鉴、各省份统计年鉴以及各城市统计信息网数据计算。

在规模可变的条件下，对于非 DEA 有效的城市可以分析其规模有效性和技术有效性。昭通市和武威市表现为纯技术有效而非规模有效，即这两个城市要保证现有产出的话，就不能缩减其投入。其余城市既没有达到技术有效，也没有达到规模有效，说明这些城市存在投入冗余或者产出不足，换言之，即使减少他们的现有投入，也极有可能实现目前的产出水平。

从规模收益的角度来看，在非 DEA 有效的资源型城市中，只有咸阳市处于规模收益递减的阶段，说明即使增加对该城市的投入，产出的增加比例也达不到投入增加的比例，而其他非 DEA 有效的城市均处于规模收益增加的阶段，因此以相同的比例增加对这些城市的投入，可以得到更大比例的产出回报。

从综合效率的角度来看，在成长型的资源型城市中，表现出明显的两极分化，只有鄂尔多斯市、松原市、榆林市和陇南市的综合效率是 DEA 有效的，且由图 6－5 可知，其优劣排序如下：松原市 > 鄂尔多斯市 > 榆林市 > 陇南市，而其余城市的综合效率显著偏低，效率值普遍低于 0.6。其中，榆林市是重要的石油和煤炭后备基地，鄂尔多斯市自 2003 年以来原煤产量已经超过大同市，煤炭产量位居全国产煤地级市之首，现在更是我国重要的天然气后备基地。

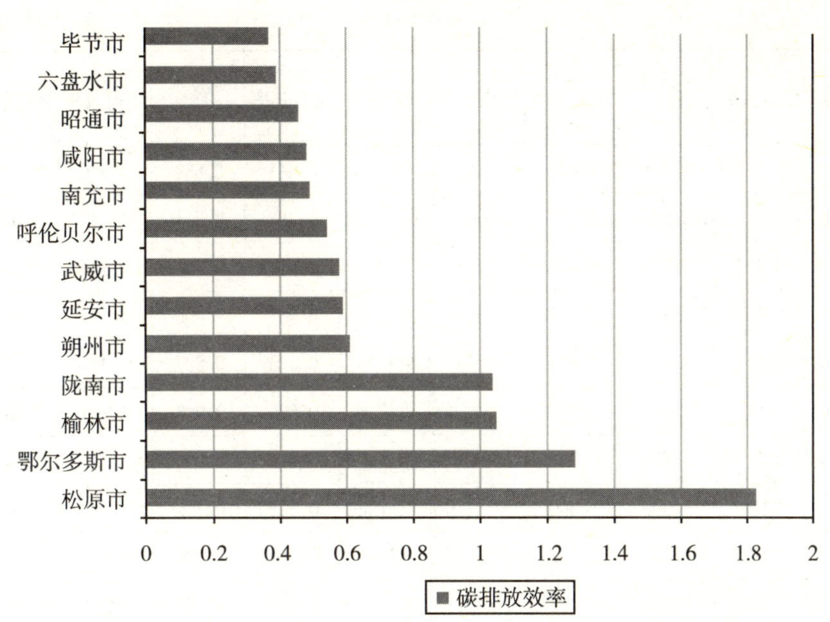

图6－5　成长型城市碳排放效率的SE－SBM模型运行结果

资料来源：笔者绘制。

（二）成熟型资源型城市的碳排放效率

成熟型城市的资源开发已经处于稳定阶段，此阶段的资源保障能力比较强，经济发展也处于比较高的水平，是现阶段我国能源资源安全保障的核心区。本书运用DEA模型得到的成熟型资源型城市的碳排放效率，结果如表6－9所示。

表6－9　成熟型资源型城市的碳排放效率

地级市	综合效率	纯技术效率	规模效率	规模收益	地级市	综合效率	纯技术效率	规模效率	规模收益
邢台市	0.776	0.786	0.987	irs	东营市	0.846	0.859	0.984	irs
大同市	0.544	0.563	0.966	irs	济宁市	1.000	1.000	1.000	－
阳泉市	0.643	0.677	0.950	irs	泰安市	0.755	0.759	0.995	irs
长治市	0.554	0.570	0.972	irs	莱芜市	0.505	0.747	0.676	irs
晋城市	0.626	0.644	0.972	irs	三门峡市	0.757	0.826	0.916	irs

续表

地级市	综合效率	纯技术效率	规模效率	规模收益	地级市	综合效率	纯技术效率	规模效率	规模收益
忻州市	0.464	0.531	0.872	irs	鹤壁市	0.841	0.889	0.946	irs
晋中市	0.511	0.545	0.937	irs	平顶山市	0.798	0.811	0.984	irs
临汾市	0.432	0.525	0.822	irs	鄂州市	0.621	0.704	0.883	irs
运城市	0.466	0.516	0.904	irs	衡阳市	0.981	1.000	0.981	drs
吕梁市	0.555	0.607	0.914	irs	郴州市	0.873	0.887	0.984	irs
赤峰市	0.711	0.759	0.936	irs	邵阳市	0.896	0.918	0.976	drs
本溪市	0.718	0.748	0.961	irs	娄底市	0.616	0.656	0.939	irs
吉林市	1.000	1.000	1.000	—	云浮市	0.625	0.706	0.885	irs
黑河市	0.920	1.000	0.920	irs	河池市	0.961	1.000	0.961	irs
大庆市	1.000	1.000	1.000	—	广元市	0.645	0.759	0.851	irs
鸡西市	0.765	1.000	0.765	irs	广安市	0.816	1.000	0.816	irs
牡丹江市	0.767	0.827	0.927	irs	自贡市	0.884	0.936	0.944	irs
湖州市	1.000	1.000	1.000	—	攀枝花市	0.557	0.733	0.760	irs
宿州市	0.824	0.855	0.964	irs	达州市	0.547	0.587	0.931	irs
亳州市	0.959	1.000	0.959	irs	雅安市	0.807	1.000	0.807	irs
淮南市	0.674	0.702	0.960	irs	安顺市	0.550	0.877	0.627	irs
滁州市	0.851	0.964	0.883	irs	曲靖市	0.836	0.844	0.991	irs
池州市	0.680	1.000	0.680	irs	保山市	0.858	0.977	0.878	irs
宣城市	0.683	0.708	0.966	irs	普洱市	0.681	0.800	0.851	irs
南平市	0.736	0.840	0.876	irs	临沧市	1.000	1.000	1.000	-
三明市	0.846	0.935	0.905	irs	渭南市	0.525	0.541	0.969	irs
龙岩市	0.794	0.815	0.975	irs	宝鸡市	0.711	0.733	0.970	irs
赣州市	1.000	1.000	1.000	—	金昌市	0.518	1.000	0.518	irs
宜春市	0.884	0.893	0.990	irs	克拉玛依	0.824	0.985	0.837	irs
均值	0.745	0.820	0.911						

资料来源：笔者根据2014年中国城市统计年鉴、各省份统计年鉴以及各城市统计信息网数据计算。

在规模可变的条件下，在非 DEA 有效的城市中，黑河市、鸡西市、亳州市、池州市、衡阳市、河池市、广安市、雅安市和金昌市是纯技术有效的，因此如果要保证这 9 个城市现有产出水平的话，就不能降低目前的投入水平。对于其他非 DEA 有效的城市，均表现为既非纯技术有效，也非规模有效，即这些城市都存在不同程度的投入冗余或产出不足。

从规模收益的角度看，在非 DEA 有效的 52 个城市中，只有衡阳市和邵阳市处在规模收益递减的阶段，因此也只有这两个城市增加投入的话，其产出效率会比较低，其余 50 个城市则均处于规模收益递增的阶段，按照相同比例增加其目前的投入，将会收获更大的产出回报。

从碳排放的综合效率角度进行分析可知，由于在 DEA 模型中是将非期望产出做投入进行处理，而 SE－SBM 模型可以自行处理非期望产出，因此两者在得出的具体效率值上会存在差异，但对效率高低的评价是相对一致的。由图 6－6 可知，在有效率的 5 个城市中，大庆市的效率值最高为 1. 339，济宁市的效率值最低为 1. 017，即在现有的投入基础上分别再给他们等比例增加 33. 9% 和 1. 7% 的投入，仍然可以保持其相对有效。大庆市在保证经济发展的同时注重社会发展，将开发畜牧业资源作为城市发展战略的一部分，有力地缓解了石油等资源对环境的压力；济宁市是典型的资源型城市，其煤炭资源占山东省储量的一半以上，在资源开采的鼎盛时期就全面协调资城市的可持续发展，积极推进低碳转型，调整产业结构，重点发展低能耗、低污染、低排放的“三新”产业和节能环保等 18 个低碳产业链条。而在其他无效率的城市中，多数的效率值分布在 0. 6 ~0. 8 之间，且分布比较均匀。

（三）衰退型资源型城市的碳排放效率

衰退型城市的资源已经趋于枯竭，不仅出现经济发展滞后的现象，还涌现出各种民生问题，面临空前的生态环境压力，是实现资源型城市可持续发展的重点难点地区。基于 DEA 模型，得到如表 6－10 所示的衰退型资源型城市碳排放效率的结果。

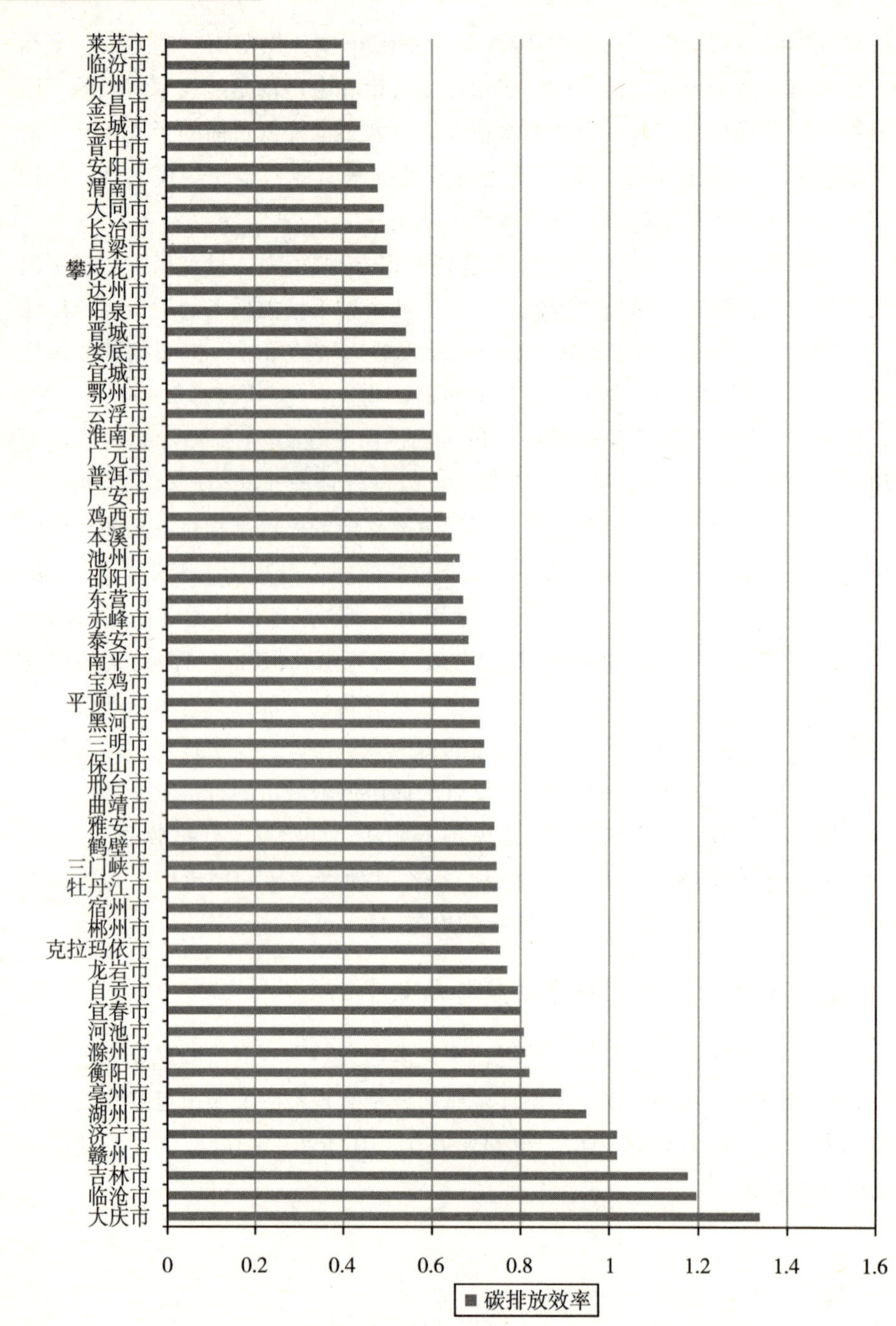

图 6-6　成熟型城市碳排放效率的 SE-SBM 模型运行结果

资料来源：笔者绘制。

表 6-10　　　　衰退型资源型城市的碳排放效率

地级市	综合效率	纯技术效率	规模效率	规模收益	地级市	综合效率	纯技术效率	规模效率	规模收益
乌海市	1.000	1.000	1.000	—	景德镇市	0.891	0.893	0.997	drs
阜新市	0.763	0.831	0.917	irs	新余市	1.000	1.000	1.000	—
抚顺市	0.866	1.000	0.866	drs	萍乡市	0.742	0.753	0.984	drs
辽源市	1.000	1.000	1.000	—	焦作市	0.867	1.000	0.867	drs
白山市	0.919	0.923	0.996	drs	濮阳市	0.851	0.995	0.855	drs
伊春市	0.683	0.913	0.748	irs	黄石市	0.833	0.916	0.909	drs
鹤岗市	1.000	1.000	1.000	—	韶关市	1.000	1.000	1.000	—
双鸭山市	0.784	0.814	0.963	irs	泸州市	0.897	0.962	0.933	drs
七台河市	0.776	1.000	0.776	irs	铜川市	0.825	1.000	0.825	irs
淮北市	0.684	0.687	0.996	drs	白银市	0.852	0.887	0.960	irs
铜陵市	0.803	0.843	0.952	irs	石嘴山市	0.781	1.000	0.781	irs
均值	0.855	0.928	0.924						

资料来源：笔者根据2014年中国城市统计年鉴、各省份统计年鉴以及各城市统计信息网数据计算。

在规模可变的条件下，17个非DEA有效的城市中有5个城市达到纯技术有效，分别是抚顺市、七台河市、焦作市、铜川市和石嘴山市，因此按照现在的产出计算，不能再减少它们的投入，而另外12个城市既未达到纯技术有效，也没有达到规模有效，即使缩减它们目前的投入水平，也很有可能实现它们现有的产出量。

从规模收益的角度分析，在17个非DEA有效的城市中，有9个城市处于规模收益递减的阶段，分别是抚顺市、白山市、淮北市、景德镇市、萍乡市、焦作市、濮阳市、黄石市和泸州市，其余城市处于规模收益递增的阶段。也就是说，过半数量的城市已经不能再增加投入，因为此时增加投入的产出效率已经很低了。

分析衰退型资源型城市碳排放的综合效率可知（见图6-7），在5个有效率的城市中，辽源市的效率值又远远高于其他四个城市，具体依次是辽源市>鹤岗市>新余市>乌海市>韶关市。辽源市是东北的老工业基地，以生产煤炭为主，素有“煤城”之称，近年来其煤炭资源接近枯竭，为实现经济的可持续发展，辽源市自2007年开始大力发展低碳循环经济，积极改造老城区，并对环境污染严重的热电厂等进行专项综合治理，积极引进节能环保技术，已经走出一条发展低碳循环经济的发展模式。其余城市的碳排放效率值主要分布区间为（0.5，0.8），整体的碳排放效率处于中等水平。

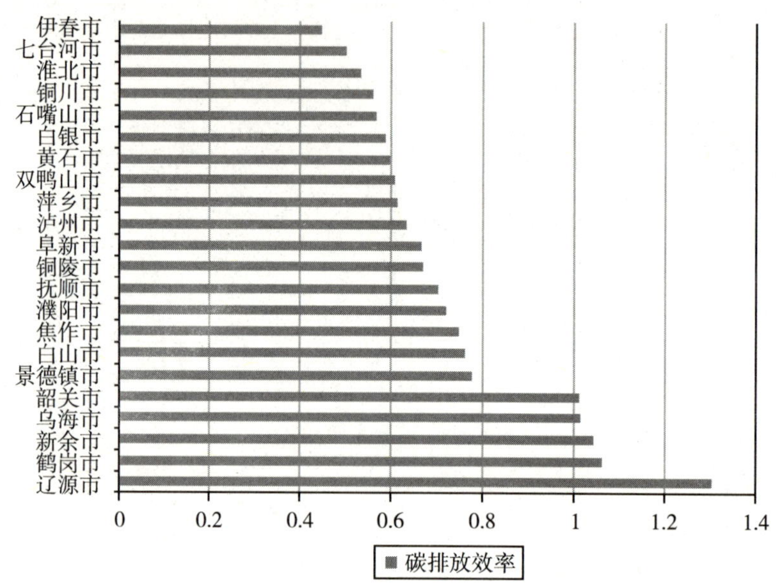

图6－7　衰退型城市碳排放效率的SE－SBM模型运行结果

资料来源：笔者绘制。

（四）再生型资源型城市的碳排放效率

再生型城市基本摆脱对资源的依赖，社会经济也开始步入良性发展轨道，是资源型城市实现可持续发展的先行区。本书运用DEA模型得出其碳排放效率，结果如表6－11所示。

表6－11　再生型资源型城市的碳排放效率

地级市	综合效率	纯技术效率	规模效率	规模收益	地级市	综合效率	纯技术效率	规模效率	规模收益
唐山市	1.000	1.000	1.000	—	淄博市	1.000	1.000	1.000	—
包头市	1.000	1.000	1.000	—	临沂市	0.936	1.000	0.936	drs

续表

地级市	综合效率	纯技术效率	规模效率	规模收益	地级市	综合效率	纯技术效率	规模效率	规模收益
鞍山市	1.000	1.000	1.000	—	洛阳市	1.000	1.000	1.000	—
盘锦市	0.869	0.900	0.965	drs	南阳市	1.000	1.000	1.000	—
葫芦岛市	0.861	0.862	0.998	drs	丽江市	0.627	1.000	0.627	irs
通化市	0.965	0.969	0.996	drs	张掖市	1.000	1.000	1.000	—
马鞍山市	0.798	0.896	0.891	irs	均值	0.927	0.971	0.955	

资料来源：笔者根据2014年中国城市统计年鉴、各省份统计年鉴以及各城市统计信息网数据计算。

再生型资源型城市有13个，其中有效率的城市高达7个，超过总数的一半。在规模可变的条件下，在其余6个无效率的城市中，临沂市和丽江市实现了纯技术有效，但还没有达到规模有效。从规模收益的角度分析，在6个无效率的城市中，只有马鞍山市和丽江市还处于规模收益增加的阶段，还可以按照相同的比例继续增加投入并且获得较高比例的产出，而其余城市都已经处于规模收益递减的阶段，不宜继续盲目增加资源投入。

由图6-8可知，在13个再生型城市中，南阳市、包头市、洛阳市、唐山市、张掖市、淄博市和鞍山市等7个城市实现了碳排放的有效性。其中，包头市是我国重要的基础工业基地，主要资源是煤炭、稀土和铁矿石等，是我国西部大开发战略的重点地区，更是一个典型的传统资源型工业城市。淄博市也是我国典型的资源型城市，矿产资源储量丰富，经过一百多年的开采，资源已经枯竭，在实现城市低碳转型的过程中，淄博市按照"一产调新调优，二产调高调强，三产调大调活"的原则，以节能降耗为工作重点，以科技进步为先导，围绕新材料、生物技术和医药、机电一体化等领域，积极建设新型工业化城市，实现经济的持续快速发展，到"十一五"末期，其新材料产业实现销售收入过千亿元，拥有五十余家年产值超过5亿元的新材料骨干企业，已经成为有名的综合性新材料产业化基地。

（五）四类资源型城市碳排放效率的综合对比分析

不可再生资源的生命周期限制了资源的开发进度，进而影响资源型城市的发展进程，由前述研究可知，处于不同资源开发阶段的资源型城市呈现出不同的碳排放效率，因此，在分别对各类资源型城市的碳排放效率进行研究之后，本书将四类资源型城市的碳排放效率进行综合对比分析。

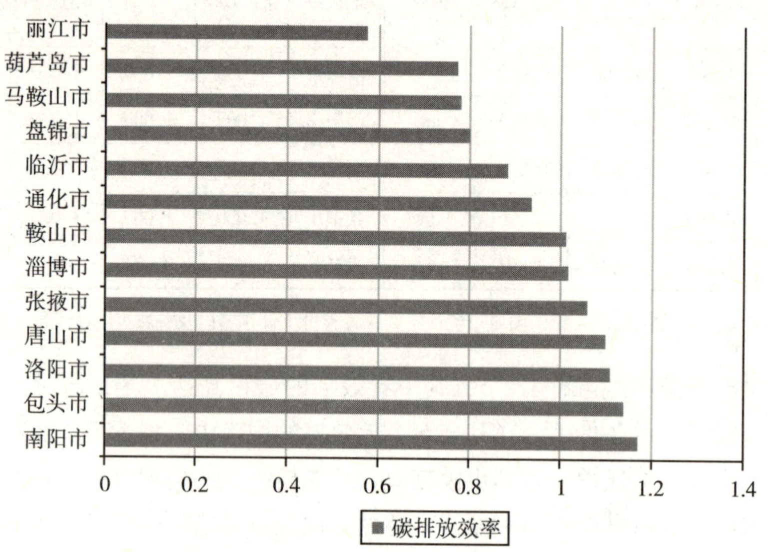

图 6－8　再生型城市碳排放效率的 SE－SBM 模型运行结果

资料来源：笔者绘制。

为了详细对比四类资源型城市碳排放的综合效率、纯技术效率和规模效率，运用 DEA 模型得到如图 6－9 所示结果。由图 6－9 可知，从综合效率的角度来看，成熟型资源型城市的碳排放效率最低，再生型资源型城市的碳排放效率最高，这是因为成长型资源型城市的碳排放问题尚处于潜伏期，而成熟型资源型城市由于资源的大规模开采，以及环境治理跟不上资源开采的进度，导致碳排放效率低下，衰退型资源型城市则由于资源的逐渐枯竭而缩减能源开采，以及环境治理开始逐见成效，因此碳排放效率有显著提高，再生型资源型城市的节能降耗等技术已逐渐成熟且得到广泛应用，且其接替产业得到大力发展，使得经济结构趋于良性循环，从而实现碳排放达到较高的效率水平。在规模可变的条件下，按照资源型城市的发展进程看，其规模效率在发展过程中稳定上升，而纯技术效率却在成熟时期出现最小值，说明资源型城市在发展过程中逐步实现了对规模效益的高效利用；而在繁盛时期比较容易忽视技术作用。

基于 SE－SBM 模型得到的四类资源型城市碳排放效率值，得到如图6－10 所示的箱图。由图 6－10 可知，不同类型的资源型城市，其碳排放效率方差存在很大差别，其中成长型资源型城市具有最小的样本容量，却表出现最大的方差，而成熟型资源型城市具有最大的样本容量，却表现出最小的方差，其中的两个异常值分别是位居碳排放效率前两位的大庆市和临沧市。这就说明，属于成长型资源型城市的各个城市，其碳排放效率存在很大差异，而成熟型资源型城市的碳排放效率则相对一致。

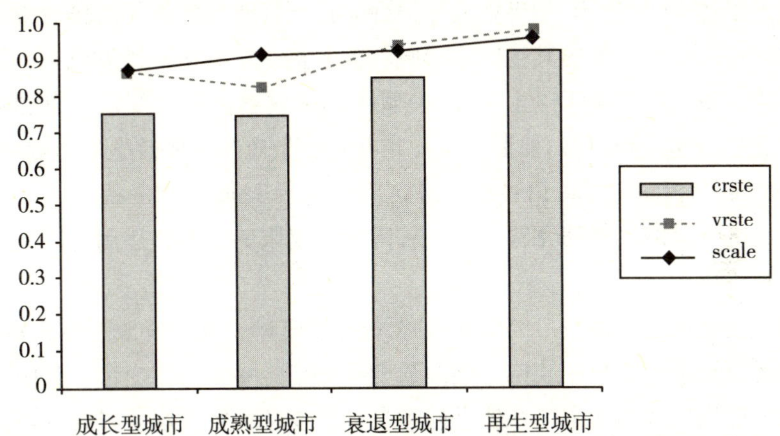

图 6－9 基于 DEA 模型的四类资源型城市碳排放效率对比结果

资料来源：笔者绘制。

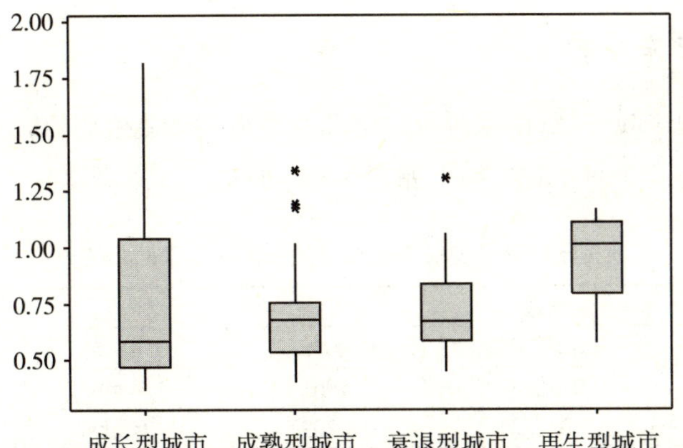

图 6－10 基于 SE－SBM 模型的四类资源型城市碳排放效率箱图

资料来源：笔者绘制。

四、碳排放效率影响因素分析

（一）Tobit 回归模型及变量选择

经过上述 DEA 和 SE－SBM 模型得到的我国资源型城市的碳排放效率，还受到投入产出指标以外的其他因素影响，为了进一步分析碳排放效率的影响因素及影响程度，本书基于以上 DEA 模型得到的效率值为因变量、以影响因素等为自变量建立 Tobit 回归模型，从而判断自变量对碳排放效率的影响程度。

Tobit 回归模型最早由诺贝尔经济学奖获得者 James Tobin 提出，之后又得到大量经济学家的发展和完善，是一种因变量受限的模型，适用于因变量为切割值或片段值。

以我国地级资源型城市的碳排放效率为因变量，结合资源型城市的特点，选取经济发展水平、产业结构、能源强度和城市化率作为自变量。其中，经济发展水平选用地区人均生产总值进行衡量，产业结构则选用第三产业与该市的 GDP 之比来表示，城市化率以人口结构变量进行表示。考虑到四类资源型城市的样本数量和自变量指标的数量，为降低误差，本书将全部资源型城市作为一个整体对其碳排放效率的影响因素进行回归分析，不再一一分类研究。

（二）结果分析

本书运用 Tobit 回归模型对我国资源型城市碳排放效率的影响因素进行分析，借助软件 Eviews 平台，结果如表 6－12 所示。

表 6－12　我国地级资源型城市碳排放效率影响因素回归结果

影响因素	系数	标准误	Z－值	显著性
经济发展水平	0.0120	0.0035	3.4515	***
产业结构	0.3598	0.1961	1.8349	*
能源强度	－0.1531	0.0209	－7.3094	***
城市化率	0.1310	0.0656	1.9976	**
常数项	0.7496	0.0708	10.5942	***

注：*** 表示在 1% 水平下显著，** 表示在 5% 水平下显著，* 表示在 10% 水平下显著。

资料来源：笔者根据 2014 年中国城市统计年鉴、各省份统计年鉴以及各城市统计信息网数据计算。

从表6－12中可以看出，经济发展水平对碳排放效率有显著的正向影响，且相关系数较大，说明随着经济发展水平的提高，人们对环境质量的要求也在提高，从而促进碳排放效率的提高。产业结构对碳排放效率的影响在10%水平下显著，且相关系数接近36%，随着产业结构的优化升级，特别是第三产业的减物质化特点，当第三产业的比重不断提高，碳排放效率也会在很大程度上得到提高。能源强度对碳排放效率有非常显著的负向影响。城市化率与碳排放效率呈现出显著的正相关性，且相关系数高达13.1%，再次说明城市化率的提高有助于提高碳排放效率，这是因为城市化率高的城市在发展过程中更倾向于高技术产业，更多地采用高新技术，从而提高了碳排放效率。

在对2013年我国106个资源型城市的碳排放效率进行研究后，得出以下结论，并有针对性地提出如下建议：

（1）处在成长阶段的资源型城市，其采掘业发展迅速，但是产业结构单一，极容易盲目大量开采，导致效率低下、浪费严重的情况产生，环境污染等问题处于潜伏期，碳排放的问题没有引起足够的重视，最终导致碳排放效率较低。因此，对于成长型城市要规范其资源开发秩序，严格环境影响评价，提高资源深加工水平，加快完善上下游产业配套，另外，与此同时积极谋划发展与资源开发产业配套的非资源产业。

（2）成熟型资源型城市处于发展的繁荣阶段，其经济的发展高度依赖矿产资源等不可再生资源，单一的产业结构现状还没有得到改变，环境污染和生态破坏的问题已经刻不容缓，加之环境治理不到位等因素，因此碳排放效率处于低水平。为提高成熟型城市的碳排放效率，应当积极研发节能技术，提高产业技术水平，培育出一批资源深加工的骨干企业和产业集群，同时借助资源优势和区位优势等，积极拓展非资源性接续产业。高度重视环境问题，本着“谁污染、谁治理，谁投资、谁受益”的原则，推动市场主体外部成本内部化的实现。

（3）衰退型资源型城市的发展已经进入衰退阶段，主导的资源型产业开始萎缩，经济发展开始落后，环境污染的问题日趋严重，而对于环境的治理等经济投入已经开始滞后，导致碳排放问题处于严峻的形势。此时，应当加大政府对此类城市的扶持力度，收缩资源型产业，鼓励低能耗产业的发展，大力发展第三产业，如发展旅游业或者电子信息化产业，逐步增强可持续发展的能力。

(4) 对于再生型城市，政府要做的就是引导其进一步优化经济结构，继续提高科技创新水平，深化对传统产业的改造，培育发展更多的新兴产业，加快现代服务业的发展，争创一批生态宜居城市和区域中心城市等。

(5) 通过 Tobit 回归分析发现，经济发展水平、产业结构和城市化率对资源型城市的碳排放效率由不同程度的正向影响，而能源强度对碳排放效率呈现出显著的负向影响。

由于资源型城市在不同的发展阶段表现出不同的碳排放效率，为切实有效地提高资源型城市的碳排放效率，资源型城市应当从工业能源消费链的上游就缩减碳基能源的输入，开发利用新型清洁能源，在中游实现能源的高效循环、有效利用，在下游做好废气处理等工作，在整个工业增长过程中制定生态经济的发展战略，强化低碳意识，增加科技投入，研发或引进清洁减排技术，同时建立健全生态补偿机制和碳交易机制等低碳制度，在政府的大力倡导下，企业要积极响应，公众积极参与，实现资源型城市的低碳可持续发展。

第四节

小　结

本章首先运用层次分析法构建了低碳转型绩效评价体系，结合模糊综合评判方法以晋城市为例进行了实证研究。其次运用数据包络分析方法对不同类型、不同区域的资源型城市低碳转型效率进行了测度，研究发现，不同类型、不同区域的资源型城市低碳转型效率有所差异，黑色冶金城市、石油城市或西部地区的资源型城市在资金投入上还需要进一步加强。然后运用 DEA 与 SE－SBM 模型对不同类型资源型城市碳排放效率进行了评价与比较分析，研究得出，由于资源型城市在不同的发展阶段表现出不同的碳排放效率，为切实有效地提高资源型城市的碳排放效率，资源型城市应当从工业能源消费链的上游就缩减碳基能源的输入，开发利用新型清洁能源，在中游实现能源的高效循环、有效利用，在下游做好废气处理等工作，在整个工业增长过程中制定生态经济的发展战略，强化低碳意识，增加科技投入，研发或引进清洁减排技术，同时建立健全生态补偿机制和碳交易机制等低碳制度，在政府的大力倡导下，企业要积极响应，公众积极参与，实现资源型城市的低碳可持续发展。

第七章

资源型城市低碳转型的情景分析与路径依赖

资源型城市的低碳转型不仅需要有科学的测度体系，更需要科学的预测分析。要实现2020年的减排目标，资源型城市必须勾画出科学合理的路线图来引导与推进低碳经济转型工作的开展。低碳转型的路线图取决于科学的预测和分析，常用的预测方法主要有多目标线性规划、遗传算法、神经网络模型、混沌动力学模型等，主要是考虑量化因素的影响，对于政策等不可量化因素的影响无法进行科学的评估。但是，情景分析法可以对政策和措施的影响进行预测分析，因此本书运用情景分析方法考察资源型城市低碳转型情景，探索低碳转型的优化路径，以期为资源型城市的可持续发展提高合理建议与决策参考。

第一节

情景分析应用综述

Herman Kahn 和 Wiener（1967）在其合著的《2000 年》一书中最早提出"情景"一词。"情景"是指对未来情形以及一系列可以使事态由初始状态向未来状态发展的事实的描述。未来是多样化的，集中潜在的结果都有可能会在未来实现，那么对未来可能出现的场景及为实现这种未来选择的途径进行描述，这就构成了一个情景。情景分析就是在假定某种现象或者趋势可以持续到未来的前提下，对可能出现的情况或后果进行评估的方法，情景分析的意义不在于对研究对象未来状态预测的准确度，而是对不同趋势条件下可能出现的状态进行比较研究，尤其适合对政策和措施进行实施前评估。情景分析法摆脱了传统分析模式的束缚，通过情景对比做出客观分析，更能反映未来低碳转型的道路选择，此方法相对比较方便，易于操作。

基于情景分析方法的特殊优势，此方法成为能源与环境领域常用的政策分析工具，一些学者也借用不同的情景分析工具对低碳转型情景进行了探索。Shimada 等（2007）构建了一种描述城市尺度低碳经济长期发展情景的方法，并将此方法应用到日本滋贺地区。王冰妍等（2004）运用 LEAP 模型（Long-range Energy Alternatives Planning System）研究了上海低碳发展的大气污染物和二氧化碳排放情景，对政策影响进行了评估。王韬（2008）通过 21 世纪能源需求和二氧化碳排放的情景分析，分析了中国的挑战与机遇，提出了中国应加强战略规划、法制框架、体制改革、科技创新、产业调整、政策引导、教育宣传等措施来实现向低碳经济转型。中科院可持续发展战略研究组采用情景分析与脱钩理论对中国未来低碳发展情景进行了研究。国家发展和改革委员会能源研究所利用中国能源环境综合政策评价模型（Integrated policy assessment model of China，IPAC）对 2050 年中国能源需求暨低碳发展情景进行了情景分析。姜克隽等（2009）通过分析广东的能源消费与工业发展现状，利用 IPAC - AIM 模型对未来广东能源需求与排放进行了情景分析，提出了调整经济结构，全面持续实施节能政策等措施和建议。苏明等（2009）在 2005 年的投入产出表数据的基础上进行了可计算一般均衡（CGE）模型的分析，分析了不同的碳税税率方案对宏观经济、二氧化碳排放以及各行业的产出及价格，进出口等的影响效果，从静态和动态的视角给出了科学的预测与评价，为开征碳税问题研究提供了科学有效的数据分析支撑。于荣、朱喜安（2009）考虑到国际上对碳排放量的严重约束，采用最新的统计数据，测算了中国工业行业的碳排放量，并在剔除碳排放对 GDP 的影响后，通过协整分析和因果关系分析，建立了我国的经济增长效率指标，并提出了合理的建议。陈文艺（2009）运用 STIRPAT 模型，以苏州碳需求分析为例，寻求构建低碳城市的方法。温宗国（2009）构建了基于能量的 CNECCO 模型，对不同低碳政策的碳排放情景进行了模拟分析，进而提出了采取节能和开发核电与可再生能源等的建议措施。另外，周大地、何建坤、庄贵阳等一些知名学者也对我国能源需求的未来情景进行了分析。罗宏等（2010）也利用 IPAT 模型对苏州市环境压力—响应分析进行了研究，提出应采取提高环境效率、控制社会经济发展速度、加速重点行业产业结构调整等措施以缓解苏州市的环境压力。总之，国内外大多采用综合评价模型的定量分析方法，综合考虑社会因素、经济发展、能源效率、环境制约等因素的影响，分析未来的能源与低碳情景。

第二节

模型构建

IPAT 模型是 1971 年美国斯福坦大学著名人口学家 Paul P. Ehrlich 教授在研究人口增长对环境的冲击中提出的一种循环经济规划工具，既能够定量分析人口、经济、技术对能源消耗的影响，又能够对未来人口、经济等发展情况进行模拟分析，具有直接应用、方法简便的优势，在环境污染和气候变化等研究领域中已经得到广泛应用。近年来，资源型城市第二产业发展迅速，环境保护压力日益加重，因此，本书利用 IPAT 模型，预测 2020 年资源型城市低碳转型的情景，从而提出合理的实现路径。

Ehrlich 教授认为，人口因素对环境的冲击不仅是人口总量造成的，而且同社会的富裕度及生产活动的技术水平等密切相关，因此提出以下环境影响的三因素公式：

$$I = P \times A \times T \tag{7-1}$$

其中，I 表示环境影响；P 表示人口数量；A 表示富裕度；T 表示技术水平。

环境负荷 IPAT 方程反映的是社会生产过程中的资源消耗和污染物排放对环境产生的影响，因此，此方程可以用于分析碳排放及其强度等问题。资源型城市的环境负荷是城市在社会生产活动过程中排放的二氧化碳对环境造成的影响，具体可以用二氧化碳排放量表示。那么，二氧化碳排放量 C 可代替 I，衡量一个国家或地区的富裕度时一般选择用人均国内生产总值（Y）表示，所以此时的 A = Y/P，而技术水平 T 可以用碳排放强度（Q）进行解释，即 Q = C/Y，于是 IPAT 模型可以用式（7－2）表示：

$$C = P \times \frac{Y}{P} \times \frac{C}{Y} = Y \times Q \tag{7-2}$$

假设基年的国内生产总值、碳排放量和碳强度分别用 Y_0、C_0 和 Q_0 表示，国内生产总值的年增长率为 m；碳强度下降率为 n；那么，第 t 年的国内生产总值、碳排放量、碳强度分别为 Yt、Ct、Qt 来表示，则有：

$$Y_t = Y_0 (1+m)^t \quad (7-3)$$

$$Q_t = Q_0 (1-n)^t \quad (7-4)$$

把式（7-2）、式（7-3）、式（7-4）三式联合起来，根据第三章的碳排放量指数分解公式，则可以得到：

$$\begin{aligned} C_t &= Y_t \times Q_t = Y_0 \times (1+m)^t \times Q_0 \times (1-n)^t \\ &= Y_0 \times Q_0 \times (1+m-n-mn)^t \\ &= \sum_i \frac{C_i}{E_i} \times \frac{E_i}{E} \times \frac{E}{Y} \times \frac{Y}{P} \times P \times (1+m-n-mn)^t \quad (7-5) \end{aligned}$$

考虑到各种能源的碳排放系数是基本不变的，因此对二氧化碳排放量的主要影响因素包括能源结构、能源强度、人均国内生产总值和人口的变动等。

通过比较 t 期与基期，得出如下结论：

（1）当$(1+m-n-mn)^t>1$时，即当$n_g>\frac{m}{1+m}$时，说明碳排放的负荷加大，能源结构的优化和能源强度的下降都没能抵消人口增长喝经济发展对碳排放的影响程度；

（2）当$(1+m-n-mn)^t=1$时，即当$n_g=\frac{m}{1+m}$时，此时 n_g 是 n 的阈值，说明碳排放的负荷不变，能源结构优化和能源强度下降对碳排放变化的正向影响正好和人口增长与经济发展对碳排放的负向影响相抵消，实现了碳排放与经济增长的脱钩；

（3）当$(1+m-n-mn)^t<1$时，即当$n_g<\frac{m}{1+m}$时，说明碳排放的负荷下降，能源结构的优化和能源强度下降对碳排放变化的贡献超过人口增长与经济发展对碳排放的负向影响。

第三节

碳强度目标约束下的情景分析

2009 年 11 月，在哥本哈根世界气候大会之前，我国政府宣布了碳减排目标，即到 2020 年我国单位国内生产总值二氧化碳排放量（碳强度）比 2005 年下降 40% ~45%。2005 年资源型城市平均碳强度水平为 1.76 吨碳/万元，如果到2020年完成碳强度下降40%基本目标的话，那么需要2005~2020年碳强度年下降率为3.35%。根据这一相对碳减排目标，假定资源型城市低碳转型情景分三种情况：基准情景、目标情景、脱钩情景，如表7-1所示。

表7-1　　　　相对减排下资源型城市各情景的参数变化

情景	基准情景	高增长情景	目标情景	脱钩情景
人均GDP年增长率m（%）	6.5	10	6.5	3.47
碳强度年增长率n（%）	1.2	3.35	3.35	3.35
2020年碳排放量（亿吨碳）	12.85	15.01	9.24	5.99
与基准情景相比碳排放变化量（亿吨碳）	0	2.16	-3.61	-6.86
相比2005年碳排放量增长率（%）	114.58	150.56	54.27	0
相比2005年碳强度下降率（%）	16.56	40	40	40

基准情景为已考虑节能减排而设定的经济增长目标，但不采取特别针对碳排放变化对策的情景。根据到2020年实现小康社会的“新三步走”战略要求，按年人均GDP增速底线水平设定m=6.5%。碳排放强度年下降率参照1990~2000年世界平均的碳强度年降低率设定，即t=1.2%。

高增长情景是根据中国目前经济增长的态势所设计的情景，当前人均GDP年均增长率为10%，碳强度下降40%目标要求需要年降低率为3.35%。

目标情景为综合考虑经济增长目标和碳强度下降目标下的低碳情景。人均GDP年增长率为6.5%，碳强度年下降率3.35%。

脱钩情景为完成既定碳强度降低目标情况下，实现碳排放与经济增长脱钩的低碳情景。根据既定目标，碳强度年下降率3.35%，结合模型分析计算，经济增长率为3.47%时才能实现$n_g = \frac{m}{1+m}$，到达临界值。

从表7-1可以看出，如果不采取针对碳排放的相关对策，按照经济增长的目标要求发展的话，到2020年碳排放量将由5.99亿吨碳增加到12.85亿吨碳，相比2005年资源型碳排放量增长114.58%，但是碳强度只比2005年降低16.56%，远远不能达到我国2009年宣布的2020年碳减排目标。假设按目前的经济增长速度发展下去，并且需要实现碳强度下降40%目标，2020年碳排放量将达到15.01亿吨碳，比基准情景多排放2.16亿吨碳，二氧化碳排放负荷加大。如果以双目标为导向，既考虑2020年小康社会国内生产总值比2000年翻两番的经济增长目标，又要考虑碳强度下降率达到40%目标，到2020年碳排放量将达到9.24亿吨碳，相比2005年碳排放量增长54.27%，比基准情景下少排放3.61亿吨碳，尽管1990~2005年，我国的碳强度已经下降了45.3%，但已经消耗了继续下降的空间。根据边际效益递减规律，这一趋势在未来10年间都很难复制，其原因是低成本碳减排措施（如关停小煤窑等）的潜力已消耗殆尽，降低碳强度的困难将越来越大，可以说，资源型城市面临的碳减排压力非常大。假设考虑脱钩情景，碳排放负荷不变，此时能源结构的优化和能源强度下降对碳排放变化的正向影响正好抵消了人口增长和经济发展因素对碳排放的负向影响，那么在为实现碳强度下降40%的既定目标，只有在人均GDP年增长率为3.47%的情况下，才能实现碳排放与经济增长的脱钩，此时同基准情景相比，实现减少排放6.86亿吨碳，与目标情景相比，也实现了减少排放3.25亿吨碳，这势必会制约资源型城市的经济增长，影响矿区居民的就业和生活水平。

第四节

2020年资源型城市低碳转型的情景分析

参照聂锐、张涛、王迪（2010）对IPAT模型的扩展公式，碳排放负荷还可以通过指数分解表述为下列公式：

$$\begin{aligned} C_t &= P_t \times Y_t \times B_t \times \sum_j D_{tj} \times F_{tj} \\ &= C_0 \times [(1+m) \times (1+r) \times (1-k) \times (1-f)]^t \end{aligned} \tag{7-6}$$

其中，B_t表示资源型城市第t期的能源强度，D_{tj}表示第t期第j种能源的结构份额，F_{tj}表示第t期第j种能源的碳排放系数，r表示人口的增长率，k表示能源技术进步率，f代表能源结构调整促进的碳排放系数变化率。

通过类似于前面的分析，对比t期和基期，可以得出如下结论：

（1）$(1+m)\times(1+r)\times(1-k)\times(1-f)>1$，说明碳排放的负荷加大，此时能源结构的优化和能源强度下降对碳排放的贡献没有超过人口增长和经济发展对碳排放的贡献；

(2) $(1+m)\times(1+r)\times(1-k)\times(1-f)=1$，说明碳排放的负荷不变，此时能源结构的优化和能源强度下降对碳排放变化的正向影响正好与人口增长与经济发展对碳排放的负向影响相抵消，实现了碳排放与经济增长的脱钩；

(3) $(1+m)\times(1+r)\times(1-k)\times(1-f)<1$，说明碳排放的负荷下降，此时能源结构的优化和能源强度下降对碳排放变化的贡献已经超过了人口增长和经济发展对碳排放的贡献。

本书以2005年为基期，利用IPAT扩展模型进行2020年以前的中长期情景研究，并根据与未来排放密切相关的几个主要因素构建了四个排放情景：

第一个为不采取任何针对气候变化对策的排放情景（Business As Usual, BAU），即以各种可能的发展模式设计的未来情景，经济增长是最主要的驱动因素，其他因素按原来的演进趋势发展。根据以往情景分析研究的结论，充分考虑资源型城市发展的需求与愿望，探索2020年的经济发展途径。经济发展遵循经济学普遍规律，延续发达国家工业化进程，技术创新会在一定程度上改善能源效率。

第二个为已考虑当前节能减排，但不特别采取针对碳排放变化对策的节能情景（Energy Efficiency Improvement Scenario，EEI），此情景以实现既定的经济社会发展目标为假定前提，政府已关注经济增长方式的转变，各部门采取了一些节能减排措施，并且维持节能政策的延续，能源、环境、经济之间存在着一些复杂矛盾，随着经济发展，技术创新能力不断提高，技术进步贡献率逐步增加，但是经济增长方式还未发生根本性变化。

第三个为综合考虑能源安全、可持续发展、低碳措施等因素所能实现的低碳排放情景，简称“低碳情景”（Low Carbon Scenario，LC）。此情景充分考虑资源型城市社会经济、环境发展需求，在技术低碳化、政策低碳化、结构低碳化、消费方式低碳化、改变经济发展模式、实现低能耗和低碳排放因素下，依据国内自身努力所能够实现的能源与排放情景。

第四个为强化低碳情景（Enhanced Low Carbon Scenario，ELC），主要考虑了在全球一致减缓气候变化的共同愿景下，资源型城市可以做出的进一步贡献。主要考虑了全球共同努力情况下，资源型城市技术进步进一步强化，重大技术成本下降更快，高碳能源利用水平越来越高，低碳技术创新能力越来越强，如清洁煤技术以及碳捕获和封存（CCS）技术得到广泛应用，可以进一步加大对低碳经济的投入，更好地利用低碳经济提供的机会促进经济发展。

BAU 情景作为基准，EEI 情景、LC 情景、ELC 情景作为判断在既定经济社会发展目标下减缓未来二氧化碳排放的情景。具体描述如表 7 - 2 所示。

表 7 - 2　　2020 年资源型城市低碳转型情景描述及参数设计

情景	年份	人均 GDP 增长率（%）	人口增长率（‰）	技术进步率（%）	能源结构优化率（%）
基准情景（BAU）	2005 ~ 2010	10.00	6.18	1.82	0.90
	2010 ~ 2015	9.80	6.02	1.98	0.90
	2015 ~ 2020	8.50	5.26	2.11	0.89
节能情景（EEI）	2005 ~ 2010	9.60	6.12	2.61	0.89
	2010 ~ 2015	8.20	5.92	2.78	0.89
	2015 ~ 2020	7.50	5.28	3.56	0.87
低碳情景（LC）	2005 ~ 2010	8.11	5.10	4.25	0.85
	2010 ~ 2015	6.12	4.50	5.67	0.84
	2015 ~ 2020	5.36	4.20	6.25	0.82
强化低碳情景（ELC）	2005 ~ 2010	5.52	4.50	5.05	0.80
	2010 ~ 2015	4.50	4.20	6.24	0.78
	2015 ~ 2020	3.47	4.10	6.56	0.75

根据以上四大情景的参数设计，结合资源型城市 2005 年 GDP、人均 GDP、人口、技术研发支出、能源结构份额等数据，对 2020 年的能源消费总量、碳排放量、碳强度进行预测与分析。

由表 7 - 3 可以看出，在不同的情境下，资源型城市 2020 年能源消费总量、碳排放量等各项指标数据差异悬殊，其原因主要在于不同情境下主导驱动因素不同。在 BAU 情境下，经济发展为主导因素，促使碳排放量高速增长，接近是低碳情景下的 2 倍，超过强化低碳情景下碳排放量的 3 倍。在节能情景情况下，能源强度降低显著，能源消费总量也比基准情景少了 6.13 亿吨标准煤，使得碳排放量比基准情景减少 3.74 亿吨碳，能耗强度达到 1.76 吨标准煤/万元。相比节能情景，低碳情景下碳排放量显著降低，比节能情境下的碳排放量还要少 6.26 亿吨碳，由于采取了针对气候变化的对策，碳减排效果比较明显，到 2020 年资源型城市碳强度达到了降低 40% 的既定目标，但是碳减排的成效是以牺牲经济增长为代价，人均 GDP 的增长速度仅为 6.14%。可以说，在低碳情景下，资源型城市到 2020 年能基本实现碳强度下降 40% 的目标，但付出较大的代价。如果采取强化低碳措施，到 2020 年会超额完成碳强度降低的目标，但是经济增长的速度较低，这势必影响资源型城市经济社会可持续发展，因此 2020 年资源型城市应努力采取各种碳减排措施，优化产业结构，逐步提高技术进步贡献率，强化产业结构调整和技术因素的驱动作用，实现低碳情景目标。

表 7－3　　2020 年资源型城市碳排放情景预测

指标	情景	2005 年	2010 年	2015 年	2020 年
人均 GDP（万元/人）	BAU	13737.90	22125.03	35309.82	53093.84
	EEI	13737.90	21725.67	32218.80	46254.26
	LC	13737.90	18777.97	25438.87	33421.27
	ELC	13737.90	17971.91	22396.27	26561.22
人口（万人）	BAU	28187.47	29069.30	29954.88	30751.02
	EEI	28187.47	29060.63	29931.07	30729.64
	LC	28187.47	28913.62	29570.06	30241.40
	ELC	28187.47	28827.42	29437.90	29956.69
GDP（亿元）	BAU	38723.35	64315.89	105770.13	163269.01
	EEI	38723.35	63136.15	96434.33	142137.67
	LC	38723.35	54293.91	75222.87	101070.60
	ELC	38723.35	51808.39	65929.93	79568.60
能源强度（吨标准煤/万元）	BAU	2.44	2.23	2.11	1.91
	EEI	2.44	1.95	1.86	1.76
	LC	2.44	1.85	1.73	1.62
	ELC	2.44	1.81	1.66	1.53
能源消费总量（亿吨标准煤）	BAU	15.53	14.35	22.28	31.10
	EEI	15.53	12.32	17.96	24.97
	LC	15.53	10.06	13.00	16.34
	ELC	15.53	9.39	10.92	12.13

续表

指标	情景	2005 年	2010 年	2015 年	2020 年
碳排放量（亿吨碳）	BAU	5.99	10.04	15.26	18.97
	EEI	5.99	8.63	12.30	15.23
	LC	5.99	7.04	8.90	9.97
	ELC	5.99	6.57	7.48	5.99
碳强度	BAU	1.76	1.56	1.44	1.16
	EEI	1.76	1.37	1.28	1.07
	LC	1.76	1.30	1.18	0.99
	ELC	1.76	1.27	1.14	0.75

一、经济发展与人口的情景分析

各情景对经济增长的预测主要来自对其他地区的经济发展研究。由于近期我国经济得到持续快速增长，因此基准情景按照目前的高增长态势设置。但是考虑到党的十六大、十七大均提出了“新三步走”的战略目标，即到2020年国内生产总值比2000年翻两番，所以前三种情景都假设以完成国内生产总值翻两番为既定目标。资源型城市正处于工业化中期阶段，根据发达国家的经济发展规律，到2020年经济发展的增长还会保持较高的速度。最近几年资源型企业不断采取国际化战略，进军国际市场，国际竞争力日趋渐强，预测未来十几年内，资源型城市产业结构将会逐步升级，能源产业和战略性新兴产业的竞争力会日渐增强，使资源型城市经济仍能在不断调整中以高于5%的速度发展，但是经济增长的速度受节能减排政策的影响而有所差异，如图7－1所示。

从图7－1中可以看到，基准情景下的GDP呈高速增长态势，到2020年达到163269亿元，比节能情景、低碳情景和强化低碳情景下的国内生产总值分别多出21131亿元、62198.41亿元、83700.4亿元，是低碳情景下GDP的1.62倍。节能情景下的GDP也以较高的速度增长，但是幅度要小于基准情景。2010年后低碳情景和强化低碳情景下的GDP上升幅度减慢，幅度远远小于前两种情景的上升幅度。由此判断，如果资源型城市逐步落实各种碳减排措施，经济增长就将会受到较大制约。

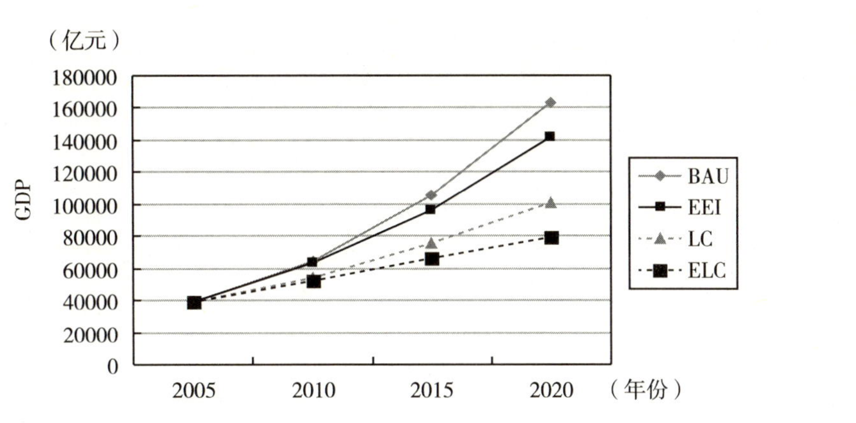

图7-1 不同情境中的资源型城市GDP变化趋势

不同情境下的人口数量预测主要依据政府的相关政策和人口增长态势。未来十年内我国将会继续对人口增长进行控制，随着中国经济的不断发展和人们生育观念的逐步改变，外加人口高峰过去后将面临负增长局面，政府有意识地放宽对人口增长的限制，间隔生育措施逐步实施，将会使中国的人口数量基本维持在一个较低水平。因而人口变化对资源型城市的低碳转型的影响将会微乎其微，如图7-2所示。

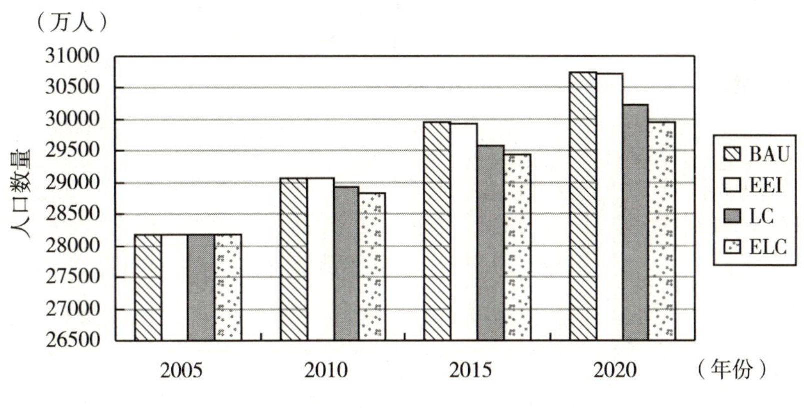

图7-2 不同情境中的人口变化趋势

二、能源强度的情景分析

能源强度的情景预测取决于节能减排政策的力度大小和技术进步贡献率的

大小。如果不采取积极的节能减排政策，节能技术就得不到有效提高，能源强度也会居高不下；但是如果资源型城市采取有效的节能减排措施，节能技术得到全面普及和应用，那么能源强度就会显著下降，取得良好的降耗效应。因此，四种情境下的能源强度因节能减排措施的考虑程度不同而有所差异，如图7－3所示。

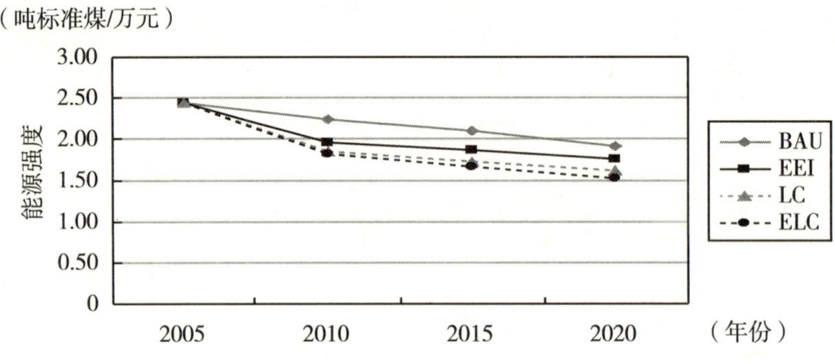

图7－3　不同情景中的资源型城市能源强度变化

在BAU情境下，随着节能技术的不断提高，能源强度也出现了小幅度下降。但在其他三种情境下，能源强度下降幅度较大，但是在2010年前的能源强度下降幅度要大于2010年后的下降速度。其主要原因在于要素报酬递减规律，节能初期，技术要素的投入产生的减排降耗效果更为明显，但过了临界点后，技术的减排降耗效果会产生少许折扣。在低碳情景下2020年能源强度为1.62吨标准煤/万元，比基准情境下减少0.29吨标准煤/万元，因此，采取积极的碳减排措施及相关技术会产生良好的节能降耗成效。

技术进步在资源型城市低碳转型进程中扮演了重要的角色。资源型城市正处于工业化中期阶段，节能减碳技术的普及对能源节约，减缓环境和气候变化是非常重要的。因此，加大科技支出，积极展开国际合作，促进技术进步与创新可以有效降低碳排放。资源型城市已经采取了可持续发展、节能、可再生能源政策和行动，各个产业采用了不同的碳减排技术和设备，也研发了许多对节能减排有显著贡献的技术，如先进洁净煤技术、碳捕获和埋存技术；先进煤炭转换技术、太阳能利用技术、生物质能发电和气化技术、超低能耗和零排放先进交通技术、风力发电技术、先进机动车技术、先进核电技术等，这势必会有效地推动低碳转型进程，如表7－4所示。

表 7－4　　各产业的碳减排技术及设备

部门	技术
钢铁产业	大规模设备（炼焦炉、鼓风炉、富氧转炉等），干法熄焦炼焦设备，连铸设备，高炉煤气发电装置（TRT），连轧设备，焦炉煤气和高炉气回收，直流电弧炉，热装热送
化学产业	大规模的化学工业设备，余热回收系统，离子膜技术，现有技术的改进
造纸业	联产设备，余热利用设备，黑液回收系统，连续蒸煮系统
纺织业	联产设备，无梭织机，高速印花和染织技术
有色金属冶炼	反射器熔炉，废热回收系统，氧气底吹炼铅（QSL），铅锌生产系统
建筑材料	预分解干法窑，余热发电装置
机械制造	高速切削，电液锤，保热炉
居民	燃气灶，先进节能电器，高效照明系统，太阳能热水器，热泵，节能建筑
服务业	中央空调加热系统，中央冷热空调系统，联产系统，节能电器，高效照明系统，节能建筑
运输	先进柴油卡车，低能源使用的小轿车，电动汽车，天然气汽车，先进电力机车
通用技术	高效率锅炉，倒装焊（FCB）技术，高效电动机，高效变频电机，离心水泵，节能灯

我国的“十一五”节能目标已经促使资源型城市的节能技术得到很大的提高。由于技术效率提高，产品单耗下降，单位 GDP 能耗也显著下降。低碳技术创新能力的改善将会为资源型城市的低碳转型提供良好的驱动条件。但是相对发达国家，我国的碳减排技术还相对薄弱，低碳技术创新能力较为滞后，因此构建低碳技术体系，提升低碳技术创新能力将是资源型城市实现低碳转型的关键。

三、能源消费的情景分析

能源消费总量将在未来十几年内处于增长的态势，原因在于资源型城市的经济发展还是处于“快车道”，经济的高速增长必然刺激大量的能源需求，进而促进能源消费总量的上升。但是在节能情景、低碳情景、强化低碳情景下，由于节能减排政策和技术的实施，能源消费的上升速度受到制约，如图7－4所示。

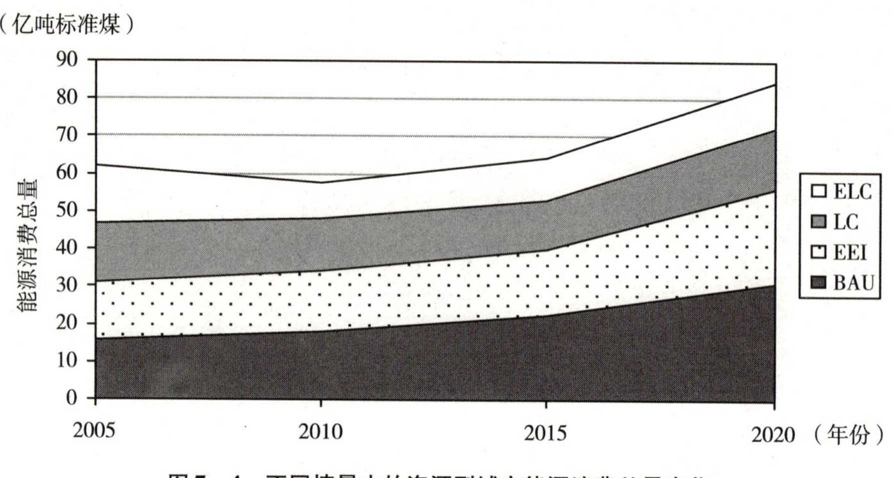

图7－4　不同情景中的资源型城市能源消费总量变化

由图7－4可以看到，在四种情境下，能源消费总量均有所上升，原因在于经济增长的驱动，但是低碳情境和强化低碳情景下能源消费总量有所波动，这主要在于技术进步和节能政策的影响，促使经济增长的步伐有所放缓，由此能源消费的需求受到抑制。当技术进步的效应趋降之后，随着经济的发展，能源消费总量还是在增加，但是上升幅度不大。

随着低碳时代的到来，资源的短缺危机促使化石能源的消费将会逐渐减少，低碳能源如水电、风电等所占的比重将会越来越大，因此能源消费结构的优化也将会促使碳排放量的增长速度受到影响。

四、碳排放情景预测

基于以上各方面的情景分析，各因素的变动也必然带动碳排放量和碳强度的显著变化。在不同情境下，碳排放量和碳强度预测数据差异较大，如图7－5所示。

在基准情境下，碳排放量呈显著的增长态势，到2020年预测将达到31亿吨碳，而在低碳情境下碳排放量只有9亿多吨碳，但在2010年前碳排放量也是呈较大幅度的增长，主要源于碳减排技术的缺乏和技术投资力度较小。但随着各种碳减排技术的研发贡献，2010年后碳排放的增长有所下降。同样，在强化低碳情境下，也出现了碳排放量先升后降的发展趋势，但是在强有力的气候变化措施实施情况下，碳排放量最终呈下降态势，但是经济增长的速度会显著减缓，碳排放量与经济增长实现脱钩，但由于该情景的实现需要付出巨大的经济代价。

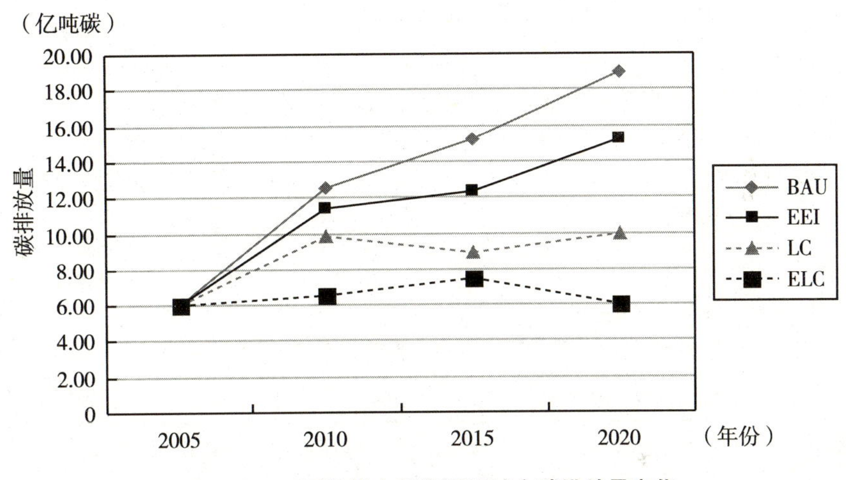

图7－5　不同情景中的资源型城市碳排放量变化

在四种情景中，碳强度水平都有所下降，其主要原因在于能源强度的下降和单位能源碳排放系数的变化。所以针对资源型城市的实际情况来看，实现低碳情景具有较大的可行性，但强化低碳情景是不太现实的，根据低碳情景下的状况，资源型城市的碳强度可以达到0.99吨碳/万元，比2005年的1.76吨碳/万元下降了40%多（见图7－6），因此，可以实现我国政府2009年宣布的碳减排目标。

五、低碳情景下的产业结构优化预测

通过前面的分析可以看到，低碳情景是适合资源型城市可持续发展的最为合适的情景，在此情境下，尽管经济增长的速度有所放缓，但是能源消耗高速增长的态势受到较大制约，碳排放量增长趋缓，碳强度下降40%，可以促进

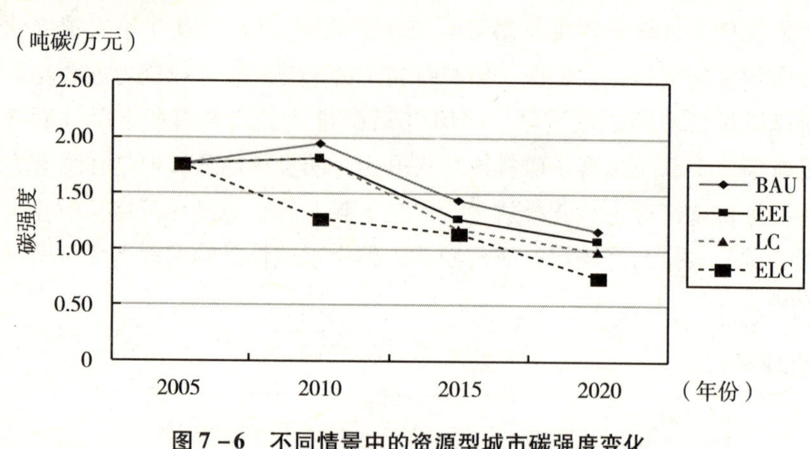

图 7－6　不同情景中的资源型城市碳强度变化

环境、经济、社会的协调发展。在这种情景下，产业结构如何变化？本书首先基于系统动力学模型模拟预测的结果，对低碳情景下三次产业的生产总值、增长速度及 GDP 构成进行了初步预测，预测结果如表 7－5 和表 7－6 所示。

表 7－5　　2005～2020 年资源型城市各部门 GDP 增长速度　　单位：%

部门	2005～2010 年	2010～2015 年	2015～2020 年	2005～2020 年
经济总体（GDP）	8.11	6.12	5.36	6.53
第一产业	5.21	4.17	3.83	4.40
第二产业	11.05	9.44	8.12	9.54
第三产业	9.01	9.21	9.27	9.16

表 7－6　　2005～2020 年资源型城市各部门 GDP 构成　　单位：%

产业	2005 年	2010 年	2015 年	2020 年
第一产业	14.81	11.21	9.03	6.24
第二产业	52.18	57.44	59.12	61.31
第三产业	33.01	31.35	31.85	32.45

随着资源型城市工业化进程的发展，加上国内外能源市场环境的变化，资源型城市产业结构将面临调整、重组，第一产业所占比重会持续下降，第二产

业比重还会上升，但重工业比重会有所降低，随着第二产业的发展，生产服务业的比重会越来越大，从而促使第三产业所占比重会由下降态势转为上升态势，低碳产业体系得到初步构建。产业结构的不断优化升级和低碳转型将有力地促进资源型城市碳排放的下降，为资源型城市可持续发展起到显著的促进作用。

第五节

资源型城市低碳转型的路径依赖

前面采用碳排放负荷模型与情景分析相结合的方法，对 2020 年资源型城市的低碳转型情景进行了预测与分析，通过以上四种情景下的分析可以看出，根据资源型城市实际情况，低碳情景是资源型城市实现经济、社会、能源和环境系统协调发展最合适、最可行也是最现实的方案。结合前面几章的研究结论，不同类型的资源型城市可以通过路径选择推进低碳转型进程。

（1）技术创新路径。低碳技术创新有助于降低能源强度，进而抑制能源消费总量和碳排放量的增长速度，最终实现降低碳强度。碳减排技术的实施是提高能源利用效率的驱动力，全面实现用能技术的先进化，通过技术进步可以实现高碳能源的清洁利用，通过各种政策措施大范围普及先进、高效的节能技术来提高碳减排和低碳转型绩效。资源型城市应综合技术发展的政策和经济发展下应对碳排放变化的对策，充分发挥自身资源条件的优势，积极鼓励重大清洁能源的开发、转换和利用技术的研发，从而实现高碳能源的低碳化利用，这样就可以使低碳技术的创新政策既有利于能源环境的生态发展，也有利于经济的和谐发展。这种路径对所有类型的资源型城市都适用，尤其针对煤炭城市可以产生较为显著的影响，是煤炭城市的必要选择。

（2）产业结构优化路径。资源型城市因为资源禀赋等因素，形成了以资源型产业为主导的产业体系。而资源型产业的能源消费大，使得资源型城市形成高碳的产业结构，在低碳情境下，资源型城市亟须对产业结构进行调整优化，通过对高能耗产业的合理控制，积极促进低碳产业的发展，将经济调整成低能耗、高效率的产业结构。相对其他三种类型的城市而言，产业结构优化对煤炭城市的低碳转型进程影响更为显著，所以煤炭城市亟须加强产业结构优化，促进城市低碳转型。

（3）能源消费结构优化路径。基于资源型城市的特殊性，各类资源型城市能源消费结构对低碳转型的影响不太显著，但是除合理地开采和加工能源外，应注重合理发展可再生能源和水电、风电等，提高它们在一次能源中的比重。

（4）政策引导路径。技术创新、产业结构优化和能源消费结构优化对资源型城市的低碳转型会产生积极的影响，但需要政策的相应引导。政府应完善相关的节能减排政策，制定合理的产业结构升级战略，采取低碳技术创新的政策激励机制，形成能源消耗低、技术含量高、经济效益好的完善的低碳产业体系，从而促进资源型城市及产业实现低碳化、生态化转型。这条路径也是所有类型资源型城市可持续发展的必经之路。

第六节　小　结

本章主要运用环境负荷模型和情景分析法对碳强度目标约束下的三种情景、2020 年资源型城市低碳转型的四大情景分别进行了分析。通过对资源型城市四种情境下经济发展、人口、能源强度、能源消费总量、碳排放量及碳强度的变化趋势进行预测与分析，得出资源型城市在低碳情景下到 2020 年能够实现碳强度下降 40% 的基本目标，而且还能保持 6% 的经济增长速度，可以实现全面小康社会的“新三步走”战略 GDP 目标要求，低碳情景下为了实现碳减排目标，付出了影响经济发展的代价，但是低碳情景却是资源型城市协调发展经济、社会、能源与环境系统最合适、最可行也是最现实的方案。由此，在低碳情景下进一步探讨了产业结构优化的情景，最后根据前面几章的综合分析，提出了资源型城市低碳转型的四大路径依赖：技术创新、政策引导、产业结构和消费结构的优化。

第八章

促进资源型城市低碳转型的调控对策

在低碳时代背景下，低碳转型成为资源型城市可持续发展的必然选择。通过低碳技术创新路径、产业结构升级路径、能源结构优化路径、政策引导路径等多种路径方式，可以促进资源型城市低碳化发展，实现经济发展与资源环境保护双赢，也能够为应对全球变暖做出积极的贡献。但长期以来，资源型城市作为能源基地，为我国经济社会的迅速发展做出了巨大贡献的同时，因为缺乏统筹规划和资源枯竭等原因，积累了许多矛盾和问题，普遍存在经济发展严重依赖资源、产业结构单一、经济效益低下等问题，加上碳排放的约束，资源型城市将面临更为复杂而困难的环境。对于资源型城市的发展，有的国家采取自由发展对策，如英国、美国、澳大利亚等国家任其自然发展，政府很少控制，主要通过市场力量和企业自身发展目标决定，许多资源型城市在优胜劣汰的规律作用下走向衰退。但多数国家或地区还是采取了干预措施，如日本的九州、德国的鲁尔区等，对资源型城市转型实施有效的调节与控制，遏制衰退，促使了城市经济的腾飞和环境的改善，走向了可持续发展的轨道。我国资源型城市数量多，而且往往是一个区域的工业基地或经济中心，因此，在低碳时代，针对碳排放带来的负外部性造成的市场失灵，资源型城市亟须构建行之有效地调控机制和采取合理的矫正手段进行调节。资源型城市经济转型本身就是一个复杂的世界难题，所以低碳经济视角下的产业转型更应该遵循科学合理的调控原则，选择适合的调控模式、构建动力机制，同时还需要调控政策体系的保障。

第一节

资源型城市低碳转型应遵循的调控原则

资源型城市低碳转型是一项复杂的系统工程，涉及经济建设和社会发展的全局，必须综合考虑经济和社会发展的各项因素，因此它也是一项长期的艰巨任务。在低碳转型中可能出现各种各样的问题，因此，要促进资源型城市健康地可持续发展，在科学发展观指导下，有必要明确资源型城市低碳转型应遵循的原则。

一、全局谋划原则

资源型城市的低碳转型应当遵循国家整体经济发展的战略和经济发展特点，进行产业布局和配套政策的统一规划。资源型城市的经济复兴涉及诸多方面，实施单一的解决方案是难以奏效的，必须在国家的统一指导下，进行系统的政策设计与产业规划。考虑到过程中会受资金、技术和资源等各方面的约束，综合开发不可能面面俱到，因此要突出重点，将有限的资源主要用于解决根本性和全局性问题。例如，近年来，国家一再禁止新建高耗能的电解铝、水泥、硅铁及其他对环境污染严重的项目，鼓励低碳产业或新能源产业的发展，因此资源型城市低碳转型就要避开向高碳产业的选择和发展，最大限度地挖掘区位优势，结合周边区域发展情况寻求低碳转型之路。

二、因地制宜原则

我国各地的自然环境、社会条件、经济发展等存在较大差异，资源型城市低碳转型既没有现成的模式可套用，也没有标准经验可以照搬，需要因地制宜，选择符合城市具体情况的低碳转型路径。因地制宜，发挥比较优势是选择资源型城市低碳转型模式的必要前提。因此，在资源型城市低碳转型的过程中，有必要学习和借鉴发达国家资源型城市的成功经验，但要根据本资源型城市和企业的实际，发挥自己的比较优势，发挥特色低碳产业，宜农则农，宜工则工，宜商则商。发展特色产业要用新思路盘活存量，如土地、厂房，应用政策吸引低碳产业增量；如发展非国有经济和劳动密集型产业，应用高科技提高知识含量；如发展农业，应尽量发展现代绿色农业，探索适合自己的务实、操作性强的转型模式。

三、最优效率原则

资源型城市低碳转型强调价值的产出效率，只有要素的最优配置才能实现产出价值的最大化，从而实现低碳转型目标。居民是最直接的利益相关者，对价值优先最具有表决权，低碳转型暗含的风险和收益都直接或间接地反映到居民的净福利水平上。首先，低碳转型要能够促进就业。资源型城市失业多为结构性失业，在低碳转型中，如何提高资源型城市低碳产业就业能力和增加居民收入成为推动资源型城市就业结构优化的动力，也是衡量建设和发展社会主义和谐社会的基本标准之一。其次，低碳转型要谋求环境效益。资源型城市选择替代产业时，应考虑环境效益，建设低碳工业示范园等有助于引发许多企业积极研发各项低碳技术，促进低碳产业的长期投入和供给，从而使得资源型城市不至于因资源的枯竭而使产业衰亡，确保资源型城市经济的持续性增长。产业的可持续发展，主要表现在资源消耗低和环境污染小两个方面。为了实现经济可持续发展，资源型城市替代低碳产业的选择，需要把环保作为一个重要的衡量标准，突出“绿色产业”的地位，给居民提供绿色的生活环境和工作场所。

四、科学合理原则

这里所强调的科学合理原则是指资源型城市产业结构优化时新兴产业选择应做到科学合理。一些资源型城市在产业升级过程中，不切实际地发展新兴产业，产生了许多问题。而在低碳时代，资源型城市新兴低碳产业的形成和发展，必须有利于化解或缓解经济运行和发展中的基本矛盾，有利于促进资源型城市低碳经济发展，有利于促进经济增长和增强竞争力。资源型城市在低碳转型进程中，应充分考虑如何充分利用自然资源优势和发挥比较优势，寻求高产业关联度，提高科技含量，注意生态环境治理和保护等问题，尽量选择污染少，低碳排放，甚至无污染的绿色产业。在资源开发过程中，积极研发低碳技术，提高能源资源利用率，合理开发和利用资源，寻求人类与自然的和谐。因此，在选择主导产业和新兴产业时，尽量选择那些可以不对环境造成破坏又能使用可再生资源的低碳产业或绿色产业给予必要的政策优惠和资金扶持，使之成为资源型城市经济增长和低碳发展的引擎。

五、系统协作原则

资源型城市的低碳转型是一个复杂的系统工程，需要政府、社会力量、市场力量的共同协作来完成。首先，政府在制定低碳转型决策时，其各研究机构应集思广益，与民间研究机构相结合，对低碳转型的具体实施战略和具体对策进行充分商讨才能最终确定，在低碳转型决策方案落实的过程中，注重收集反馈信息，不断地调整低碳转型策略，从而使得各项转型决策得到更好的完善。其次，低碳转型还需要社会力量的支持，原有的陈旧观念和陈腐思想在转型过程中往往会妨碍低碳转型的政策落实，因此，必须通过低碳舆论氛围的营造和思想上的转型促使资源型城市居民树立低碳意识，增加低碳消费，减少高碳消费，促进用能结构的优化。最后，资源型城市低碳转型不仅要消除计划经济体制给资源型城市带来的体制“瓶颈”与观念制约，还要充分发挥市场机制对资源配置的重要作用，促进市场资源转移到具有市场需求、能耗少、效益高的低碳产业部门，有效促进资源型城市由单一型产业结构向多样化、综合型的低碳生态产业结构发展，从而使产品结构、产业结构趋于合理，也从而促进低碳城市的建设。

第二节 资源型城市低碳转型的调控模式

在遵循前述五种原则的情况下，资源型城市还应该选择适合的低碳化发展模式，为今后资源型城市低碳转型路径选择与政策设计提供理论基础和决策支持。国外的休斯敦、鲁尔等资源型城市在经济转型进程中大多采取了产业延伸模式、产业更新模式和复合模式，取得了良好的转型绩效。但是资源型城市在产业低碳化发展过程中，不仅仅要采取这三种模式推进经济转型，同时还应采取低碳化模式、生态化模式、柔性化模式，基于此，提出了资源型城市低碳转型的五种模式。

一、生态化模式

资源型城市的发展类似于生物种群的进化。城市发展应当兼顾各产业之间的关系，通过构建资源型产业生态循环链，促进传统的高碳产业链条向低碳产业链演变，进而形成低碳产业集群，最终实现在城市内部建立资源节约型和环境友好型社会，建设成一个良性发展的可持续的能源生态体系和产业生态系统，如图 8－1 所示①。

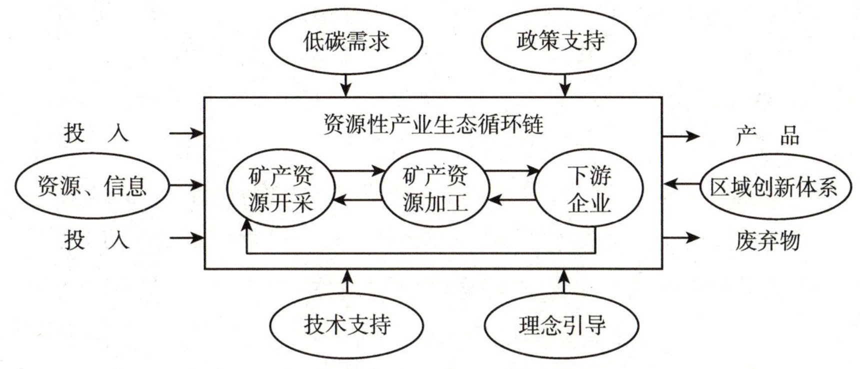

图 8－1 资源型城市产业生态系统

资源型城市产业生态系统以实现可持续发展为目标，涉及煤矿、矿产资源开采和加工企业、企业群落、矿区、资源型产业集群等多个主体，在低碳需求、政策支持、技术支持、理念引导多个支撑因素影响下，不断发展和完善。资源型城市产业生态系统的核心是资源型产业生态链，它是实现经济环境协调发展的载体。低碳需求是产业生态化演进的诱因和动力，政策支持是低碳环境下产业生态化运作的保障和关键，技术支持是资源型城市产业生态系统不断进化的关键动力。理念引导是资源型城市产业生态系统维系和进化的社会力量，能够影响企业的经营理念，也能够诱发居民的低碳需求，有助于形成良好的低碳转型文化氛围。持生存必不可少的内部条件，而政府政策因素的存在既可弥补市场对于产业生态系统内部协同的不足，又是处于循环经济和产业生态系统建设初期必不可少的外部条件。网络型组织既是减少矿区产业生态系统的风

① 参照张青，许谋，李克荣．矿区产业系统构建［J］．管理世界，2005（11）：158－159.

险，又是弥补市场与政府调节的不足重要保证，而灵敏的信息网络是生态循环链的正常运作、网络型组织、市场、政府功能得以充分发挥作用的重要手段。

在资源型城市的生态化演进进程中，应当积极促进产业的绿色发展，减少环境负荷，从而实现较高的生态经济效率。发达国家的经济发展历程表明，工业化阶段是环境负荷逐步产生并快速增加的必经阶段。从图 8－2 可以看出，发达国家在工业化阶段片面追求经济利益最大化，环境负荷和资源消耗随着经济发展而不断增加，当环境负荷达到高峰后，生态破坏严重，进而才会采取各种治理补救措施来协调经济与环境的关系。发达国家的历程体现了经济发展与生态环境关系协调的进步规律，也给发展中国家带来了前车之鉴。发展中国家虽然起步较晚，经济水平落后，至今仍在工业化的发展过程中，但是可以走跨越式发展的道路，翻越“环境高山”。同理，尽管资源型城市相对一般城市而言，经济水平和环境问题都不理想，若继续沿袭先经济发展后补救治理的观念，则会付出较大的代价。资源型城市应在如图 8－2 所示的“环境高山”上选择走一条穿越 A 曲线的隧道，这条隧道可在 B 曲线和 C 曲线之间进行选择，这样就避免重蹈发达国家翻越“环境高山”的覆辙。这样在工业化过程中就可以取得经济增长提高和环境负荷降低的经济和环境双赢的结果，从而实现较高的生态经济效率。因此，由“灰”转“绿”的产业转型模式即产业生态转型模式无疑是资源型城市在工业化进程中的最佳选择。

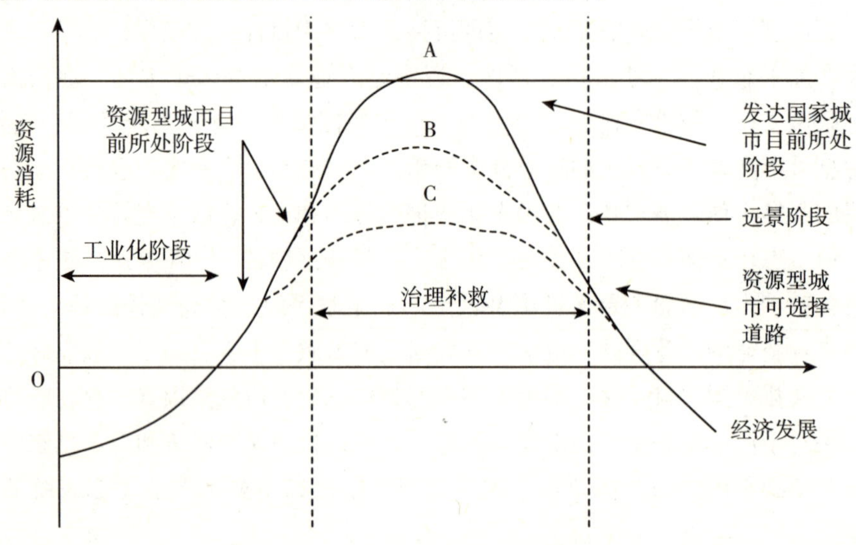

图 8－2　资源消耗与经济发展的关系

煤炭开采业、加工业以及冶金工业往往是资源型城市的主要经济支柱，为城市和地区经济发展的腾飞做出了很大贡献。然而，随着多年来的矿产资源的开采，一些资源型城市已经面临着枯竭，在矿产资源开采的过程中所带来的环境问题和资源问题，严重阻碍了资源型城市经济社会的可持续发展。资源型城市由“灰”转“绿”的产业转型是一种必然的趋势。其基本思路是：依托煤炭产业的积累来反哺新型生态经济产业群和现代服务业的发展，实现从“灰”色印象到“绿”色主题的质的跨越；以科技推进资源的综合利用率，全面推广清洁生产；加快传统产业的优化升级，引导煤炭资源粗加工向精加工方向发展，彻底转变企业增长方式。

资源型城市的生态模式既有助于产业间的和谐发展，又有助于降低环境污染，在一定程度上抑制了碳排放量的增长。

二、统筹化模式

在资源型城市低碳转型进程中，为了实现既定的碳减排目标，必然付出影响经济增长的代价，也势必传导到居民的社会生活，影响居民的生活水平，所以资源型城市还应采取统筹化模式，积极采取包容性发展方式，切实解决经济发展中出现的社会问题，实现经济、社会、环境的和谐发展，构建资源节约型、环境友好型社会。党的十六届三中全会《决定》第一次全面阐述了五个统筹发展的定义：统筹城乡发展、统筹区域发展、统筹经济社会发展、统筹人与自然和谐发展、统筹国内发展和对外开放的要求，这就要求资源型城市在实现产业转型的时候要兼顾城乡发展，彻底转变城乡二元经济结构；缩小区域差距，实现区域共同发展；控制人口适度增长、资源的永续利用和保持良好的生态环境；放眼国内外两种资源；顺利实现城市产业的转型和振兴。资源型城市在发展中需要解决的统筹问题主要包括，加快塌陷地的复垦和修复，推进人与自然的和谐发展；加快农村的基础设施建设，做好农村人口的就业指导，各种渠道促进农村经济的发展，加快统筹城乡发展步伐，使城市和农村互为资源、互为市场、互为服务，促进城乡一体化发展。

三、柔性化模式

“柔性”是相对于“刚性”提出来的。资源型城市在低碳转型过程中，应立于政府治理的角度，应由刚性规制与治理转为柔性疏导和预防，做好事前预防和事中调查和控制工作。一味地以限制高能耗为理由直接限制企业的正常经营活动，必然带来许多矛盾和纠纷。立于企业发展的角度，政府应避免成为管制者，而应该努力成为服务者、引导者，积极采取各种激励措施引导企业的低碳转型。立于产业发展角度，政府和企业应该积极搭建资源整合平台，注重产业供应链环节间的柔性共生，并提高资源型城市重要产业在产业集群、产业裂变和产业融合中的柔性度和引擎能力，从而提升资源型城市重要产业适应市场竞争新范式的能力。立于城市发展建设的角度，城市规划建设不仅要注重硬件设施建设，更要兼顾居民的需要、产业的现状，切实实现城市刚柔并济的转型规划。

四、替代型模式

产业替代模式是指通过积极发展新兴产业以取代原来的高耗能产业。资源型城市可以充分利用资源开发和利用所积累的资金、人才和技术，或借助其他政策等力量，构建不依赖原有资源的新型产业群，转移劳动力到新兴战略性产业上来。产业替代模式摆脱了资源型城市对原有矿产资源的依赖，因此它是最彻底的资源型城市低碳转型模式。当然，资源型城市也将会面临巨大的挑战，主要原因在于当进入新兴产业经营活动时，企业长期形成的经营思维习惯和行为方式容易与新业务要求的经营模式发生冲突，极易产生经营决策的失误。除此之外，要想彻底地促使资源型城市摆脱对原有矿产资源的依赖，建设城市低碳产业体系，还需要大量的资金投入和政府的优惠政策倾斜，也需要大力改善投资环境，从而促使新兴产业部门吸引外部资金和人才的流入。资源型城市可以构建完善的低碳产业生态网络或工业园区，促进中小企业与大企业间的协调合作，形成具有竞争力的替代产业。尤其针对资源枯竭型城市而言，新兴产业优势再造是其可持续发展的必经之路。

资源型城市应建立低碳产业结构，积极发展战略新兴产业，大力促进第三产业的发展，实现经济发展的低碳化。要促进产业核心竞争力的形成和提高，而要形成核心竞争力就要积极发挥区域创新系统功能。积极发展以第三产业为主的替代产业，如果要保持区域城市经济的长盛不衰，就必须在支柱重工业衰落前培育出新的支柱产业。要充分重视对人力资本的培育，因为人力资本有助于促进产业核心竞争力的形成和提高，从而在国际和国内市场保持长久竞争力。

五、复合型模式

在资源型城市经济转型模式中，较为常见的是产业延伸模式，在现存资源开发的基础之上，延伸产业链，积极发展前后及旁侧关联的相关产业，建立起资源的深加工。但是资源加工业往往也是高耗能、高碳产业，而且盲目的产业链延伸也会随着矿竭城衰出现巨大的风险，因此，在低碳时代背景下，资源型城市应该采取复合化的模式，变以往传统的“资源—产品—废弃物—污染排放物”单向流动为基本特征的线性经济发展模式，代之以“资源—产品—再生资源—产品”为特征的复合型的循环经济发展模式。采用此模式，既可避免单一模式的风险，又可以实现资源的循环利用，从而提高能源利用水平，降低污染物的排放，实现经济效益和环境效益的双赢。

第三节　促进资源型城市低碳转型的政策保障体系

按照诺贝尔经济学获奖者缪尔达尔累积的因果关系理论，一国在经济发展中显露的区域性经济发展水平差异，将会因“累积性因果循环”的作用而越来越大，而且难以自动消除，政府需要运用金融、产业调整、财政税收等多种宏观调控手段进行干预，以消除这种差异对整个国民经济的不利影响。长久以来，资源型城市为我国的经济建设做出了巨大贡献，但由于国家多年的指令性计划长期的高强度开发及资源价格等因素作用，产生了“回荡效应”，即资源型城市因支持其他地区的发展，而形成经济下降的“循环与积累”，出现了多种多样的累积难题，如面临着主要矿产资源逐渐枯竭，增长后劲乏力，主导产业衰退、社会保障压力加大，地质灾害频发、失业贫困人口增多、生态环境恶化等一系列严峻的问题。然而，资源型城市自身改善机能较为薄弱，自身难以解决计划经济遗留下来的各种问题。因此，为了促进资源型城市的可持续发展，《国务院关于促进资源型城市可持续发展的若干意见》明确提出了亟须构建的三大机制：资源开发补偿机制、衰退产业援助机制和资源性产品的价格形成机制。而对于资源型城市的低碳转型，除了已有的“三大机制”外，还需政府的各种完善的配套政策支持，因此，本书提出了系统的五方面的政策保障体系（见图8-3）。

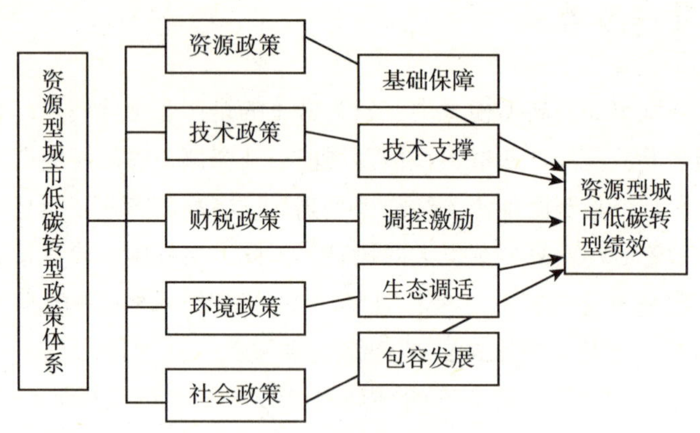

图8-3 资源型城市低碳转型的政策保障体系

资源型城市是一个涉及社会、经济、环境和资源等多方面的巨型系统，其低碳转型的政策应当是涉及针对支持和解决资源型城市面临的社会经济和资源环境等诸多方面问题的有机整体，只有各方面的政策相互作用和完善，才能共同为资源型城市的低碳转型发挥作用，为其提供基础性的转型保障。资源政策主要指的资源价格政策、资源管理政策、资源开发补偿政策三个方面，是促进资源型城市生机和活力的基础保障；技术政策有助于激励企业加强低碳技术创新，从而对低碳转型进程起到强有力的技术支持；财税政策主要包括碳税政策、碳金融、新兴产业扶持政策等，对产业低碳化发展可以起到有效地调控激励作用；环境政策主要指节能减排政策和环境治理政策，对实现碳减排可以起到生态调适作用；而社会政策主要包括就业政策、低碳理念引导等，包容性的社会政策体系构建有助于人与环境的和谐，也有助于调动参与低碳转型的积极性，从而获得较高的低碳转型绩效。

第四节

促进资源型城市低碳转型的调控对策建议

对于高度依赖重工业的资源型城市，实现低碳转型是艰苦之路，也是必经之路。应努力采取行之有效的措施及对策解决资源依赖过度、高碳特征突出、发展路径单一的问题，促进产业结构由单一向多元化进行转变，由低端产业向高端产业跨越，由高碳经济向低碳经济发展，由粗放增长向绿色崛起迈进。

一、完善低碳转型政策体系

低碳规制是资源型城市低碳转型的重要驱动因素，通过政策引导城市及产业向低碳化发展是促进低碳转型的关键。路径依赖理论说明，要想打破“碳锁定”，必须引入外生力量。英国、美国、日本、丹麦、瑞典等国家近几年分别推出了各种低碳经济法案，为城市低碳经济转型提供了法律的保障。对于资源型城市而言，由于“回荡效应”的存在，很难自发地解决所面临的各种难题，因此我国政府应制定能源发展战略，一方面制定低碳经济相关政策法律，约束资源型城市高耗能产业的过度增长；另一方面对资源型城市的低碳转型提供经济扶持政策的实施，通过经济、法律等途径引导和激励企业参与低碳化利用，开发利用可再生能源，促进能源的清洁发展。可以制定合理的能源税、碳税制度、企业自愿减排计划等系列政策，构建碳排放交易机制、碳信托基金等激励机制。资源型城市自身也应借鉴国内外低碳城市建设的先进经验（见表8－1），树立低碳工业化的战略目标，制定低碳转型战略规划。一方面，作为工业和资源大市，资源型城市要充分利用自己的资源优势，推动新兴工业化发展，促进经济增长；另一方面，大力发展现代服务业和新兴能源产业，优化产业结构，建成低碳产业体系。

表8－1　　　国际低碳城市建设的先进经验

城市	低碳经验
伦敦	在规划新的发展时所制定的目标和提出的要求是非常出色的。目标包括碳减排、可再生能源利用和技术发展。伦敦市长在能源战略制定方面发挥了重要作用，这一战略主要包括雄心勃勃的战略目标和对于分布式能源的强烈关注，并建立了伦敦气候变化管理局，同时在伦敦发展管理局下面设立了分布式能源供给部门。目前的挑战是如何将这些高度的战略目标或理念转化为700万伦敦市民的行动
东京	在规划中考虑住宅的节能和环保等要素。目前在示范阶段的一个项目，主要是利用市内天然气发电的同时，把发电产生的余热用于为家庭提供热水。其效率可以达到常规方式的两倍以上，节能效果得到了很大的提高。同时，日本也提出了建设“低碳社会”的口号

续表

城市	低碳经验
柏林	已经制定了有效的气候变化战略和能源战略，它通过热电联产来实现节约能源和减少温室气体的目标。目前，柏林是世界上区域供热网络最大的城市之一，同时它也大力发展微型发电
哥本哈根	已经建立了广阔的热电联产和区域供热网络，并逐步使用低碳燃料。市民的需求已经驱使主要的项目和投资都侧重于联合发电模式的风力发电领域
马尔默	已经强化了它的低碳身份．通过示范一种分布式能源的综合方法，弥补了该城市现存能源网络的不足
巴塞罗那	已经执行了规划要求，即所有新的开发建设都应该使用太阳能集热器。这一规划也被西班牙的其他城市所采用

二、推动传统高碳产业结构向低碳产业结构转型与升级

产业经济学理论认为，经济转型发展和跨越发展的本质和标志是实现产业结构的创新和优化升级。因此，在低碳背景下，资源型城市应利用低碳转型实现跨越发展，不断加快产业结构的优化与升级，实现由单一支柱产业结构向新型多元化的现代产业体系转变。根据“十二五”规划及相关政策规定，资源型城市应遵循以煤为基、多元发展的思路，改造并提升传统产业，培育新兴产业，大力推动资源型、原材料型、粗放型、高耗型、污染型、低效型、传统型和低端化产业结构向深加工型、循环型、集约型、低碳型、现代型、清洁型、高效型和高端化产业结构的优化升级。发展循环经济可以缓解资源型城市的资源约束矛盾，是实现可持续发展的必然选择。发展循环经济就可以实现以较小的资源代价换取较大的经济产出，从而使有限的资源得到最大限度的利用，这是资源型城市实现低碳转型跨越发展的必然选择。因此，资源型城市应当按照“循环、绿色、低碳”的理念，通过转变经济发展方式，促使低碳经济、生态经济、循环经济成为其基本的经济形态和产业发展模式，从而得以延长资源性生态产业链、提高废弃物的综合利用水平，最终为低碳转型的发展提供有力保障。

应鼓励新能源产业的发展，积极发展现代服务业，建设低碳产业园区，形

成良好的低碳产业集群氛围。积极发展低碳工业园，实现工业园区化、产业生态化，打造多产业横向发展与产业链纵向延伸相结合的低碳型工业体系，构建工业低碳网络，实现以企业“小循环”、产业“中循环”、省市“大循环”为特色的区域低碳经济体系和兼顾生态、社会、经济三大效益的“环境低碳模式”。政府可制定税收减免的政策引导企业入驻低碳产业园区，积极采取措施促进低碳产业链或低碳产业集群的形成，为低碳工业化自主创新能力培育提供良好的集群氛围，逐步形成科技含量高、带动力强、辐射面广的多元化产业集群及低碳产业集群，突破对资源和高碳产业的高度依赖。

资源型城市的经济增长对资源型产业的发展有高度依赖性，因此，绝对不能为了低碳转型而盲目抛弃资源型产业或其他高碳产业，而是应当逐渐引导资源型产业对高碳能源的低碳化利用，促进其向低碳价值链的上游发展，从而实现经济的良性生态增长，另外要大力鼓励第三产业的发展，提升现代服务业的比重，促进现代服务业与资源型产业的协调发展。

三、建立低碳技术创新的激励机制

资源型城市低碳转型在较大程度上必须依靠自身力量，充分利用政策扶持、技术创新等驱动力量，才能实现资源型城市的顺利转型。根据世界城市发展演进规律，城市发展的驱动力演进遵循一个从初级要素到高级要素驱动的规律，其中，初级生产要素主要包括自然资源、劳动力、地理位置等，高级生产要素则主要指技术创新、现代化设备、信息、融资等。因此，初级生产要素的驱动作用随着资源型城市发展明显下降，逐渐变成基础性因素，而以创新、知识、人力资本为核心的创新驱动要素的作用日益突增，创新驱动成为资源型城市发展驱动力的有机选择。

目前，资源型城市普遍存在产业结构单一、低碳产业层次较低、低碳技术创新能力较弱、拥有自主创新和自主知识产权的低碳产品较少、低碳产业链条短等问题，这在一定程度上制约了低碳转型进程。面对我国 2009 年承诺的到 2020 年单位 GDP 碳排放强度比 2005 年下降 40% ~45% 的目标，若能够提高低碳技术创新能力，就可以获得发展的机遇和主动权。低碳技术创新程度直接影响资源型产业的竞争力和碳减排目标的实现程度，但其低碳技术创新能力薄弱的问题已经成为制约发展的严重“瓶颈”，亟须构建科学合理的低碳技术创新能力培育与提升机制。

资源型城市普遍存在的粗放型经济增长方式加剧了经济社会发展和资源短缺之间的冲突。资源型城市低碳技术研发基础相对落后，低碳技术研发基础与国际先进水平的差距在7~10年或者更长。资源型城市基础研究占研发投入的比重一直低于6%，国际上通常在12%左右，美、日、德等国在15%以上。2010~2020年，欧盟将投入总量达到530亿欧元的专项资金，进行低碳技术的研发与应用研究。日本政府也专门制订规划，投入巨资推动全新炼铁技术、太阳能电池技术等节能与新能源技术。面对日新月异的科学技术变革，日益强烈的资源环境约束，以及以创新和技术升级为主要特征的激烈的国内外竞争，以低碳技术为主要代表的战略性新兴产业将逐步取代传统高耗能产业，成为一个国家或地区未来经济增长的主要推动力，这是城市减缓日趋严重的能源、环境、温室气体排放控制等巨大压力的重要途径，也是实现碳排放强度下降40%~45%目标的主要手段。

因此，低碳经济时代，资源型城市的相关政府部门应健全低碳技术创新的激励机制，紧紧围绕产业结构优化与升级目标，实施低碳技术创新跨越工程，建立以政府投入为主导、企业和民间投入跟进，多元化的低碳技术研发投入体系。通过创新政策激励和引进国外低碳技术带动企业低碳技术创新，如设立低碳创新奖励基金，征收碳税，碳减排目标考核制度等，提升低碳技术创新水平，力争在高碳能源低碳化利用、新能源、节能减排等低碳技术领域取得重大突破，转化一批有现实生产力的科技成果，在转型跨越发展中成为低碳技术研发和应用的“领跑者”。加强低碳技术国家合作，吸取有益经验，提升低碳技术创新水平。鼓励企业积极进行低碳技术创新，开发低碳产品，引导企业由低碳价值链的低端向高端发展，从而促进低碳产业聚集带的培育与发展，从而获取更多的低碳效益，抢占低碳经济制高点。政府也应加强利基战略管理促进太阳能、风电等清洁能源技术的创新，消除碳锁定。通过完善低碳技术创新政策体系，促使城市达到节约能耗和减少碳排放的目的。以提升自主创新能力替代资源和能源的投入，减少能源和资源的消耗，逐步实现经济增长方式由要素驱动型增长向创新型增长的方式转变。

四、促进能源结构多元化发展

资源型城市的能源消费结构比较单一，在一次能源消费中煤炭和原油的比重超过98%，可见，可再生能源的开发利用的水平还很低，随着经济发展和资源环境的矛盾日趋尖锐，通过发展新能源和可再生能源，进而改善能源结构已经成为资源型城市可持续发展的必然选择。资源型城市应当加快对新能源和可再生能源的开发利用，大力改善能源结构、积极降低能耗，从而降低碳排放，可以通过增加对排放因子低的石油、天然气和水电的消费比重，降低对煤炭等不可再生资源的依赖性，大力鼓励发展以秸秆为原料的生物质能源发电，重点支持核电和太阳能发电，积极扶持太阳能光热项目和光伏项目，争取实现太阳能光伏发电的规模化试点突破，同时有序发展风能、潮汐能和农村沼气等新能源和可再生能源，除此以外，在重视在发展新能源和可再生能源时逐步提高对新能源的利用效率。

促进能源结构向多元化和均衡的方向发展，构建低碳能源供应体系，既是低碳转型的核心问题，又是资源型城市跨越发展的理性选择。资源型城市应当积极推进能源产业的低碳化发展和资源转型，可以借助资源整合的契机，推进煤炭生产的集约化。构建促进能源结构优化和可持续发展的价格体系；培育持续增长的可再生能源市场推动可再生能源发展的机制建设，改善健全可再生能源发展的市场环境与制度创新。同时，由于短期内很难改变以煤炭为主的能源消费结构，因此在转型跨越发展过程中不仅要注重利用煤炭产业的发展解决目前的能源“瓶颈”制约问题，还要积极推动新能源的产业发展；既要加强对钢铁和焦炭等传统的高能耗产业的技术改造和结构升级，加强消费前对煤炭的低碳化和无碳化处理，减少燃烧过程中的碳排放，又要着力于加速发展天然气和核电，积极发展水电，深入开发风能、太阳能、水能、地热能和生物质能等可再生能源，从而最终形成完善的低碳能源供应体系。

五、宣传低碳消费和经营观念

企业的低碳意识和消费者的低碳意识缺乏在一定程度上会制约资源型城市低碳转型进程。因此，政府应加大宣传低碳观念，倡导公众节能减排、低碳消费、低碳经营的理念，引导低碳消费方式。健全发展各种环保组织与协会、低碳经济协会。通过大力开展低碳宣传，引导和影响人们的价值观和生活模式，培育低碳创新文化环境，促进公众参与低碳创新，促使人们形成低碳生活方式，引发对低碳产品的需求，市场需求的改变会转化为一系列的产业需求从而对众多产业的发展形成拉动，促使企业加大低碳技术创新，改善产品性能或提供新低碳产品来满足低碳产品需求，有利于低碳转型的演变，最终形成低碳城市或低碳社会。

同时还应提高企业低碳经营意识。因为低碳经济理念近年才被提出，企业低碳发展与经营的意识还比较欠缺，对低碳产品不够熟悉，也无法获知低碳市场效益，所以低碳转型的演变也不可能一蹴而就。在低碳意识淡薄的氛围中，上下游企业之间存在的共生与合作关系降低了单一企业进行低碳经营的可能性。所以政府应积极促进企业推行低碳经营的理念，倡导采用精益生产方式，建立清洁生产机制，同时还应促进低碳产业链或低碳产业集群的形成，努力营造良好的氛围，引导与促进企业的低碳化发展。

第五节

不同类型资源型城市的低碳转型具体对策

资源型城市不仅从宏观上需要采取一系列的调控对策，而且还应针对不同类型的资源型城市采取具体对策。

一、煤炭城市的低碳转型对策

煤炭城市范围广，数目多，且城市规模较大，建市时间较长是我国最主要的资源枯竭城市类型。煤炭城市由于长时期的露天开采，土地塌陷等问题与其他类别的资源枯竭城市相比较为凸出，不少城市已显现被塌陷地包围的趋势，成为制约城市发展的一大“瓶颈”。

首先，煤炭城市在低碳转型的过程中也先要妥善处理土地问题，以“资源”的眼光看待塌陷土地，将土地治理融入城市的建设中，在土地治理中完善城市功能。如枣庄市和徐州市将塌陷地发展成为教育基地和特殊旅游，把塌陷地建设成城市发展的后花园，不仅增加了城市经济来源，发展了低碳产业，又较好地传承了当地的煤炭文化。此外，淮北市对塌陷地进行综合治理，进而扩大了城市水体面积，将部分水体作为休闲娱乐区使用，既解决了土地问题，减少了碳排放，又丰富了城市居民生活。其次，此类城市应做好失地农民的社会保障工作。土地塌陷造成不少农民失去了生存基础，亟须政府拿出资金扶持失地农民的生存和发展。最后，在产业层面上，有条件的煤炭类城市可以通过发展煤电、煤化工等工业，将“原料矿业”转化为“成品矿业”，利用大量的煤矸石等工业废物发展能源、建材等工业，形成煤炭——能源化工一体化的新兴低碳产业体系。此外，由于不少煤炭城市同时也是农业较发达的地区，这类城市就可以围绕周边大城市需求大力发展生态的农副产品加工业。

二、有色冶金和黑色冶金城市的低碳转型对策

有色冶金和黑色冶金城市多属金属类城市，这些城市多为铜、铁、汞等矿产区，由于该类城市原料的特性，一般情况下都有加工能力较高且规模较大的矿石后加工制造企业，有延长资源产业链的先天基础。此类型城市数量较少，每个城市的矿产资源生产相对而言特色鲜明，因此，有色冶金和黑色冶金城市一般具有其独特的城市文化，部分城市甚至历史悠久，如黄石、大冶等。

这些城市在低碳转型进程中要发挥特色文化，发展现代服务业，将低碳城市建设、低碳产业发展、城市低碳文化三者充分结合。首先冶金城市可以利用深加工充分发挥自身资源，在产业上首先进行资源产业链的延长，一般可沿着采矿——粗炼——精炼——型材——制品链条延伸。例如，黄石市通过引入外来资产、企业改制等措施，延伸铜、钢两大产业链，培育壮大大冶有色、新冶钢等龙头企业，生产出很多独家特色产品，并带动发展了本地配套小企业。其次是发挥特色资源的技术优势，在资源濒临枯竭的情况下进行技术和文化输出，将资源加工地转型成为弘扬加工技术和文化的聚集地，并将产业发展和城市建设进行有机结合，利用产业发展巩固并发展城市文化。

三、石油城市的低碳转型对策

相对而言，因为国际石油价格持续上涨，石油城市经济发展较快，发展状况最好，人民生活水平较高，再由于石油资源开采的特点，石油城市往往生态破坏较轻，但部分石油城市建设在较为偏远的地区，一旦石油资源彻底枯竭，石油城市的可持续发展也将面临巨大威胁。在国务院公布的 44 个资源枯竭型城市中，只有盘锦、潜江和玉门 3 个人民生活水平较高，其中盘锦

和潜江石油储量还较为可观，拥有一定的开采空间，但玉门市则已经面临矿竭城衰。

对于还没有开采的石油城市需要进行风险评估，提前为将来的问题做准备。首先需要预测和评估石油城市的可持续发展潜力，科学预测石油城市未来资源彻底枯竭后的发展水平，如若适合发展则需要综合采用多种发展模式，包括低碳模式，反之，则需要事先准备搬迁预案。在产业结构优化时，一般采用同时延长石油产业链和发展其他优势替代产业的路径，石油产业链一般可沿着开采——炼油——石化——精细化工链条延伸；在城市发展过程中，应当留意石油开采地同其他用地的关系，协调好石油开采对农业生产的干扰等问题；在生态上，积极采取保护优先并充分发挥生态补偿机制作用的措施；在民生方面，加强对人员的职业培训，为接续替代产业的发展储备足够的本地人才。在石油资源彻底枯竭时期，对于城市中发展潜力较好的地区，应当充分利用本地石油技术人才，有组织地对外输出技术和劳务，同时根据地方特色培育并发展替代产业，发展潜力较弱且规模较小的城市可以考虑搬迁。

总之，在当今发展低碳经济的时代背景下，资源型城市应当制定科学的产业转型与重构战略，区域发展过程中应协调好各产业之间的关系，根据区域产业布局，科学合理地调整产业结构，对传统高碳产业加强技术创新，实现高碳能源低碳化利用，积极发展替代能源产业，及时培育出新的低碳产业，在保障经济稳定增长的同时发展低碳经济，形成良好的低碳产业体系，构建区域低碳创新系统，从而在城市内部建立资源节约型、环境友好型社会，建设一个良性的可持续的能源生态体系和低碳产业体系。

第六节 小　结

在低碳时代，针对碳排放带来的负外部性造成的市场失灵，资源型城市亟须构建行之有效的调控机制和采取合理的矫正手段进行调节。资源型城市转型本身就是一个复杂的世界难题，因此低碳经济视角下的产业转型更应该遵循科学合理的调控原则，选择适合的调控模式，同时还需要调控政策体系的保障。资源型城市应遵循全局谋划、因地制宜、最优效率、科学合理、系统协作的五条调控原则，采取生态化、产业替代、统筹化、柔性化、复合型五种调控模式，完善政策保障体系。在转型进程中，应加强低碳转型政策体系建设、推动传统高碳产业结构向低碳产业结构转变，建立低碳技术创新的激励机制，促进能源结构多元化发展，宣传低碳消费和经营观念，努力营造良好氛围，推动资源型城市低碳转型进程。

第九章

结论及展望

第一节

主要研究结论

本书综合运用低碳经济理论、产业组织理论、系统动力学理论、计量经济等基本理论和方法，剖析资源型城市的发展变化特征和碳排放现状，揭示资源型城市低碳转型的各项影响因素及其作用机理，构造动力学模型进行仿真研究，构建绩效评价体系，通过情景分析，提出一套适应资源型城市实际情况的低碳转型调控政策保障体系，为今后资源型城市低碳转型政策设计、效率评价及完成节能减排任务可以提供理论基础和决策支持。通过研究，得出以下结论：

（1）根据2013年相关年鉴的数据资料整理与计算结果，确定我国资源型城市有158座，其中地级市88座，县级市70座。资源型城市以资源型产业为主导，资源型产业遵循生命周期规律，经历四个阶段，即前期开发、增产期、稳产期和衰退期。也正是这种生命周期很大程度上左右着城市发展的轨迹。据地市级资源型城市的能耗数据粗略统计，资源型城市能源消费总量大约占到我国能源消费总量的60%，历年单位GDP能耗接近全国平均水平的2倍左右，人均碳排放量与碳排放强度远远高于全国平均水平，总体呈现“高能耗、高碳排放、高污染”的三高特征，具有转型的复杂性、耦合性与特殊性，同时受到经济增长目标约束、产业结构单一、历史文化制约、技术创新能力滞后、引导政策不健全及能源结构不合理等多种“瓶颈”因素的影响，表明资源型城市碳减排形势严峻，亟须低碳转型，实现跨越式发展。

(2) 影响资源型城市低碳转型的因素主要有低碳规制、技术创新、能源效率、结构优化、经济发展、人口等，其中，前四种因素是驱动低碳转型的力量，内力是结构优化，外力是碳规制、技术创新、能源效率。经济发展、人口增长是抑制因素，运用 VAR 模型研究得出人均 GDP 是导致碳排放量变化的格兰杰原因，但碳排放量并不是人均 GDP 变化的格兰杰原因。在此基础上，进一步研究了各种因素对资源型城市低碳转型的综合作用，指出资源型城市系统具有自组织特性，在资源型城市经济结构不断调整和适应的过程中，资源型城市系统总熵逐步减少，系统由高熵无序状态逐步走向低熵有序状态，也由传统的高碳城市转向低碳城市。

(3) 通过 87 个地市级资源型城市的数据分析，发现资源型城市近年来第二产业占据较大比重，呈持续上升态势，但是第三产业发展比较滞缓，与一般城市不同，第三产业比重还呈轻微下滑趋势，说明资源型城市处于快速工业化阶段，高耗能产业未有效带动生产服务业的协调发展，亟须积极发展第三产业，降低能源消耗。基于演变特征的统计分析，运用 LMDI 分解方法对资源型城市低碳转型各因素对碳强度变化的效应进行了分析。分析表明，由于节能减排政策和措施的影响，资源型城市碳强度开始呈下降态势，其主要驱动因素是能源强度因素，即能源利用水平的显著提高促进了碳强度的下降，能源消费结构的影响微乎其微。从产业结构角度来看，产业结构中第二产业的增长态势制约了碳强度的下降，但是被能源强度对碳强度的贡献所抵消，但也由此表明，通过产业结构优化升级来促进碳减排的潜力巨大，低碳转型是资源型城市可持续发展的必然选择。首先，运用 LMDI 分解方法对资源型城市低碳转型各因素对碳排放变化的效应也进行了分析。分析表明，碳排放量的增长态势主要源于经济发展因素的驱动。其次，人口因素也在一定程度上促进了碳排放量的增长，但能源强度因素减缓了资源型城市二氧化碳排放增长的速度。最后，还运用面板数据模型对各因素对于不同类型资源型城市的影响进行了研究，研究发现，不同类型资源型城市碳排放的显著影响因素有所差异，同一因素对不同资源型城市的影响程度也有所不同。

(4) 构建了资源型城市低碳转型影响因素作用的 SD 模型，对资源型城市 2005 ~ 2020 年低碳转型情况进行了仿真。本书 SD 建模的目的在于通过模型探索资源型城市的经济、能源、环境的协调机制，实现资源型城市的低碳转型，具体是控制煤炭工业链的高碳排放、石油工业链的高碳排放、天然气的高碳排放、人均GDP适度增长及增加环保投资和环保管制加以实现。首先构建了四个因果链：由GDP到社会和谐度的关系链、工业总产值到环保投资关系链、人均GDP关系链、能源产量关系链，在因果关系分析的基础上，对资源型城市低碳转型的SD模型进行模块分析，模块包括人均GDP系统，第一、第二、第三产业产值系统、环境模块子系统，水利用子系统，能源子系统模块等。通过真实性检验，GDP、人均GDP、人口数量、单位能耗的拟合程度在一定的误差范围之内（-5%~5%），可以作为未来预测的依据。对四种方案下的灵敏度分析结果分析，得出方案4是最佳的选择，但是在实际运作过程应该四种方案协调实施。

（5）运用环境负荷模型和情景分析法对碳强度目标约束下的三种情景、2020年资源型城市低碳转型的四大情景分别进行了分析。通过对资源型城市四种情境下经济发展、人口、能源强度、能源消费总量、碳排放量及碳强度的变化趋势进行预测与分析，得出资源型城市在低碳情景下到2020年能够实现碳强度下降40%的基本目标，而且还能保持6%的经济增长速度，可以实现全面小康社会的“新三步走”战略GDP目标要求，低碳情景下为了实现碳减排目标，尽管付出了制约经济增长的代价，但是低碳情景是资源型城市经济、社会、能源与环境系统协调发展最合适、最可行也是最现实的方案。由此，在低碳情景下进一步探讨了产业结构优化的情景。根据LMDI、面板数据模型、SD仿真和情景分析结论，提出了资源型城市低碳转型的四种路径依赖：技术创新、产业结构优化、消费结构优化、政策引导。

（6）基于以上分析，构建了资源型城市低碳转型的调控政策体系，提出了相应的调控对策。在低碳时代，针对碳排放带来的负外部性造成的市场失灵，资源型城市亟须构建行之有效的调控机制和采取合理的矫正手段进行调节。资源型城市经济转型本身就是一个复杂的世界难题，所以低碳经济视角下的产业转型更应该遵循科学合理的调控原则，选择适合的调控模式，同时还需要调控政策体系的保障。资源型城市应遵循全局谋划、因地制宜、最优效率、科学合理、系统协作的五条调控原则，采取生态化、统筹化、柔性化、替代型、复合型五种调控模式，完善政策保障体系。在转型进程中，应加强低碳转型政策体系建设、推动传统高碳产业结构向低碳产业结构转变，建立低碳技术创新的激励机制，促进能源结构多元化发展，宣传低碳消费和经营观念，努力营造良好氛围，推动资源型城市低碳转型进程。

第二节

研究创新

本书的创新点主要在于四个方面：

（1）构建了资源型城市低碳转型的影响因素理论模型，分析了低碳规制、技术创新、能源效率、结构优化四种驱动因素和经济发展、人口两种抑制因素对低碳转型的作用机理，并运用 LMDI 和面板数据模型进行了实证解析，完善了低碳转型理论体系。LMDI 分解结果显示，影响碳强度的主要驱动因素是能源强度因素，能源消费结构的影响微乎其微。碳排放量的增长态势主要源于经济发展因素的驱动。面板数据模型实证检验了各因素对不同类型资源型城市的影响程度。研究结论表明，不同类型资源型城市碳排放的显著影响因素有所差异，同一因素对不同资源型城市的影响程度也有所不同。因此，在资源型城市低碳转型进程中，应针对不同资源型城市采取不同的调控对策和措施，才能取得更好的转型效果。

（2）构造了资源型城市低碳转型的系统动力学模型，在经济稳定增长目标与碳减排目标约束条件下，模拟仿真了各因素对低碳转型的冲击影响及变化趋势，发现各种因素的变化均会引起碳排放的变化，选择方案 4（高“三废”投资、低能源投资的方案）有助于资源型城市在保持经济增长的同时达到碳减排目标。

（3）运用 DEA 分析工具对不同类型的资源型城市的低碳转型效率进行了测度，研究发现，不同类型、不同区域的资源型城市低碳转型效率有所差异，但近年来低碳转型效率相对更优，表明了近年节能减排措施取得显著成效，碳减排的投入方向是正确的，但是黑色冶金城市、石油城市或西部地区的资源型城市在资金投入上还需要进一步加强。

（4）运用情景分析方法探讨了碳强度约束目标下各因素的变化及产业结构优化情景预测，研究发现，低碳情景是资源型城市经济、社会、能源与环境系统协调发展最合适、最可行也是最现实的方案，进而针对不同类型资源型城市提出了技术创新、产业结构优化、消费结构优化、政策引导四种转型路径，并提出了生态化、统筹化、柔性化、替代型、复合型五种调控模式和五维政策保障体系。

第三节

未来研究展望

全球性能源短缺和气候变化促使低碳经济成为重要的研究焦点。低碳转型是资源型城市面临的复杂的新课题，在经济增长目标与碳减排目标双约束条件下如何采取行之有效的调控对策推动资源型城市向低碳经济转型？尽管本书取得了一些研究成果，但水平有限，数据获取存在困难，结论还需要进一步验证，而且由于资源型城市转型问题是世界难题，在低碳时代背景下的低碳转型更具有复杂性，因此需更深入的研究，以期出现更多的有贡献的研究成果促进资源型城市经济与环境的和谐发展和可持续发展。

（1）下一步争取获得更多数据，对不同类型资源型城市的能源效率、碳强度等做更深入的比较分析，或者对资源型城市和一般城市的低碳转型进行比较分析，以便提出更有针对性的低碳转型机制、调控政策及措施。

（2）运用投入产出分析、非线性规划、遗传算法、多 Agent 等工具对具体资源型城市的低碳转型情景进行预测，对本书研究结论进行比较和验证。

（3）考虑低碳技术创新、FDI、污染治理投资等更多因素对低碳转型的影响，提出更全面的政策体系。结合一些具体城市做更深入的案例研究，通过实证研究进一步完善低碳转型政策设计，以期起到更好的参考和指导作用。

附录1 《综合能耗计算通则》

（GB/T 2589－2008）

各种能源折标准煤参考系数

能源名称		平均低位发热量	折标准煤系数
原煤		20908kJ/kg（5000kcal/kg）	0.7143kgce/kg
洗精煤		26344kJ/kg（6300kcal/kg）	0.9000kgce/kg
其他洗煤	洗中煤	8363kJ/kg（2000kcal/kg）	0.2857kgce/kg
其他洗煤	煤泥	8363kJ/kg～12545kJ/kg（2000kcal/kg～3000kcal/kg）	0.2857kgce/kg－0.4286kgce/kg
焦炭		28435kJ/kg（6800kcal/kg）	0.9714kgce/kg
原油		41816kJ/kg（10000kcal/kg）	1.4286kgce/kg
燃料油		41816kJ/kg（10000kcal/kg）	1.4286kgce/kg
汽油		43070kJ/kg（10300kcal/kg）	1.4714kgce/kg
煤油		43070kJ/kg（10300kcal/kg）	1.4714kgce/kg
柴油		42652kJ/kg（10200kcal/kg）	1.4571kgce/kg
煤焦油		33453kJ/kg（8000kcal/kg）	1.1429kgce/kg
渣油		41816kJ/kg（10000kcal/kg）	1.4286kgce/kg
液化石油气		50179kJ/kg（12000kcal/kg）	1.7143kgce/kg
炼厂干气		46055kJ/kg（11000kcal/kg）	1.5714kgce/kg
油田天然气		38931kJ/m^3（9310kcal/m^3）	1.3300kgce/m^3
气田天然气		35544kJ/m^3（8500kcal/m^3）	1.2143kgce/m^3
煤矿瓦斯气		14636kJ/m^3～16726kJ/m^3（3500kcal/m^3～4000kcal/m^3）	0.5000kgce/m^3～0.5714kgce/m^3

续表

能源名称		平均低位发热量	折标准煤系数
焦炉煤气		16726kJ/m³ ~ 17981kJ/m³（4000kcal/m³ ~ 4300kcal/m³）	0.5714kgce/m³ ~ 0.6143kgce/m³
高炉煤气		3763kJ/m³	0.1286kgce/m³
其他煤气	a）发生炉煤气	5227kJ/kg（1250kcal/m³）	0.1786kgce/m³
	b）重油催化裂解煤气	19235kJ/kg（4600kcal/m³）	0.6571kgce/m³
	c）重油热裂解煤气	35544kJ/kg（8500kcal/m³）	1.2143kgce/m³
	d）焦炭制气	16308kJ/kg（3900kcal/m³）	0.5571kgce/m³
	e）压力气化煤气	15054kJ/kg（3600kcal/m³）	0.5143kgce/m³
	f）水煤气	10454kJ/kg（2500kcal/m³）	0.3571kgce/m³
粗苯		41816kJ/kg（10000kcal/kg）	1.4286kgce/kg
热力（当量值）			0.03412kgce/MJ
电力（当量值）		3600kJ/（kW·h）[860kcal/（kW·h）]	0.1229kgce/（kW·h）
电力（等价值）		按当年火电发电标准煤耗计算	
蒸汽（低压）		3763MJ/t（900Mcal/t）	0.1286kgce/kg

附录2　耗能工质能源等价值

品　种	单位耗能工质耗能量	折标准煤系数
新水	2. 51MJ/t（600kcal/t）	0. 0857kgce/t
软水	14. 23MJ/t（3400kcal/t）	0. 4857kgce/t
除氧水	28. 45MJ/t（6800kcal/t）	0. 9714kgce/t
压缩空气	1. 17MJ/m^3（280kcal/m^3）	0. 0400kgce/m^3
鼓风	0. 88MJ/m^3（210kcal/m^3）	0. 0300kgce/m^3
氧气	11. 72MJ/m^3（2800kcal/m^3）	0. 4000kgce/m^3
氮气（做副产品时）	11. 72MJ/m^3（2800kcal/m^3）	0. 4000kgce/m^3
氮气（做主产品时）	19. 66MJ/m^3（4700kcal/m^3）	0. 6714kgce/m^3
二氧化碳气	6. 28MJ/m^3（1500kcal/t）	0. 2143kgce/m^3
乙炔	243. 67MJ/m^3	8. 3143kgce/m^3
电石	60. 92MJ/kg	2. 0786kgce/kg

附录3　资源型城市第二产业产值比重变化值

单位：%

城市	2005 年	2006 年	2007 年	2008 年	2009 年	2010 年	2011 年	2012 年	2013 年	2004～2013 年
唐山	1.03	0.73	-0.60	1.92	-1.58	0.38	1.94	-0.82	-0.56	3.50
邯郸	-1.85	1.80	0.48	2.53	-1.22	0.32	0.56	-1.18	-2.25	-0.42
邢台	0.25	0.65	-1.47	0.58	-2.56	-0.89	-0.09	-1.37	-1.77	-4.20
张家口	-3.93	-0.35	0.54	-0.94	-2.14	1.13	1.24	-1.31	-0.76	-3.31
承德	1.31	1.52	3.86	3.85	-8.56	-0.57	3.79	-1.92	-1.83	4.36
沧州	3.22	-0.02	-1.55	-1.31	-2.28	2.38	1.94	0.03	-0.32	-0.08
太原	-7.68	0.06	4.29	-0.73	-6.76	1.19	0.72	-0.83	-1.20	-8.17
大同	-5.80	-1.63	0.23	0.46	-5.23	1.00	2.04	-0.03	-3.61	-10.3
阳泉	-4.39	1.75	-0.31	0.14	-2.06	2.31	-0.02	-0.55	-1.21	-2.64
长治	-5.46	0.85	0.91	3.87	-0.69	2.60	32.51	-30.53	-2.35	4.99
晋城	0.64	0.46	-1.05	-0.06	-0.19	0.28	1.86	-0.91	-2.10	4.65
朔州	1.33	3.48	-1.25	1.17	-9.50	4.22	1.76	0.86	-3.15	3.97
晋中	-2.82	1.98	0.58	3.00	-5.74	2.54	0.06	-0.24	-2.16	-0.78
忻州	-5.37	5.65	7.01	0.56	-12.06	4.27	6.97	0.05	-1.60	6.47
临汾	-0.85	-0.31	0.50	0.66	-7.95	0.96	4.70	-0.90	-2.28	-2.70
吕梁	4.90	2.37	1.35	2.04	-7.12	5.51	4.51	-0.48	-2.63	16.08
乌海	-10.2	0.58	1.95	0.63	2.67	2.88	1.11	0.62	-7.51	-5.08
赤峰	-3.00	4.32	6.27	2.41	-0.42	1.79	2.39	1.74	-4.50	13.85
鄂尔多斯	-6.9	2.43	0.05	3.10	0.22	0.36	1.39	0.44	-0.63	2.61
呼伦贝尔	2.42	1.86	0.93	3.32	2.60	3.09	2.41	2.62	0.54	19.97

续表

城市	2005 年	2006 年	2007 年	2008 年	2009 年	2010 年	2011 年	2012 年	2013 年	2004 ~ 2013 年
抚顺	-6.05	1.27	0.37	0.81	-0.63	2.57	1.79	-0.90	-0.30	0.75
本溪	-0.15	1.13	1.55	1.56	-3.91	2.80	0.60	-2.25	-0.98	4.21
阜新	-4.94	3.61	1.00	1.11	1.21	0.63	2.63	1.23	0.65	6.79
盘锦	3.69	0.82	-1.54	0.95	-11.46	5.55	1.51	-0.30	-0.31	-2.31
铁岭	-0.97	2.41	3.18	5.23	0.00	1.42	-0.11	-0.86	-1.20	13.25
朝阳	-1.32	2.61	3.27	3.64	1.88	0.52	0.59	-1.76	0.37	13.83
葫芦岛	-3.03	0.72	1.15	-2.56	-3.19	2.80	1.52	-0.33	-0.77	-2.04
辽源	7.07	4.29	2.03	2.52	2.62	-0.13	2.10	0.69	0.18	26.06
通化	0.24	3.16	1.07	2.81	-0.68	0.30	0.19	0.69	1.19	10.01
白山	6.20	2.61	0.44	1.69	0.39	3.58	-0.37	0.66	-0.93	10.91
松原	3.19	5.47	-0.01	-1.09	-6.69	1.74	-2.26	-0.64	-1.09	3.95
鸡西	-13.16	1.62	1.56	0.98	6.68	3.19	-0.36	-1.04	-2.38	-2.88
鹤岗	-3.46	1.95	0.67	1.07	2.82	0.21	1.13	-0.88	-2.02	3.62
双鸭山	-3.11	1.02	1.38	0.16	0.53	1.30	1.56	-0.72	-2.56	2.02
大庆	1.34	-0.28	-0.67	0.11	-6.40	3.56	-0.19	-1.17	-1.52	-5.97
七台河	-4.10	0.84	1.81	7.00	4.55	2.84	-2.85	-5.10	-11.93	4.30
徐州	1.15	1.24	0.62	0.38	-0.63	-1.59	-0.64	-1.02	-1.26	-0.95
淮南	1.02	1.16	0.68	6.08	1.69	1.63	0.61	-0.94	-2.03	10.96
马鞍山	-4.47	-0.63	1.52	2.25	-1.43	2.96	-1.40	-1.62	-1.95	-0.38
淮北	1.41	-2.93	2.72	3.68	1.49	3.25	1.70	-0.21	0.89	13.83
铜陵	-1.82	5.29	0.78	-0.63	0.76	4.87	1.99	-1.29	-1.30	14.17
宿州	-0.51	2.75	3.31	3.07	0.69	4.09	2.71	0.83	0.57	18.76
龙岩	0.47	2.91	2.72	1.50	-1.64	3.06	3.26	0.55	-3.27	10.83
萍乡	-1.62	1.90	1.47	1.56	-1.03	1.67	2.55	-5.06	-1.46	0.58
宜春	3.48	4.59	3.67	1.75	0.95	3.63	2.59	-2.89	-1.06	17.46
淄博	2.05	-1.20	-0.99	0.16	-1.95	-1.19	-1.40	-1.15	-1.95	-3.87

续表

城市	2005 年	2006 年	2007 年	2008 年	2009 年	2010 年	2011 年	2012 年	2013 年	2004 ~ 2013 年
枣庄	1.97	0.20	0.32	-1.06	-0.55	-2.16	-1.15	-0.72	-1.53	0.29
东营	1.53	-1.60	-4.44	0.29	-2.61	-1.37	-1.00	-0.70	-1.36	-9.98
烟台	2.83	1.25	0.19	-0.08	-0.72	-1.28	-1.20	-1.17	-1.74	1.21
济宁	3.39	0.18	0.13	0.46	-0.91	-1.51	-0.33	-0.55	-1.36	2.09
泰安	3.11	0.35	-0.05	-0.69	-0.95	-0.92	-1.39	-1.53	-1.66	-1.40
莱芜	4.21	-1.49	0.14	1.76	-5.75	-1.60	0.09	-2.69	-1.8	-0.41
郑州	-1.00	0.63	-0.33	2.38	-1.24	2.17	1.55	-1.27	-0.49	4.11
平顶山	1.97	1.54	1.01	2.54	-0.04	1.15	-0.74	-4.70	-2.66	2.79
鹤壁	5.66	1.21	2.44	2.84	2.86	1.70	0.37	-0.27	1.26	19.8
焦作	2.14	2.21	1.49	1.17	0.48	1.32	0.24	-1.43	-0.04	11.95
濮阳	3.59	1.70	0.67	1.37	-0.93	0.88	-1.46	0.12	1.06	6.96
许昌	1.82	1.84	1.08	1.55	1.67	1.21	-0.64	-0.85	-0.19	8.57
三门峡	2.76	3.33	2.30	0.97	-0.89	2.47	0.29	-0.82	-2.09	10.72
信阳	-0.89	1.23	1.08	1.00	1.10	-0.24	-0.58	-1.67	0.49	0.64
黄石	-2.66	1.70	0.06	0.39	1.51	2.26	5.15	-0.41	-0.74	8.08
鄂州	-4.86	2.88	1.64	3.00	0.47	3.17	0.51	0.99	-0.58	7.58
郴州	5.60	1.72	1.25	-1.62	1.00	5.16	2.73	0.25	-0.51	18.65
攀枝花	-3.09	1.13	0.79	2.00	-2.56	3.03	1.75	0.32	-1.29	4.23
广元	-0.16	3.26	3.02	-1.31	-0.55	5.18	5.61	2.35	1.11	19.76
内江	-2.01	4.05	1.28	4.42	3.26	3.86	1.7	-0.11	-0.53	16.58
乐山	2.62	2.29	0.89	3.09	-1.50	2.32	2.32	0.25	-0.47	13.10
宜宾	-0.74	2.40	1.17	2.88	0.59	3.81	2.30	0.36	-1.63	11.06
广安	-0.13	1.37	0.28	1.65	3.95	3.83	3.12	0.82	0.18	15.63
达州	-0.76	3.60	1.75	1.56	4.58	4.74	2.61	0.69	-0.16	18.70
六盘水	-4.26	2.00	-0.38	4.54	-2.30	-0.18	2.10	-1.54	-4.02	-0.63
曲靖	-1.58	3.50	0.60	-0.72	-1.96	0.53	1.11	-0.42	-0.13	2.72

续表

城市	2005 年	2006 年	2007 年	2008 年	2009 年	2010 年	2011 年	2012 年	2013 年	2004 ~ 2013 年
玉溪	-6.99	0.68	1.98	1.06	-2.42	2.48	0.78	-0.58	-2.08	-5.45
昭通	4.60	4.15	1.50	-0.46	-2.27	5.42	1.88	0.78	1.54	20.46
丽江	-3.91	3.70	1.48	1.77	1.76	1.76	3.34	0.60	3.01	15.34
铜川	1.39	3.38	2.14	2.35	1.22	0.99	1.60	1.04	2.10	19.03
渭南	3.59	-0.13	0.35	-2.33	3.67	1.48	3.75	-0.05	2.16	15.36
延安	9.30	1.66	2.48	-0.39	-9.86	0.93	1.47	0.31	-1.32	10.65
榆林	0.32	5.74	6.51	3.96	-12.55	2.54	2.45	1.14	-2.48	12.74
商洛	5.15	0.76	0.54	2.47	-1.51	3.72	3.70	1.19	4.19	20.59
金昌	-3.12	3.43	3.74	-3.37	-1.08	-0.65	-0.92	-2.57	-3.13	0.92
白银	-4.47	3.73	1.32	0.83	-1.14	-0.27	2.44	-0.12	-2.68	1.95
平凉	-0.79	0.61	0.33	3.72	1.92	1.56	1.38	-0.87	-4.45	5.37
酒泉	-3.45	1.63	1.02	3.66	-0.73	3.57	0.43	1.17	-0.47	10.08
陇南	-2.34	6.19	1.28	-10.21	-1.16	3.38	2.01	-0.06	-0.93	-0.11
石嘴山	0.15	2.08	3.20	3.40	-5.88	-2.96	1.73	0.26	-0.25	11.22
克拉玛依	0.97	1.26	-0.13	1.38	-4.29	3.07	-0.41	-1.38	-10.97	-8.39

附录4 资源型城市第三产业产值比重变化值

单位:%

城市	2005年	2006年	2007年	2008年	2009年	2010年	2011年	2012年	2013年	2004~2013年
唐山	0.44	0.08	1.11	-1.14	1.69	-0.38	-1.44	0.74	0.55	2.43
邯郸	1.54	-0.85	-0.75	-1.12	0.54	-1.11	-0.09	1.05	2.05	2.02
邢台	-0.78	0.68	1.94	0.63	0.77	-0.72	1.42	1.00	1.58	4.84
张家口	2.28	0.19	0.58	-0.32	3.47	-1.79	-1.52	0.74	-0.87	-0.33
承德	-1.28	-1.02	-2.69	-2.27	8.65	-0.20	-3.10	1.24	0.96	-2.40
沧州	0.80	0.47	1.72	0.93	2.00	-1.84	-1.91	0.06	1.28	4.62
太原	8.79	0.28	-3.94	0.87	6.34	-1.04	-0.65	0.90	1.16	10.06
大同	5.97	1.62	0.03	-0.13	5.35	-0.99	-2.34	0.20	3.29	11.02
阳泉	4.98	-1.65	0.10	0.11	2.02	-2.17	-0.05	0.63	1.04	3.08
长治	7.57	0.11	-0.46	-2.79	0.91	-2.44	-2.15	0.53	2.12	1.50
晋城	0.50	-0.23	0.67	0.61	0.31	-0.35	-1.98	1.02	2.12	-2.91
朔州	1.30	-2.32	1.51	0.99	10.85	-5.01	-1.02	-0.61	2.19	4.56
晋中	4.98	-0.01	-0.05	-1.86	4.41	-2.19	0.14	0.05	1.22	5.12
忻州	8.11	-3.39	-5.45	-0.23	9.36	-3.34	-5.61	0.63	1.14	1.56
临汾	3.90	0.36	-0.59	0.09	5.82	-1.20	-3.80	0.84	1.79	5.30
吕梁	0.51	-0.90	-1.50	-1.25	5.17	-4.50	-3.61	0.27	1.83	-8.11
乌海	10.41	-0.31	-1.81	-0.57	-9.84	-2.83	-1.06	-0.58	7.46	-0.84
赤峰	3.76	-0.89	-3.75	-0.91	-0.44	0.19	-1.71	-1.22	3.93	-4.94
鄂尔多斯	10.59	-0.98	0.99	-2.35	0.57	-0.24	-1.29	-0.33	0.63	7.41
呼伦贝尔	-2.35	0.84	-0.71	-1.65	0.31	-2.81	-1.57	-1.79	-1.03	-14.34

续表

城市	2005 年	2006 年	2007 年	2008 年	2009 年	2010 年	2011 年	2012 年	2013 年	2004 ~ 2013 年
抚顺	5.88	-0.77	-0.18	-0.81	0.65	-2.03	-2.00	0.35	0.12	-0.03
本溪	-0.14	-1.14	-1.06	-1.25	3.97	-2.25	-0.64	1.92	1.16	-2.28
阜新	3.73	0.57	-1.84	-1.85	-1.04	-2.95	-1.08	-0.72	0.06	-6.63
盘锦	-2.97	-0.16	0.76	-0.42	10.77	-3.45	-1.13	0.01	0.54	4.99
铁岭	1.25	-0.63	-2.69	-2.70	0.88	-0.40	0.06	0.77	1.07	-4.29
朝阳	1.77	-1.33	-2.81	-1.78	1.11	-1.52	-0.89	0.48	0.13	-8.96
葫芦岛	2.69	0.35	-1.13	2.04	3.60	-2.38	-1.04	0.00	0.99	3.22
辽源	-4.05	-2.57	-0.53	-0.07	-0.78	0.20	-1.41	0.16	0.41	-10.77
通化	0.52	0.24	-0.85	-0.33	1.43	0.14	0.10	-0.48	-0.70	-0.27
白山	-1.34	-0.91	0.12	0.42	0.60	-2.93	1.43	0.11	0.49	0.52
松原	0.21	-1.07	3.53	1.36	6.58	-1.26	2.64	1.70	0.92	13.08
鸡西	10.58	-0.65	2.18	-0.67	-6.71	-2.12	-0.57	-0.86	1.58	0.66
鹤岗	4.70	-1.00	-0.28	-2.07	-3.21	-2.18	-2.83	-0.41	2.23	-6.13
双鸭山	1.56	0.13	-1.52	-3.00	0.25	-0.93	-3.05	-0.14	1.56	-7.92
大庆	-1.13	0.17	0.79	-0.21	5.73	-3.05	-0.12	0.91	1.17	4.81
七台河	3.26	0.06	0.11	-6.02	-3.75	-1.72	1.58	3.49	9.01	-4.71
徐州	-1.14	0.13	0.56	0.62	0.65	2.42	0.84	0.92	1.03	6.42
淮南	0.14	-0.77	0.49	-5.14	-1.21	-1.20	-0.71	1.07	1.71	-8.62
马鞍山	6.64	0.91	-1.11	-2.13	1.43	-2.61	-0.93	1.66	1.61	1.29
淮北	2.08	2.27	-1.39	-3.56	-1.14	-2.41	-1.40	0.37	-0.45	-8.82
铜陵	2.93	-4.63	-0.54	0.70	-0.79	-4.32	-1.83	1.30	1.44	-10.99
宿州	4.77	-0.37	2.30	-0.54	-0.38	-2.28	-1.93	0.34	0.60	-1.34
龙岩	-0.11	-1.01	-0.95	-0.85	4.62	-2.13	-2.59	0.01	3.03	-1.48
萍乡	1.63	-0.53	-0.66	-0.98	0.79	-1.06	-1.86	5.26	1.65	3.68
宜春	0.79	-1.36	-2.81	-1.24	-0.08	-1.73	-0.80	3.80	1.91	-2.68
淄博	-1.86	1.59	0.98	0.11	1.91	1.10	1.52	1.23	1.80	5.15

续表

城市	2005年	2006年	2007年	2008年	2009年	2010年	2011年	2012年	2013年	2004~2013年
枣庄	-1.01	0.65	-0.02	0.98	0.66	2.20	1.69	1.01	1.16	3.73
东营	-0.86	2.06	4.47	-0.07	2.40	1.29	1.01	0.92	1.24	11.75
烟台	-1.91	-0.42	0.49	0.36	1.02	1.33	1.50	1.39	1.39	2.39
济宁	-3.25	0.69	0.41	-0.26	0.93	0.99	0.80	1.02	1.05	0.34
泰安	-2.94	0.88	0.64	0.87	1.68	1.32	1.58	1.71	1.49	5.47
莱芜	-3.72	1.97	0.40	-1.74	5.45	0.98	0.24	2.42	1.25	1.88
郑州	1.22	-0.09	0.95	-2.34	1.29	-2.15	-1.10	1.34	0.69	-2.01
平顶山	-1.02	-0.48	0.05	-2.21	0.19	-0.56	0.36	4.08	1.97	-0.42
鹤壁	-3.11	0.24	0.40	-2.01	-2.62	-0.88	-0.18	0.80	-0.42	-10.11
焦作	-0.62	-1.09	-0.67	-1.22	-0.36	-1.46	-0.02	1.45	0.14	-8.13
濮阳	-2.72	-0.19	0.40	-1.51	0.59	-0.59	1.02	0.28	-0.28	-3.75
许昌	-1.06	-0.20	0.72	-1.16	-1.16	-0.50	1.22	1.30	0.70	-2.02
三门峡	-2.16	-2.39	-1.49	-1.21	1.07	-2.29	-0.16	0.67	1.76	-8.51
信阳	2.52	0.42	0.98	-0.78	-0.73	-0.86	0.71	0.90	0.00	0.62
黄石	2.32	-0.73	-0.17	0.20	-1.97	-2.12	-4.82	-0.40	0.65	-8.51
鄂州	2.04	-1.68	-2.05	-3.05	1.33	-2.59	0.07	-0.92	0.50	-6.81
郴州	-3.59	0.05	-0.85	0.65	2.50	-3.97	-2.16	0.55	0.92	-8.77
攀枝花	3.88	-0.93	-1.06	-1.76	2.29	-2.34	-1.41	-0.04	1.29	-1.82
广元	3.86	-0.23	-2.67	0.42	3.71	-2.19	-2.59	-1.18	0.30	-2.68
内江	0.27	-1.43	-2.18	-2.97	-0.77	-2.59	-1.77	-0.24	0.74	-12.66
乐山	-0.19	-1.43	-1.73	-1.42	3.36	-1.01	-1.35	0.31	0.85	-4.32
宜宾	0.01	-0.78	-1.91	-1.84	1.56	-2.06	-1.90	-0.03	1.48	-6.47
广安	1.48	1.35	-0.73	-1.03	-1.62	-1.78	-1.64	-0.45	0.47	-4.88
达州	1.52	-0.95	-2.37	-0.15	-0.05	-2.44	-1.81	0.38	0.69	-6.43
六盘水	6.78	-1.03	1.20	-3.49	2.32	0.50	-1.49	0.90	3.30	7.23
曲靖	2.98	-1.85	-0.64	-0.27	2.82	-0.41	-1.51	0.35	0.60	1.00

续表

城市	2005 年	2006 年	2007 年	2008 年	2009 年	2010 年	2011 年	2012 年	2013 年	2004 ~ 2013 年
玉溪	6.38	0.10	-1.83	-1.15	2.91	-1.59	-0.65	0.15	1.63	6.09
昭通	-4.78	-1.63	0.15	-0.09	4.05	-2.28	-1.96	-1.49	-1.07	-11.14
丽江	3.94	-1.84	-1.25	-0.65	-0.19	-0.82	-2.30	-0.77	-1.82	-5.22
铜川	-0.68	-2.79	-2.29	-2.15	-0.64	-1.60	-1.48	-0.73	-1.73	-17.37
渭南	-0.53	0.14	-1.06	1.55	0.65	-2.23	-3.26	0.05	-1.57	-9.12
延安	-5.00	-1.45	-1.51	-0.15	9.61	-1.41	-1.22	-0.16	1.03	-4.57
榆林	4.72	-5.18	-5.63	-3.37	13.73	-2.41	-2.09	-0.97	2.30	-3.66
商洛	-1.12	-0.99	-0.85	-2.98	6.41	-3.30	-2.86	-0.49	-2.77	-9.71
金昌	3.90	-2.46	-2.82	2.65	0.77	0.60	1.08	2.22	2.37	2.68
白银	5.04	-1.86	-1.71	-0.36	1.15	0.56	-1.52	0.10	2.37	0.44
平凉	2.31	0.38	-1.10	-1.79	-1.82	-1.19	-0.21	0.39	3.30	-2.21
酒泉	5.22	-1.16	-1.15	-1.23	3.50	-2.32	0.69	-1.06	2.03	2.97
陇南	4.16	-2.18	-0.89	8.58	3.51	-2.73	-1.30	0.24	1.61	8.91
石嘴山	0.93	-1.33	-2.68	-2.65	6.47	2.32	-1.40	-0.01	0.47	-4.51
克拉玛依	-1.01	-1.26	0.05	-1.34	4.09	-2.91	0.39	1.32	11.02	8.26

参 考 文 献

[1] 中国科学院可持续发展战略研究 .2009 中国可持续发展战略报告（探索中国特色的低碳道路）[M]. 北京：科学出版社，2009.

[2] 任勇 . 我国开始步入环境与发展战略转型期 [C]. 生态环境与经济发展，北京：经济管理出版社，2008.

[3] 卢中原 . “十一五”期间至 2020 年中国经济社会发展的突出矛盾、基本任务、前景展望和政策取向 [R]. 北京：国务院发展研究中心，2005.

[4] 国家环境保护总局，世界银行 . 中国环境污染损失研究报告 [R]. 中国环境污染损失研究国际研讨会，2007.

[5] 国家环境保护总局，国家统计局 . 中国绿色国民经济核算研究，2004. http：//www. zhb. gov. cn/xcjy/zwhb/200609/t20060907_92529. htm.

[6] 苏瑾 . 赢余：低碳经济的成长 [J]. 世界环境，2007（4）：32 –34.

[7] 潘家华 . 低碳发展——中国快速工业化进程面临的挑战 [R]. 中英双边气候变化政策圆桌会议，北京，2004 –10 –26.

[8] 庄贵阳 . 中国经济低碳发展的途径与潜力分析 [J]. 国际技术经济研究，2005（3）：79 –87.

[9] 鲍健强，苗阳，陈锋 . 低碳经济：人类经济发展方式的新变革 [J]. 中国工业经济，2008（04）：153 –160.

[10] 付允，马永欢，刘怡君，牛文元 . 低碳经济的发展模式研究 [J]. 中国人口 –资源与环境，2008（3）：14 –18.

[11] 夏堃堡 . 发展低碳经济实现城市可持续发展 [J]. 环境保护，2008（03）：33 –35.

[12] 游雪晴，罗晖 . “低碳经济”离我们还有多远？[N]. 科技日报，2007 –7 –22.

[13] 刘细良 . 低碳经济与人类社会发展 . 光明日报 [N]. 2009 –04 –21.

[14] 金乐琴，刘瑞．低碳经济与中国经济发展模式转型 [J]．经济问题探索，2009 (01)：84 – 87.

[15] 李胜，陈晓春．低碳经济：内涵体系与政策创新 [J]．科技管理研究，2009 (10)：41 – 44.

[16] 张坤民．发展低碳经济要有紧迫感 [J]．求是，2009 (23)：50 – 52.

[17] 冯之浚，金涌，牛文元．关于推行低碳经济促进科学发展的若干思考 [J]．政策瞭望，2009 (08)：39 – 41.

[18] 国务院发展研究中心应对气候变化课题组．当前发展低碳经济的重点与政策建议 [J]．中国发展观察，2009 (08)：8 – 10.

[19] 胡鞍钢．中国如何应对全球气候变暖的挑战．低碳经济论 [M]．北京：中国环境科学出版社，2008：59.

[20] 马树才，李国柱．中国经济增长与环境污染关系的 Kuznets 曲线 [J]．统计研究，2006 (8)：26 – 32.

[21] 彭水军，包群．中国经济增长与环境污染——基于广义脉冲响应函数法的实证研究 [J]．中国工业经济．2006 (05)：23 – 29.

[22] 杜婷婷，毛锋，罗锐．中国经济增长与二氧化碳：排放演化分析 [J]．中国·人口资源与环境，2007 (2)：94 – 99.

[23] 何琼．经济可持续增长中的若干理论问题 [D]．合肥：中国科学技术大学，2007.

[24] 王铮，朱永彬．我国各省区碳排放量状况及减排对策研究 [J]．中国科学院院刊，2008，23 (2)：109 – 115.

[25] 王中英，王礼茂．中国经济增长对碳排放的影响分析 [J]．安全与环境学报，2006 (5)：88 – 91.

[26] 徐国泉，刘则渊，姜照华．中国碳排放的因素分解模型及实证分析：1995—2004 [J]．中国人口·资源与环境，2006，16 (6)：158 – 161.

[27] 赵云君，文启湘．环境库兹涅茨曲线及其在我国的修正 [J]．经济学家，2004 (5)：69 – 75.

[28] 林伯强．中国能源发展报告 (2008) [M]．北京：中国财政经济出版社，2008.

[29] 刘兰翠．我国二氧化碳减排问题的政策建模与实证研究 [D]．中国科学技术大学，2006.

［30］张雷．经济发展对碳排放的影响［J］．地理学报，2003（4）：629－637.

［31］魏一鸣，刘兰翠，范英等．中国能源报告［M］．北京：科学出版社，2008.

［32］谭丹，黄贤金，胡初枝．我国工业行业的产业升级与碳排放关系分析［J］．环境经济，2008（4）：56－60.

［33］段红霞．低碳经济发展的驱动机制探析［J］．当代经济研究，2010（2）：58－62.

［34］胡初枝，黄贤金，钟太洋，谭丹．中国碳排放特征及其动态演进分析［J］．中国人口·资源与环境，2008（3）：38－42.

［35］牛叔文，丁永霞，李怡欣，罗光华，牛云翥．能源消耗、经济增长和碳排放之间的关联分析——基于亚太八国面板数据的实证研究［J］．中国软科学，2010（5）：13－19.

［36］牛文元，李旸等．“低碳经济”概述及其在中国的发展［J］．经济视角，2009（3）：45－46.

［37］金涌，王垚，胡山鹰，朱兵．低碳经济：理念·实践·创新［J］．中国工程科学，2008（9）：4－13.

［38］郭万达，郑宇劼．低碳经济：未来四十年我国面临的机遇与挑战［J］．开放导报，2009（4）：5－9.

［39］吴晓青．关于中国发展低碳经济的若干建议［J］．环境保护，2008（5）：22－23.

［40］任力．低碳经济与中国经济可持续发展［J］．社会科学家，2009（2）：47－50.

［41］龚建文．低碳经济：中国的现实选择［J］．江西社会科学，2009（7）：27－33.

［42］李友华，王虹．中国低碳经济发展对策研究［J］．哈尔滨商业大学学报（社会科学版），2009（6）：3－6.

［43］赵娜，何瑞，王伟．英国能源的未来——创建一个低碳经济体［J］．现代电力，2005（4）：90－91.

［44］姚良军，孙成永．意大利的低碳经济发展政策［J］．中国科技产业，2008（3）：58－60.

[45] 胡淙洋．低碳经济与中国发展［J］．科学对社会的影响，2008 (1)：11－18.

[46] 邢继俊．发展低碳经济的公共政策研究［D］．华中科技大学，2009.

[47] 李俊峰，马玲娟．低碳经济是规制世界发展格局的新规则［J］．世界环境，2008 (2)：17－20.

[48] 王文军．低碳经济：国外的经验启示与中国的发展［J］．西北农林科技大学学报（社会科学版），2009 (6)：73－77.

[49] 郭印，王敏洁．国际低碳经济发展经验及对中国的启示［J］．改革与战略，2009 (10)：176－179.

[50] 王军．理解低碳经济［J］．学术月刊，2009 (6)：69－77.

[51] 气候组织．中国低碳领导力：城市［M］．2009.

[52] 辛章平，张银太．低碳经济与低碳城市［J］．城市发展研究，2008 (4)：98－102.

[53] 陈文艺．关于中国低碳城市及其营建的初步研究［D］．兰州大学，2009.

[54] 莫艳云．低碳城市发展的经济分析与对策［J］．中国商界，2009 (10)：333－334.

[55] 黄栋，李怀霞．论促进低碳经济发展的政府政策［J］．中国行政管理，2009 (5)：48－49.

[56] 姬振海．低碳经济与清洁发展机制［J］．中国环境管理干部学院学报，2008 (2)：1－4.

[57] 任卫峰．低碳经济与环境金融创新［J］．上海经济研究，2008 (3)：38－42.

[58] 章升东，宋维明，何宇．国际碳基金发展概述［J］．林业经济，2007 (7)：46－48.

[59] 孟翠莲．我国发展低碳经济的现实路径与财税政策选择［J］．财会研究，2010 (8)：16－18.

[60] 崔奕，郝寿义，张立新．高碳经济如何向低碳经济转变［J］．生态经济，2010 (4)：30－34.

[61] 陈晓春，谭娟，陈文婕．论低碳消费方式［N］．光明日报理论版，

2009-4-21.

[62] 陈晓春，张喜辉. 浅谈低碳经济下的消费引导 [J]. 消费经济，2009 (4): 71-74.

[63] 孙佑海，丁敏. 依法促进低碳经济的快速发展 [J]. 世界环境，2008 (2): 25-30.

[64] 谢军安，郝东恒，谢雯. 我国发展低碳经济的思路与对策 [J]. 当代经济管理，2008 (12): 1-7.

[65] 周德群，冯本超. 矿区可持续发展模式研究 [J]. 经济地理，2002 (2): 231-236.

[66] 张米尔，孔令伟. 资源型城市产业转型的模式选择 [J]. 西安交通大学学报（社会科学版），2003 (1): 29-39.

[67] 王德鲁，张米尔. 城市衰退产业转型的模式选择 [J]. 大连理工大学学报（社会科学版），2003 (3): 29-32.

[68] 黄溶冰，胡运权，吴冲. 我国资源型产业城市产业转型模式的协同学思考 [J]. 中国矿业，2005 (10): 69-72.

[69] 王德鲁. 城市衰退产业识别方法及转型模式研究 [D]. 大连理工大学，2004.

[70] 高喆. 产业转型中的转型企业技术学习模式研究 [D]. 大连理工大学，2005.

[71] 于立，姜春海. 资源型城市产业转型应走"循序渐转"之路 [J]. 决策咨询通讯，2005 (5): 29-31.

[72] 李烨，张毅. 基于可持续发展的资源型企业产业转型模式选择 [J]. 资源与产业，2009 (2): 1-4.

[73] 武春友，叶瑛. 资源型城市产业转型问题初探 [J]. 大连理工大学学报（社会科学版），2000 (3): 6-9.

[74] 牛冲槐、白建新. 山西煤炭资源型城市产业转型的思考 [J]. 中国能源，2003 (7): 42-45.

[75] 沈镭，万会. 试论资源型城市的再城市化与转型 [J]. 资源产业，2003 (3): 5-10.

[76] 吴奇修. 资源型城市产业转型研究 [J]. 求索，2005，(06): 23-27.

[77] 李成军. 煤矿城市经济转型研究 [D]. 辽宁工程技术大学，2005.

［78］朱明峰．基于循环经济的资源型城市发展理论与应用研究［D］．合肥工业大学，2005.

［79］于言良．资源型城市经济转型研究［D］．辽宁工程技术大学，2006.

［80］李雨潼．我国资源型城市产业转型问题研究［D］．吉林大学，2007.

［81］王德鲁，周敏．基于生态观的产业转型中价值转化模型构建［J］．中国矿业大学学报，2005（5）：621－625.

［82］李新春，彭红军，赵晶．煤炭资源型城市发展对策研究［J］．软科学，2006（3）：81－85.

［83］李新春，李贤功，赵晶．中国煤炭资源型城市化剖析［J］．中国矿业，2006（11）：20－23.

［84］龙如银，汪飞．基于系统观的资源型城市经济转型初探［J］．管理学报，2008（5）：729－732.

［85］周敏，闫士浩．资源型城市产业转型的研究［J］．商业研究，2008（3）：38－41.

［86］王青云．资源型城市经济转型研究［M］．北京：中国经济出版社，2003.

［87］齐建珍等著．资源型城市转型学［M］．北京：人民出版社，2004.

［88］王如松．资源、环境与产业转型的复合生态管理［J］．系统工程理论与实践，2003（2）：125－138.

［89］颜京松，王如松，蒋菊生，景明．产业转型的生态系统工程［J］．农村生态环境，2003（1）：1－6.

［90］周国梅，唐志鹏，李丽平．资源型城市如何实现低碳转型［J］．环境经济，2009（10）：31－36.

［91］周长庆．浅论资源型城市属性、结构及成长中的协调发展［J］．经济体制改革，1994（5）：23－30.

［92］赵景海，俞滨洋．资源型城市可持续发展战略初探［J］．城市规划，1999（8）：55－56.

［93］刘云刚．中国资源型城市的发展机制及其调控对策研究［D］．大连：东北师范大学，2002.

[94] 胡魁．中国矿业城市基本问题［J］．资源·产业，2001（5）：8－10.

[95] 陈旭升，吴雪梅，秦良群．基于概率神经网络的资源型城市界定［J］．哈尔滨理工大学学报，2003（6）：99－101.

[96] 路世昌，王政辉．基于地区经济视角的资源型城市界定研究［J］．城市经济，2008（2）：55－57.

[97] 肖劲松，李宏军．我国资源型城市的界定与分类探析［J］．中外能源，2009（11）：15－20.

[98] 高天明，刘粤湘，丁博．资源型城市界定指标及取值研究［J］．中国矿业，2010（2）：29－32.

[99] 国家计委宏观经济研究院课题组．我国资源型城市的界定与分类［J］．宏观经济研究，2002（11）：37－39，59.

[100] 余际从，刘粤湘．矿业城市界定及可持续发展能力研究［M］．北京：地质出版社，2009.

[101] 岳超，胡雪洋，贺灿飞等．1995—2007 年我国省区碳排放及碳强度的分析—碳排放与社会发展Ⅲ［J］．北京大学学报（自然科学版），2010，46（4）：510－516.

[102] 国家发展改革委能源研究所课题组．“十二五”时期能源发展问题研究［J］．宏观经济研究，2010（3）：3－17.

[103] 王钦池．基于非线性假设的人口和碳排放关系研究［J］．人口研究，2011（1）：3－13.

[104] 蒋耒文，考斯顿．人口—家庭户对环境的影响：理论模型与实证研究［J］．人口研究，2001（1）：47－55.

[105] 戴霄晔，刘涛，王铮．面向产业创业创新政策模拟的 ABS 系统开发［J］．复杂系统与复杂性科学，2007（6）：62－70.

[106] 冯相昭，王雪臣，陈红枫．1971－2005 年中国二氧化碳排放影响因素分析［J］．气候变化研究进展，2008（1）：42－47.

[107] 王群伟，周德群，张柳婷．影响我国能源强度变动的因素探析［J］．统计与决策，2008（8）：72－74.

[108] 彭希哲，朱勤．我国人口态势与消费模式对碳排放的影响分析［J］．人口研究，2010（1）：48－58.

[109] 王小亭，高吉喜．张家口碳排放人类驱动分析［J］．绿色经济，

2009（1）：55－58.

［110］刘兰翠，范英，吴刚等．温室气体减排政策问题研究综述［J］．管理评论，2005（10）：46－54.

［111］潘家华，朱仙丽．人文发展的基本需要分析及其在国际气候制度设计中的应用——以中国能源与碳排放需要为例［J］．中国人口·资源与环境，2006（6）：23－30.

［112］吴巧生，成金华．中国工业化中的能源消耗强度变动及因素分析——基于分解模型的实证分析［J］．财经研究，2006，（6）：75－85.

［113］宋德勇，卢忠宝．低碳工业化的现实考察：权宜之计抑或治本之策［J］．产业经济，2009（7）：72－76.

［114］白雪洁，汪海凤，闫文凯．资源衰退、科教支持与城市转型——基于坏产出动态SBM模型的资源型城市转型效率研究［J］．中国工业经济，2014（11）：30－43.

［115］段永峰，罗海霞．基于DEA的资源型城市低碳经济发展的效率评价——以内蒙古地级资源型城市为例［J］．科技管理研究，2014（1）：234－238.

［116］王冰妍，陈长虹，黄成等．低碳发展下的大气污染物和二氧化碳排放情景分析——上海案例研究［J］．能源研究与信息，2004（3）：137－145.

［117］姜克隽等．广东能否引领中国的低碳转型［J］．绿叶，2009（6）：97－103.

［118］苏明．我国开征碳税的效果预测和影响评价［J］．环境经济，2009（9）：23－27.

［119］于荣，朱喜安．我国经济增长的碳排放约束机制探微［J］．统计与决策，2009（13）：99－100.

［120］温宗国．低碳发展措施对国家可持续性的情景分析，低碳经济［M］．中国环境科学出版社，105－127.

［121］周大地．2020中国可持续能源情景［M］．中国环境科学出版社，2003.

［122］何建坤，张希良．我国“十一五”期间能源强度下降趋势分析—如何实现能源强度下降20%的目标［J］．中国软科学，2006（4）：33－38.

［123］庄贵阳．“十一五”期间能源强度下降20%目标约束下我国的能源需求及政策措施［J］．经济研究参考，2006（77）：5－15.

［124］罗宏，舒俭民，吕连宏，裴莹莹．基于IPAT模型的苏州市环境压力响应分析［J］．环境科学研究，2010（1）：116－119.

［125］余建辉，张文忠，王岱．中国资源枯竭城市的转型路径研究［J］．世界地理研究，2011，20（3）：62－72.

［126］孙秀梅，周敏．低碳经济转型研究综述与展望［J］．经济问题探索，2011（6）：116－121.

［127］孙秀梅，周敏，綦振法．山东省碳排放演进特征及影响因素的实证研究［J］．华东经济管理，2011（7）：11－15.

［128］孙秀梅，周敏．集群对低碳工业化自主创新的创导机制研究［J］．技术经济与管理研究，2011（4）：39－42.

［129］罗洪群，王凤，南剑飞等．油气资源型城市的可持续发展机制［J］．软科学，2011，（10）：65－68.

［130］王亮，宋周莺，余金艳等．资源型城市产业转型战略研究——以克拉玛依为例［J］．经济地理，2011（8）：1277－1282.

［131］戴昕晨．资源型城市转型过程中的产业结构调整问题——基于安徽淮北市的分析［J］．华东经济管理，2010（5）：22－24.

［132］范宪伟，高峰，韩金雨等．基于低碳经济视角分析资源型城市产业转型——以白银市为例［J］．城市发展研究，2012，19（1）：71－76.

［133］徐君，高厚宾，王育红．生态文明视域下资源型城市低碳转型战略框架及路径设计［J］．管理世界，2014（6）：178－179.

［134］张维阳，段学军，于露等．现代工业型与传统资源型城市能源消耗碳排放的对比分析——以无锡市与包头市为例［J］．经济地理，2012，32（1）：119－125.

［135］白雪洁，汪海凤，闫文凯．资源衰退、科教支持与城市转型——基于环产出动态SBM模型的资源型城市转型效率研究［J］．中国工业经济，2014（11）：30－43.

［136］段永峰，罗海霞．基于DEA的资源型城市低碳经济发展的效率评价——以内蒙古地级资源型城市为例［J］．科技管理研究，2014（1）：234－238.

［137］赵国浩，李玮，张荣霞，梁文群．基于随机前沿模型的山西省碳排放效率评价［J］．资源科学，2012，34（10）：1965－1971.

［138］陈黎明，黄伟．基于随机前沿的我国省域碳排放效率研究［J］．统计与决策，2013，(9)：136－139.

［139］孙爱军．省际出口贸易、空间溢出与碳排放效率——基于空间面板回归偏微分效应分解方法的实证［J］．山西财经大学学报，2015，37（4）：1－10.

［140］李健，邓传霞．基于 SDDF 的中国省区二氧化碳排放效率及减排潜力测度［J］．软科学，2015，29（3）：70－73.

［141］马大来，陈仲常，王玲．中国省际碳排放效率的空间计量［J］．中国人口·资源与环境，2015，25（1）：67－77.

［142］IPCC. Climate Change 2007：The Physical Science Basis［M］．London：Cambridge University Press，2007.

［143］BP. Statistical Review 2006，http：// www. bp. com/productlanding. do? Category Id＝91 ＆ content ld＝7017990.

［144］International Energy Agency. World Energy Outlook，2007.

［145］Unruh，Gregory. Understanding carbon locknext term-in［J］．Energy policy，2000（12）：817－830.

［146］Jiang Ze-min. Reflections on Energy Issues in China［J］．Journal of Shanghai Jiaotong University（Science），2008，13（3）：257－274.

［147］Rosen D H，Houser T. China Energy：A Guide for the Perplexed［R］．A Joint Project by the Center for Strategic and International Studies and the Peterson Institute for International Economics，Washington DC，May 2007.

［148］World Health Organization. Environmental Health Country Profile China［M］．2005.

［149］IPCC. Summary for Policy makers of climate change 2007：mitigation contribution of working group Ⅲ to the fourth assessment report of the intergovernmental Panel on climate change［M］．London：Cambridge University Press，2007.

［150］UK Energy White Paper：Our energy future-creating a low carbon economy，2003.

［151］Stern N. The Economics of Climate Change：The Stern Review［M］．Cambridge，UK：Cambridge University Press，2006.

［152］Johnston. D，Lowe. R，Bell. M. An Exploration of the Technical Feasibility of Achieving CO_2 Emission Reductions in Excess of 60% Within the UK Housing Stock by the Year 2050 [J]. Energy Policy, 2005 (33): 1643 – 1659.

[153] Treffers. T, Faaij. APC, Sparkman. J, Seebregts. A. Exploring the Possibilities for Setting up Sustainable Energy Systems for the Long Term: Two Visions for the Dutch Energy System in 2050 [J]. Energy Policy, 2005 (33): 1723 – 1743.

[154] Grossman G. M, Krueger A B. Environmental Impacts of a North American Free Trade Agreement [R]. NBER Working Paper No. 3914, 1991.

[155] Grossman G M. Economic Growth and Environment [J]. Quarterly Journal of Economics, 1995 (2): 353 – 378.

[156] Panayotou. T. Economic Growth and the Environmental Economic Survey of Europe [M]. 2003 (2): 45 – 72.

[157] Ankarhem M. A Dual Assessment of the Environmental Kuznets Curve: The Case of Sweden [R]. Umea Economic studies, 660, Umea University, Sweden. 2005.

[158] Grubb M, Muller B, Butter L. The relationship between carbon dioxide emissions and economic growth. Oxbridge study on CO_2 – GDP relationships, Phase I results. 2004.

[159] Moomaw W R, Unruh G C. Are environmental Kuznets curves misleading us? The case of CO_2 emissions. Environment and Development Economics, 1997, (2): 451 – 463.

[160] Coondoo D, Dinda S. Causality between income and emissions of country group-specific econometric analysis. Ecologic Economics; 2002, 40 (3): 351 – 367.

[161] Albrecht Johan, Franois Delphine, Schoors Koen. A Shapley decomposition of carbon emissions without residuals. Energy Policy; 2002, 30 (9) : 727 – 736.

[162] Narayan Paresh Kumar, Narayan Seema. Carbon dioxide emissions and economic growth: Panel data evidence from developing countries. Energy Policy; 2010, 38 (1): 661 – 666.

[163] Kawase R, Matsuoka. Y, Fujino. J. Decomposition Snalyses of CO_2 Emission in Long-term Climate Stabilization Scenarios. Energy Policy; 2006, (34): 2113 – 2122.

[164] Acaravci Ali, Ozturk Ilhan. On the relationship between energy

consumption, CO_2 emissions and economic growth in Europe. Energy; 2010, 35 (12): 5412 -5420

[165] Lotfalipour Mohammad Reza, Falahi. Mohammad Ali1, Ashena Malihe. Economic growth, CO_2 emissions, and fossil fuels consumption in Iran. Energy; 2010, 35 (12): 5115 -5120.

[166] Menyah Kojo, Wolde-Rufael Yemane. CO_2 emissions, nuclear energy, renewable energy and economic growth in the US. Energy Policy; 2010, 38 (6): 2911 -2915.

[167] Fridel B, Getzner M. Determinants of CO_2 emissions in a small open economy [J]. Ecological Economics, 2003, 45 (1): 133 -148.

[168] Neil Strachan, Ramachandran Kannan. Hybrid modelling of long-term carbon reduction scenarios for the UK [J]. Energy Economics, 2008, 30 (6): 2947 -2963.

[169] Davisw B, Stanstad A. H, Koomey J. G. Contributions of weather and fuel mix to recent declines in US energy and carbon intensity [J]. Energy Economics, 2003, 25 (4): 375 -396.

[170] Greening L. A. Effects of human behavior on aggregate carbon intensity of personal transportation: comparison of 10 OECD countries for the period 1970 -1993 [J]. Energy Economics, 2004, 26 (1): 1 -30.

[171] Wu L, Kaneko S, Matsuoka S. Driving forces behind the stagnancy of China's energy-related CO_2 emissions from 1996 to 1999: the relative importance of structural change, intensity change and scale change [J]. Energy Policy, 2005, 33 (3): 319 -335.

[172] Fan Y, Liu L C, Wu G, et al. Changes in carbon intensity in China: empirical findings from 1980 -2003 [J]. Ecological Economics, 2007, 62 (3): 683 -691.

[173] Ehrlich P. R, Holden J. P. Impact of population growth [J]. Science, 1972 (171): 1212 -1217.

[174] Kaya Yoichi. Impacts of Carbon Dioxide Emission Control on GDP Growth: Interpretation of Proposed Scenarios [R]. Paper Presented at IPCC Energy and Industry Subgroup Response Strategies Working Group, Paris, France, 1990.

[175] J. W. Tester et al. Sustainable Energy: Choosing among Options [M]. US: MIT Press, 2005.

[176] Kawase. R, Matsuoka. Y, Fujino. J. Decomposition Snalyses of CO_2 Emission in Long-term Climate Stabilization Scenarios [J]. Energy Policy, 2006 (34): 2113 – 2122.

[177] IPCC. In: Metz, B, Davidson, O, Swart, R, Pan, J. (Eds.), Climate Change 2001: Mitigation: Contribution of Working Group Ⅲ to the Third Assessment Report of the Intergovernmental Panel on Climate Change [M]. Cambridge: Cambridge University Press, UK, 2001.

[178] Kok, R. benders R M J, Moll HC. Measuring the environmental load house hold consumption using some methods based on input-out energy analysis: a comparison of methods and a discussion of results [J]. Energy policy, 2006 (17): 2744 – 2761.

[179] Tapio P. Towards a theory of decoupling: degrees in the EU and the case of the road traffic. In Finland between 1970 and 2001 [J]. Journal of Transport policy, 2005 (12): 137 – 151.

[180] Sunikka, Minna. Energy efficiency and low-carbon technologies in urban renewal [J]. Building Research & Information, 2006 (34): 521 – 533.

[181] Liu Hengwei; Gallagher, Kelly Sims. Catalyzing strategic transformation to a low-carbon economy: A CCS roadmap for China [J]. Energy Policy, 2010 (38): 59 – 74.

[182] Abdeen Mustafa Omer. Focus on Low Carbon Technologies: The Positive Solution [J]. Renewable and Sustainable Energy Reviews, 2007 (4): 1 – 27.

[183] OECD. Energy policy and the transition to a low-carbon economy. OECD Economic Surveys: Euro Area, 2009 (13): 89 – 130.

[184] Parrish, Bradley D, Foxon, Timothy J. Sustainability Entrepreneurship and Equitable Transitions to a Low-Carbon Economy [J]. Greener Management International, 2009 (55): 47 – 62.

[185] Harald Winkler, Energy policies for sustainable development in South Africa [J]. Energy Sustainable, 2007 (1): 26 – 34.

[186] G. Ballard-Tremeer and C. Searcy. Methodologies for the assessment of

energy, Climate and Development Impacts of REEEP Projects: Proposal for Integration of Outcome Mapping into the REEEP Project Cycle. Prepared for REEEP by Eco Ltd, London, 2009

[187] International Energy Agency. World Energy Outlook, 2009.

[188] Binu Parthan, Marianne Osterkorn, Matthew Kennedy, St. John Hoskyns, Morgan Bazilian, Pradeep Monga. Lessons for low-carbon energy transition: Experience from the Renewable Energy and Energy Efficiency Partnership (REEEP) [J]. Energy for Sustainable Development, 2010 (14): 83 -93.

[189] Till Requate. Dynamic incentives by environmental Policy instruments a survey [J]. Ecological Economics, 2005, 54 (2 -3): 175 -195.

[190] Morrison, Geoff. Yoshida, Phyllis. China, United States, Korea Take Lead in Clean Energy and Low-Carbon Initiatives [J]. Research Technology Management, 2009 (52): 2 -4.

[191] Spooner D. Mining and Regional Development [M]. Oxford: Oxford University Press. 1981: 8 -9.

[192] Lucas R A. Mine town, Milltown, Rail town: Life in Canadian Communities of Single Industry [M]. Toronto: University of Toronto Press, 1971: 113 -115.

[193] Bradbury J H, St. Martin. Winding down in a Quebec town: a case study of Schefferville [J]. The Canadian Geographer, 1983. 27 (2): 128 -144.

[194] Millward H A. Model of coalfield development: six stages exampled by the Sydney field [J]. The Canadian Geographer, 1985, 29 (3): 234 -248.

[195] Barnes, Trevor J. and Roger Hayter. Economic restructuring, local development and resource towns: forest communities in coastal British Columbia [J]. Canadian Journal of Regional Science, 1994, 17 (3): 289 -310.

[196] Bowies, Roy T. Single Industry Resource Communities in Canada's North in David A [A]. Hay and Gurcharan S. Basran Rural Sociology in Canada [C]. Toronto: Oxford University Press, 1992: 62 -83.

[197] Samson, Rene. Assessment of the Contribution of the Natural Resource Sectors to Canadian Communities [M]. Ottawa: Canadian Forest Service. Natural Resources Canada, 1998.

[198] Baden-Fuller. Exit from declining industry and the case of steel castings

[J]. Economic Journal, 1989 (99): 398.

[199] Hillman, The case for terminal Protection for declining industry [J]. Southern Economic Journal, 1992 (1): 77.

[200] Perry. Least-Coast: Alternatives to Layoffs in declining industries [J]. Organizational Dynamics, 1997 (4).

[201] Sturm, Multi-level Polities of regional development in Germany [J]. European Planning Studies, 1998 (5).

[202] Markusen, A. Interaction between Regional and Industrial Policies: Evidence from Four Countries [J]. International regional science review, 1996 (19).

[203] Porter, M. E. Competitive Advantage, Agglomeration Economics, and Regional Policy [J]. International Regional science review, 1996 (19).

[204] Ru Guo, Xiaojing, Cao, Xinyu, Yang, Yankuan, Li, Dahe, Jiang, Fengting, Li. The strategy of energy-related carbon emission reduction in Shanghai [J]. Energy Policy, 2010 (38): 633 -638.

[205] Jiang Ping, Sun Zhenqing and Liu Meiqin. China′s energy development strategy under the low-carbon economy [J]. Energy, 2010: 1 -8.

[206] Auronsseau M. The distribution of population: a constructer problem [J]. Geographical Review, 1921 (11): 563.

[207] Harrsi C D. A functional classification of cities in the United States [J]. Geographical Review, 1943 (33): 86 -99.

[208] Nelson H J. A service classification of American cities [J]. Economic Geography, 1955, 31 (3): 189 -210.

[209] Birdsall N. Another look at Population and Global Warming: Population, Health and Nutrition Policy Research [C]. Working Paper, Washington, DC: World Bank, WPS 1020, 1992.

[210] Knapp T, R Mookerjee. Population Growth and Global CO_2 Emissions [J]. Energy Policy, 1996 (1): 31 -37.

[211] Michael Dalton, Brian O'Neill, Alexia Prskawetz, et al. Population Aging and Future Carbon Emissions in the United States [J]. Energy Economics, 2008 (30): 642 -675.

[212] Schipper L, Bartlett S, et al. Linking Life-styles and Energy use: a Matter of Time? [J]. Annual Review of Energy, 1989 (14): 271 -320.

[213] Lenzen M. Primary Energy and Greenhouse Gases Embodied in Australian Final Consumption: an Input-output Analysis [J]. Energy Policy, 1998 (6): 495 -506.

[214] Weber Christoph, Perrels Adriaan. Modelling Lifestyle Effects on Energy Demand and Related Emissions [J]. Energy Policy, 2000 (28): 549 -566.

[215] Kim Ji-Hyun. Changes in Consumption Patterns and Environmental Degradation in Korea [J]. Structural Change and Economic Dynamics, 2002 (13): 1 -48.

[216] Jones DW. Urbanization and Energy Use in Economic Development. The Energy Journal, 1989 (4): 29 -44.

[217] Jones DW. Urbanization and Energy [J]. Encyclopedia of Energy, 2004 (6): 329 -325.

[218] Parikh, J Yoti, and Vibhooti Shukla. Urbanization, Energy Use and Greenhouse Effects in Economic Development-Results from a Cross-national Study of Developing Countries [J]. Global Environmental Change, 1995 (5): 87 -103.

[219] Gottdiener, M. and L. Budd. Key Concepts inUrban Studies. SAGE Key Concepts Series. London: SAGE. 2005.

[220] George Martine. Population Dynamics and Policies in the Context of Global Climate Change [J]. Population Dynamics and Climate Change, 2009 (2): 9 -30.

[221] Brown, Marilyn A. and Southworth, Frank. Mitigating Climate Change through Green Buildings and Smart Growth [J]. Environment and Planning, 2008 (40): 653 -675.

[222] Zhang Z. Why did the energy intensity fall in China's industrial sector in the 1990s? The relative importance of structural change and intensity change [J]. Energy Economics, 2003 (25): 625 -638.

[223] Wang C, Chen J, Zou J. Decomposition of energy-related CO_2 emissions in China: 1957 -2000 [J]. Energy, 2005 (1): 73 -83.

[224] Fisher-Vanden K, Jefferson G H, Liu H, et. al. 2004. What is driving China's decline in energy intensity? Resource and Energy Economics, 26 (1): 77 -97.

[225] Fan Y, Liu L C, Wu G, et al. 2007. Changes in carbon intensity in China: empirical findings from 1980 – 2003. Ecological Ecomomics, 62 (3 – 4): 683 – 691.

[226] Ang B W. Decomposition analysis for policymaking in energy: which is the preferred method? [J]. Energy Policy, 2004 (32): 1131 – 1139.

[227] Koji Shimada, Yoshitaka Tanaka, Kei Gomi, Yuzuru Matsuoka. Developing a Long-term Local Society Design Methodology towards a Low-carbon Economy: An Application to Shiga Prefecture in Japan [J]. Energy Policy, 2007 (35): 4688 – 4703.

[228] Tao Wang, Jim Watson. Who Owns China's Carbon Emissions? Tyndall Centre Briefing Note [J]. Norwich: Tyndall Centre, 2007 (23).

[229] Zhou P, Ang B W, Han J Y. Total Factor Carbon Emission Performance: A Malmquist Index Analysis [J]. Energy Economics, 2010, 32 (1): 194 – 201.

[230] Risto Herrala, Rajeev K. Goel. Global CO_2 Efficiency: Country-wise Estimates Using A Stochastic Cost Frontier [J]. Energy Policy, 2012, (45): 762 – 770.